매였던 종들이 돌아오네

| 김충렬 지음 |

쿰란출판사

추천사

"파루시아를 앞둔 교회의 정체와 사명을 밝히는 책"

할렐루야! 지성과 영성의 양면에서 이 시대가 요구하는 가장 균형잡힌 목회자 가운데 한 사람으로 알려진 김충렬 목사님께서 자기 정체성과 사명을 잃고 방황하는 이 시대의 한국교회를 향하여 반드시 그리고 시급하게 깨닫고 실천해야 할 종말론적 메시지를 선포하는 책 《매였던 종들이 돌아오네》를 출간하게 된 것을 진심으로 축하드리며, 이와 같은 영감 있는 예언의 말씀을 김 목사님에게 허락해 주신 하나님께 모든 영광과 감사와 찬양을 올려드립니다.

이 책은 창조부터 진행된 하나님의 구속사적 대서사 드라마에서 마지막으로 펼쳐질 종말적 사건, 즉 인류역사의 마지막 단계에서 하나님께서 아브라함과 이삭과 야곱에게 약속하신 대로, 그리고 특히 에스겔과 사도 바울 같은 위대한 선지자들을 통하여 예고하신 바대로, 참 메시야이신 우리 주 예수 그리스도 안에서 이루어질 '이스라엘의 회복'에 대하여 긴박하고도 명확하게 감지하신 김 목사님께서 성령님의 감동 가운데 수개월에 걸쳐 영세교회의 수요 강단(26회)에서 선포하신 내용을 정리하여 펴낸 책입니다.

이 책의 서두에는 메시아닉 주(예수님을 메시야로 믿는 유대인)의 저명한 지도자 가운데 한 사람인 아비 미즈라히 목사(이스라엘 소재 아도나이 로이 교회 담임목사)께서 영세교회의 초청을 받아 강단에서 선포한 시동적(始動的) 설교가 소개되고, 뒤이어 김 목사님께서 본 교회의 수요기도회 때마다 26회에 걸쳐 강해했던 메시지('이스라엘의 회복')가 장장 다섯 장(chapters) 300쪽에 걸쳐 수록되어 있으며, 말미에는 김 목사님께서 〈국민일보〉에 게재했던 동일 주제의 설교 한 편이 추가되어 있습니다. 그리고 특징적 부록으로서 2011년 7월에 이스라엘 땅에서 실시된 바 '약속의 땅 비전 트립'에 참여했던 영세교회 성도님들의 간증과 아울러 이 책의 주제와 관련된 30여 권의 참고도서들이 소개되고 있습니다.

김충렬 목사님은 우리 장로회신학대학교 신학대학원(M. Div.) 출신으로서 저보다 1년 후배이시며, 특히 1977년에 본교 일반대학원(Th. M. 과정)에 같이 입학한 후 저는 구약학을, 김 목사님은 신약학을 전공하면서 그 어떤 동료보다도 가까이 사귀며 동문수학한 친구인데, 이제 우리 교단의 중진 목회자의 한 사람으로서 눈코 뜰 새 없이 분주하신 중에도 이처럼 고귀한 책을 통하여 이 시대의 잠든 교회와 영적 지도자들을 깨워 신선한 도전과 충격을 안겨주는 모습에 놀라움과 감격을 금할 수 없고, 지난 30여 년 동안 배후에서 김 목사님을 은혜와 사랑으로 인도하시사 이처럼 위대한 업적을 이루도록 섭리하신 삼위일체 하나님께 영광을 돌리지 않을 수 없습니다.

이스라엘의 역사는 그 자체가 하나님께서 치밀하게 디자인하신 웅대한 구원사의 중심축으로서, 그동안 가나안 땅에서 시작된 구원의 복음이 지중해(로마제국)를 거쳐 대서양(대영제국)과 태평양(미국과 한국)을 통과하여 마지막으로 인도양을 거쳐 그 마지막 종착역이자 '땅 끝'(행 1:8)으로 불리는 약속의 땅(이스라엘)에 도착하게 될 것이라는 것이 대부분의 교회사가들이 동의하는 상식입니다. 그러나 이같은 기독교 역사의 분명한 패러다임을 대부분 상식적으로 알고 있음에도 불구하고 김 목사님처럼 예언자적 관점에서 치밀하게 살피고 가르친 목회자가 드문 상황에서, 김 목사님께서 이 엄청난 일에 사명감을 갖고 본격적으로 착수하신 것은 전적으로 하나님의 남다른 선택과 감화와 위탁에 의한 것임을 인정할 수밖에 없습니다.

김 목사님께서 주지하시는 바와 같이, 마지막 시대가 되어서 선민 이스라엘을 회복시켜 유대인과 이방인을 '한 새 사람'으로 만드시어(엡 2:15) 이 땅 위에 하나님의 나라를 완성시키려는 주님의 뜻을 여전히 깨닫지 못하고 있는 이 시대의 수많은 그리스도인들을 깨우쳐 주시기 위해 이 일을 김 목사님께 맡기신 것이 아닌가 생각됩니다. 동생과 함께 3대 목사의 길을 걷고 계시며, 또한 자녀들까지 4대 목회의 길을 가고 계시는 김충렬 목사님과 같은 영적 자손을 이 시대에 어디에서 찾아볼 수 있겠습니까? 4대에 걸쳐 거의 완벽하게 순화된 영성으로 하나님의 세미한 음성과 종말론적 역사 패러다임을 감지하고 분별할 수 있는 자질과 능력을 구비하신 김 목사님을 이 일을 위하여 하나님께서 예정하시고 점지하신 것은 지극히 당연하고 합당한 일이라 여겨집니다.

이 책을 통해 제가 받은 신선한 충격 한 가지만 소개해 보려 합니다. 저는 구약학 박사로서 구약의 예언서들을 평생 연구하여 가르쳐 왔고, 특히 '이스라엘이 돌아오리라'는 예언을 단지 바벨론 포로에서 고토로 돌아오는 유대인을 가리키는 것으로, 또는 죽었던 영혼이 그리스도께로 돌아오는 영적인 사건 정도로 해석하여 전한 것이 사실입니다. 그런데 이번에 신약학 전공자이신 김 목사님의 책을 통해 문자적으로 때가 되면 이스라엘이 돌아온다는 사실을 감명 깊게 인식하게 되었고, 부족하나마 저도 김 목사님께서 선포한 메시지를 따라 새롭게 가르치고 설교해야겠다는 다짐을 하게 됩니다.

하나님의 구원사의 마지막 시대에 접어든 오늘의 시점에서 하나님께서 하시는 일을 구체적으로 알게 해주는 이 책은 결국 이 시대의 이방인 교회들과 그 지체인 우리 각자가 하나님의 마지막 계획인 이스라엘의 회복을 위해 우선적으로 시급하게 어디로 달려가 무엇을 해야 할 것인가를 구체적으로 알게 해주는 지침서가 되리라고 확신합니다.

바쁜 목회 여정 속에서도 시대적인 하나님의 뜻을 분별하기 위해 쉬지 않고 기도하고 연구하고 가르치는 일에 최선을 다하시는 김충렬 목사님께서 펴낸 이 책을 수많은 성도들, 특히 목회자와 선교사와 신학도는 물론 평신도 지도자들도 필히 읽고 도전받아 마지막 시대에 성령을 통하여 주시는 최고의 비전을 공유하시고 성취하시는 복된 기회가 되시기를 간절히 소망하며 삼가 추천합니다. 샬롬!

2012년 1월 2일
장영일 목사
(장신대 총장, 구약학 Ph. D.)

 추천사

　제가 이스라엘에서 목회를 하던 2010년 하반기에 김충렬 목사님께 메일을 한 통 받았습니다. 그전까지는 개인적으로 알지 못했던 분이신데, 얼마 전 이스라엘 선교에 대해 그 중요성을 깨닫고 앞으로 교회의 선교 방향을 이스라엘을 중심으로 개편할 것이며 제가 목회하고 있는 텔아비브 욥바 교회와 선교 협력의 관계를 맺기를 원하신다는 내용이었습니다.

　그 메일을 받고 한국에서 이렇게 이스라엘 선교에 대한 마음을 가지고 목회하시는 목사님이 계시다는 것이 너무나 기뻤고 감사했습니다. 그리고 지난 5월말 급작스런 일로 잠시 한국을 방문했을 때 말씀을 전할 기회를 주셔서 목사님께서 섬기시는 영세교회에 방문했는데, 현관 로비에 태극기와 이스라엘 국기가 같이 걸려 있고 이스라엘의 회복을 담은 지도 등이 걸려 있는 것을 보고 큰 감명을 받았습니다.

　김충렬 목사님은 이 글을 통해 확인할 수 있겠지만 정말 이스라엘을 사랑하는 마음으로 선교하고자 하시는 분이며, 주님의 마음으로 올곧게 목회를 해오신 훌륭한 목회자입니다. 제가 진심으로 존경하며 가르침을 받는 분입니다.

　그러한 목사님께서 제게 이 책의 추천사를 써달라는 부탁을 하셨을 때 조금은 당황을 했습니다. 제가 그럴 만한 자격이 없는 탓인데, 그래도 이스라엘에서 선교에 중점을 두고 목회를 하고 있는 저를 어여쁘게 보신 까닭이라 생각했습니다. 그래서 감사하는 마음으로 목사님의 글을 처음부터 찬찬히 읽어 보았습니다.

이 글을 읽어 내려가면서 제 가슴에 서서히 뜨거움이 올라오는 것을 느꼈습니다. 단순히 한두 번 이스라엘을 방문해서 쉽게 쓰는 그런 유의 글이 아니라 정말 이스라엘을 사랑하며 이스라엘의 회복을 바라는 마음에서 쓴 글이기 때문입니다. 사실 이처럼 이스라엘 회복을 주제로 26주에 걸쳐 강해를 하는 목회자를 찾기가 어려울 것입니다. 그만큼 이 책에는 김 목사님의 이스라엘을 향한 뜨거운 열정이 담겨 있습니다.

이 글을 읽으면서 저도 많은 배움을 얻었습니다. 저는 청년 때에 주님의 은혜로 이스라엘 선교에 대해 눈을 뜨고 기도하게 되었는데, '주님께서 정하신 때에' 이스라엘에 가서 살고 또한 선교 중심의 목회를 하면서 이스라엘을 품는 것이 무엇인지, 이스라엘 선교에 대해서 어떻게 접근해야 하는지에 대해 깨달을 수 있었습니다.

저 스스로 이스라엘과 유대인들에 대해서는 많이 안다고 생각했는데, 김충렬 목사님의 책을 읽어 가면서 다시금 깨닫고 배움을 얻게 되었습니다. 그만큼 이 책은 단순한 설교집이 아니라 이스라엘을 사랑하는 마음으로 깊이 묵상하고 연구하여 쓴 '이스라엘 선교 강해'입니다.

생각 같아서는 이 책을 들고 우리나라 모든 교회를 찾아다니며 목사님과 성도들에게 읽으라고 권하고 싶을 정도입니다. 그만큼 이스라엘 선교에 대해 성경적이고 구속사적인 관점에서 체계적으로 정리를 하셨습니다.

우리나라에서 이스라엘 선교에 대한 관심이 생긴 것은 그리 오래되지 않았습니다. 그동안은 이스라엘의 회복과 이스라엘 선교가 얼마나 중요한 것인지를 보지 못했고, 보아도 깨닫지 못했던 것이지요. 이는 구약성경을 읽으면서 메시야의 예언이 성취된 것을 깨닫지 못하는 유대인들의 눈을 가리고 있는 수건(고후 3:12-16)이 있는 것과 마찬가지로 우리 기독교인들의 눈을 가리고 있는 수건이 있었기 때문입니다.

김 목사님도 언급하시지만 대체신학 같은 잘못된 신학사상이 우리나라 신학 가운데 있고, 그러한 흐름에서 벗어나지 못하고 있는 까닭입니다. 더불어 성지순례에 대한 관심은 많지만 이스라엘의 회복에 대해서는 아직도 관심이 미미한 것도 사실입니다. 우리의 눈을 가리고 있는 수건이 있는 탓이지요.

　이 모든 수건을 걷어낼 수 있는 것은 사랑밖에 없습니다. 우리 주님 예슈아의 사랑으로 유대인들을 볼 때 우리의 눈을 가리고 있는 수건을 걷어낼 수 있고, 유대인들의 눈을 가리고 있는 수건 역시 예슈아의 사랑으로 그들에게 다가가 용서를 빌고 사랑으로 전할 때 걷어낼 수 있을 것입니다.

　그런 의미에서 김 목사님은 우리 이방 교회가 유대인들에게 사랑으로 다가서야 함을 말씀하고 있습니다. 근 2천 년 동안 교회가 유대 민족에게 행한 죄악을 회개하고 용서를 구하며 사랑으로 다가서야 한다는 말로써 시작하고 있습니다. 또한 우리는 유대인들에게 큰 빚을 지고 있기에 그 빚을 갚아야 함을 말씀하고 있습니다. 바른 태도이고 접근입니다.

　또한 실제로 그것을 행하셨는데, 지난 여름 영세교회 이스라엘 아웃리치팀을 섬겼을 때, 이 책에도 언급되어 있는 메시아닉 아웃리치 단체인 두깃 센터에서 김 목사님께서 아비 미즈라히 목사님에게 그동안 교회가 행한 모든 죄악들을 용서해 달라고, 이제 우리는 당신들을 그리스도의 사랑으로 사랑하며 축복한다고 하셨지요. 그 말을 듣는 우리 모두는 물론이거니와 유대인인 아비 목사님의 눈가가 붉어지는 것을 보았습니다. 그리고 나서 두 분의 뜨거운 포옹과 감사가 있었지요. 마치 유대인과 이방 교회의 화해 같았습니다.

이 책에서 김 목사님께서 말씀하신 것처럼, "교회는 이스라엘과 분리되거나 단절되도록 의도된 것이 결코 아니었습니다. 또한 교회가 결코 이스라엘을 대신하거나 밀어내거나 또는 이스라엘과 분리되도록 부름 받은 것도 아니었습니다. 오히려 교회는 '이스라엘 나라' 안으로 부름 받은 것입니다."

이것이 바로 '한 새 사람'의 의미일 것입니다. 이 책에서 이스라엘과 우리 이방인의 관계, 왜 '한 새 사람'인지, 왜 우리 이방 교회가 이스라엘의 회복을 위해 기도하고 선교적인 사명을 감당해야 하는지에 대해 성경 말씀을 토대로 논리적으로, 명확하게, 그러면서도 성경 말씀의 본질적인 의미를 놓치지 않으면서 말씀하고 계십니다.

그러기에 이스라엘의 회복을 위해 기도하는 분들뿐만 아니라 그 어떤 분이라도 김 목사님의 책을 읽으면 이스라엘의 선교에 대한 이해와 더불어 왜 우리 이방교회가 이 사명을 감당해야 하는지에 대한 성경적인 답을 얻을 수 있을 것이라 생각합니다.

지금 국내외에 이스라엘의 회복을 위해 기도하며 선교적인 관심이 일어나고 있는데, 이는 매우 감사한 일이고 이제는 '그 때'가 되었음을 의미합니다. 이스라엘이 주께 돌아올 때가 된 것이지요. 복음이 출발한 땅이 이제는 땅 끝, 즉 복음의 마지막 종착점이 되어 복음을 기다리고 있습니다. 이제 그 '때가 차매' 이스라엘이 복음을 기다리고 있습니다.

비록 아직은 본격적인 복음의 때는 아니나 그 씨앗을 뿌려야 합니다. 아직은 돌밭과 같고 가시덤불이 덮인 땅 같은 유대인들의 심령이지만 이는 다름 아닌 우리 기독교회가 만든 상처입니다. 그러기에 우리는 예슈아 우리 주님의 사랑으로 유대인들의 마음 깊이 박힌 돌멩이들을 빼주고, 그들의 마음을 덮고 있는 가시덤불을 걷어 주어야 합니다.

그 일이 힘들고 어려울 것입니다. 하지만 지금이 바로 그 때임을 확신합니다. 어렵고 힘들어도 그렇게 하면서 복음의 씨앗을 뿌려야 합니다. 그럴 때 우리 주님께서 그들의 눈을 밝히시고 영혼을 치유하셔서 예슈아께서 그들의 메시야시요 구원자이심을 깨닫고 주께 돌아오는 대부흥이 이스라엘 땅에서 일어날 것이고, 마침내 이방인 선교와 이스라엘의 회복을 통해 선교사역이 완성될 것입니다.

이스라엘에 대한 관심은 늘어나고 있으나 정작 성경적이고 구속사적으로 균형 잡힌 책이 드문 시점에, 김충렬 목사님의 '이스라엘 선교 강해'가 나와 가뭄에 우물을 만난 것처럼 기쁘기 짝이 없습니다. 이러한 기쁨과 감사의 마음으로 김충렬 목사님의 책을 적극 추천합니다.

마라나타! 주 예슈아여, 속히 오시옵소서!

2012년 1월 2일
류공석 목사
(전 텔아비브 욥바 교회 담임, 현 꿈이있는교회 협동목사)

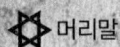 머리말

이스라엘만이 이스라엘이다

샬롬!

지금부터 11년 전인 2001년 7월 18일부터 8월 8일까지 편저자가 시무하는 교회의 고등부 여학생 5명이 리더인 여교사(이정민)와 함께 이스라엘에서 열리는 '구원의 나팔' 캠페인(리더: 야콥 담카니)에 참석하여 놀라운 각성과 도전을 받고 돌아온 바 있다.

당시 그 캠페인에 여러 나라에서 50여 명이 참여했는데, 그중 미국, 스위스, 독일, 네덜란드에서 온 외국인이 30여 명이고, 한국인이 20여 명이었는데, 그중 6명이 우리 교회 식구였다. 그 비전 트립 중에 이런 일이 있었다고 한다.

세계 전역에서 유대인들을 위해 사역하는 중요한 사역자들이 모인 한 교회의 예배에서, 한국에서 온 청소년들에게 그 캠페인의 대표인 야콥 담카니 목사가 앞으로 나와 달라고 하면서 이렇게 이야기했다.

"여기 한국에서 많은 청년들이 와 있습니다. 여러분은 한국이 어떤 나라인지, 그리고 그들의 기도가 어떠한지 잘 알고 계시지요? 그들은 새벽에도, 밤에도 늘 깨어서 기도하는 민족입니다. 오늘 하나님께서 이 귀한 분들을 이 자리에 보내 주셨습니다. 우리가 어떻게 이분들을 그냥 돌려보낼 수 있겠습니까? 자, 모두 앞 자리에 나와 주세요. 한국 팀은 저희들을 위해 기도해 주시기 바랍니다."

그때 우리 교회 고등부 리더를 비롯한 어린 학생들은 처음에는 너무 당황스럽고 조심스러웠지만, 성령님의 명령인 줄 알고 두렵고 떨리는 마음으로 바닥에 꿇어앉아 기도드렸고, 그럴 때 피차 엄청난 성령님의 역사를 경험했다고 한다. 얼마나 은혜로운 사건인가?

그러나 그때 당시 나는 무지하게도 그들의 그런 행적과 간증의 깊은 의미를 깨닫지 못해, 그 모든 일을 젊은이들의 한때의 신앙의 열정 정도로 취급해 버리는 우를 범하고 말았다.

그러다가 9년 후인 2010년 4월 하순에 메시아닉 쥬(유대교의 틀 안에서 예수님을 메시야로 영접한 유대인)인 루벤 도런이 쓴 《한 새 사람》과 야콥 담카니가 쓴 《WHY ME》를 읽다가 '이스라엘 회복'에 대한 성경적 계시(롬 11:25-32), 곧 '이스라엘만이 이스라엘이고 우리는 이방인'이라는 것을 목사 된 지 32년 만에 처음으로 깨닫게 되었다.

엄청난 감격과 기쁨 가운데 관계된 책들을 구입하여 정독하고,

KIBI 세미나에도 참석하면서 교회 홈페이지에 칼럼도 게재하고, 그 해 7월부터 다음 해 2월 중순까지 수요 사경회 시간에 '이스라엘의 회복'에 대한 강해를 실시하였다.

강해를 끝내는 즈음에, 부족하기 짝이 없지만 편저자가 깨달아 우리 교회 성도들에게 전한 것을 다시 정리하여 기록으로 성도들과 새롭게 나누고 싶다는 마음과, 여러 목회자와 선교 동역자들과 또 우리 시대 최후의 비전에 이끌리는 평신도 사역자들과 나누고 싶다는 마음이 강하게 들었다.

이에 용기(?)를 내어 오늘 이 시대에 전 세계에 흩어진 그리스도인에게 말씀하시는 하나님의 마음(롬 11:33-36)을 알게 하는 데 조그마한 도움이라도 되고 싶다는 마음에서 '편저'의 형태로 이 책을 내게 되었다.

대체로 자료를 정리한 후 2011년 7월 12일부터 22일까지 직분과 연령별로 골고루 구성된 10명과 함께 '약속의 땅 이스라엘 비전 트립'을 실시할 때 엄청난 성령님의 역사를 경험하고 교회와 나누게 되었다. 거기다 8월 28일(주일)에는 비전 트립 기간 중에 교제하였던 메시아닉 주(Messianic Jew), 아비 미즈라히 목사가 본 교회에서 설교했으며, 9월 18일(주일) 저녁에는 영화 "회복"을 감독한 김종철

메시아닉 주 아비 미즈라히(Avi Mizrachi) 목사와
영세교회 강단에서 함께 축도하기 전

집사가 간증하기도 했다. 우리를 '이스라엘의 회복'의 비전으로 인도하시는 것을 절감하게 되었다. 부록에 나오는 성도들의 글을 통해 확인할 수 있을 것이다.

이 책에 인용된 모든 책의 저자들 및 자료 정리로 수고한 본 교회 김영희 간사, 타이핑으로 수고한 아내 한동연, '이스라엘의 회복'의 부족한 강해를 기도하며 경청한 영세교회 성도들, 목회 동역자들인 교역자들과 당회원들, 특히 '약속의 땅 비전 트립'에 동참했던 10명의 대원들과 물심양면으로 협력했던 성도들, 귀한 추천사를 써주신 장영일 총장님, 류공석 목사님, 이 책의 독특한 의미를 알고 출판을 담당해 주신 이형규 장로님과 실무적으로 수고한 쿰란출판사 가족들, 늘 기도하는 나의 가족들에게 감사드린다. 특별히 나보다 9년 앞서 '이스라엘의 회복'의 비전을 보고 '구원의 나팔' 캠페인에 참여하여 도전받고 돌아와 오늘의 길을 예비한 이정민 교우를 비롯한 다섯 자매들에게 감사드린다.

무엇보다도 이런 책이라도 펼쳐내 당신의 뜻의 일부라도 이루게 하시는 아브라함과 이삭과 야곱의 하나님께, 유대인과 이방인의 메시야이신 다시 오실 왕 우리 주 예수 그리스도께 찬양과 영광을 올려드린다. 아멘!

2012년 1월 2월
편저자 김충렬

차례

추천사_ 장영일 목사(장신대 총장, 구약학 Ph. D.) …2
류공석 목사(전 텔아비브 욥바 교회 담임, 현 꿈이있는교회 협동목사) …7
머리말 "이스라엘만이 이스라엘이다" …14
설교 "이스라엘과 한국-신랑의 재림의 길을 준비하며"_ 아비 미즈라히 목사…22
아비 미즈라히 목사 환영사_ 김충렬 목사 …38

제1장 이스라엘과 교회의 회개

1. 이방인 교회와 선민 이스라엘의 회개(엡 2:11-18) …44
2. 한 새 사람(엡 2:11-22) …55
3. 그리스도의 비밀(엡 3:1-9) …63
4. 모든 분열의 뿌리(고전 11:27-34) …73

제2장 이스라엘의 특권

5. 사도 바울의 끊임없는 고통(롬 9:1-3) …84
6. 이스라엘의 특권(롬 9:4-13) …97

7. 하나님께서 불의하신가?(롬 9:14-20) ···111
8. 하나님의 진노와 긍휼(롬 9:21-26) ···120
9. 믿음에서 난 의(롬 9:27-33) ···131

✡ 제3장 이스라엘의 복음에 대한 거부

10. 행위로 의를 얻으려는 유대인(롬 10:1-5) ···142
11. 가까이에 있는 구원(롬 10:6-13) ···158
12. 좋은 소식을 전하는 자들의 발이여(롬 10:14-15) ···167
13. 복음에 대한 이스라엘의 거부(롬 10:16-21) ···177

✡ 제4장 이스라엘의 회복

14. 이스라엘의 남은 자(롬 11:1-6) ···188
15. 들을 귀 있는 자들이여(롬 11:7-12) ···197
16. 시기하는 이스라엘(롬 11:13-14) ···209
17. 이방 그리스도인들아, 겸손하라(롬 11:15-21) ···217
18. 이스라엘이 접붙여질 때(롬 11:22-32) ···227
19. 하나님의 마음(롬 11:33-36) ···238

✡ 제5장 이스라엘의 회복과 우리의 역할

20. 열방을 위해 하나님의 원수가 된 민족(사 45:6-7) …252
21. 이스라엘이 경배할 때까지(행 3:19-21) …263
22. 팔레스타인, 누구의 땅인가?(시 105:8-11) …275
23. 수건이 벗겨지는 이스라엘(고후 3:12-16) …289
24. 이스라엘의 회복에 대한 교회의 응답(겔 37:12-14) …304
25. 교회여, 룻이 되라(룻 4:13-17) …313
26. 이스라엘의 회복과 우리의 역할(렘 31:7-9) …327

지상 설교_ 온 이스라엘이 구원을 받으리라(롬 11:25-29) …342
부록_ 약속의 땅 비전 트립에 참여한 성도들의 글 모음 …347
참고 도서 …397

 설교_ 아비 미즈라히 목사

이스라엘과 한국 –
신랑의 재림의 길을 준비하며

말씀: 에스겔 36장 25-28절
설교: 메시아닉 주 아비 미즈라히 목사
　　　(아도나이 로이 교회 담임목사, 두깃 아웃리치 센터 대표)
일시: 2011. 8. 28 찬양 예배

샬롬! 샬롬!

　여러분 모두가 '할렐루야', '샬롬' 이라는 히브리어로 말하는 것이 놀랍습니다. 우리가 '할렐루야' 를 말할 때 그것은 히브리어를 말하는 것입니다. '할렐루야' 라고 하는 히브리어의 본래의 뜻은 '할렐루' 에서 비롯된 '찬양하라' 는 뜻입니다. '할렐루야' 의 '야' 는 '하나님 앞에 선다' 는 뜻입니다. 그래서 할렐루야를 말할 때마다 '하나님 앞에 나아가 여호와를 찬양하자' 는 뜻입니다. 아멘!

　여러분께서 '아멘' 이라는 말을 할 때마다 히브리어로 말씀하신다는 것을 아십니까? '아멘' 이라는 말은 원래 히브리어로는 '에문' 입니다. '에문' 이라는 뜻은 '신뢰하다' 라는 것입니다. '에무나' 라는 비슷한 말이 있는데, 그것은 '믿음' 이라는 뜻입니다. 우리가 기도할 때마다 아멘을 말하는데, 이는 '우리는 하나님을 믿습니다' 라고 말하는 것입니다. '믿음을 가지고 이렇게 반드시 되기를 원합니다' 라고 말하는 것입니다.

히브리어로 '할렐루야' 를 말하고, '아멘' 이라고 말하는 여러분이 너무 놀랍고, 그래서 제 집같이 느껴집니다. 저 위에 창세기 1장 1절이 히브리어로 적힌 것을 보고 있습니다. 놀랍습니다.

지금 이 자리에 서게 된 것을 영광으로 생각합니다. 에스겔 36장을 생각하기 전에 먼저 시편 90편을 읽겠습니다. 1, 2, 4, 12절을 읽겠습니다.

"주여 주는 대대에 우리의 거처가 되셨나이다"(시 90:1).

"산이 생기기 전, 땅과 세계도 주께서 조성하시기 전 곧 영원부터 영원까지 주는 하나님이시니이다"(시 90:2).

"주의 목전에는 천 년이 지나간 어제 같으며 밤의 한순간 같을 뿐임이니이다"(시 90:4).

"우리에게 우리 날 계수함을 가르치사 지혜로운 마음을 얻게 하소서"(시 90:12).

12절 하반절을 보면 '지혜로운 마음을 얻게 하소서' 라고 말하고 있습니다. 히브리어가 제 모국어인데(영어는 제2외국어이고, 언젠가는 제가 한국어도 배우고 싶습니다), 히브리어로 구약성경을 읽을 때 이해해야 할 부분은 그것이 히브리어로는 '나비'라는 단어로 쓰였다는 것입니다.

'나비'에는 '예언하다'라는 뜻도 있습니다. 따라서 12절을 히브리어로 읽을 때 '우리에게 우리 날 계수함을 가르치십시오. 그래서 지혜를 갖게 하기 위해서 예언적인 마음을 갖게 하십시오'라는 뜻입니다.

우리는 지금 굉장히 중요한 예언의 시대를 살고 있습니다. 믿습니까? 아멘. 만약에 그걸 믿지 않는다면 잘못된 교회에 와 계신 것입니다. 우리는 지금 매우 특별한 예언의 시대에 살고 있습니다. 우리가 종말을 예견할 때 우리는 우리의 날을 계수할 수 있어야 합니다. 우리가 살고 있는 이 시대를 예언적으로 이해할 수 있어야 합니다.

날마다 우리는 하나님께 '지혜를 주십시오'라고 구하고 있습니다. 왜 지혜를 구합니까? 왜 그런지 말씀드리겠습니다. 그 대답은 바로 그다음 절에 나옵니다.

"여호와여 돌아오소서 언제까지니이까"(시 90:13).

제 마음을 다해 믿는 것은 나중에 여러분과 제가 서로 보게 될 거라는 것입니다. 즉 그날에 왕 중의 왕, 주의 주께서 오실 것을 우리는 모두 보게 될 거라는 것입니다. 믿으십니까? 만약에 믿지 않으신다면, 여기 앞으로 나오시면 우리가 기도해 드리겠습니다. 예수님께서 다시 오실 것을 모두가 알기를 원합니다. 아멘! 아멘!

우리가 나눠야 할 예언적인 부분인 에스겔 36장을 보겠습니다. 이미 17, 18, 19절을 읽었습니다. '내가 유대인들을 전 세계에 흩어 버리겠다' 고 말씀하셨습니다. 그것은 '당신의 이름을 위해서 그렇게 하셨다' 라고 말씀하셨습니다. 24절에 보면 "내가 너희를 여러 나라 가운데에서 인도하여 내고 여러 민족 가운데에서 모아 데리고 고국 땅에 들어가서"라고 말씀합니다.

24절을 한번 생각해 보겠습니다. 24절 말씀은 2천 년 동안 선반에 놓여져서 먼지만 쌓여 있었습니다. 유대인들은 세대를 걸쳐서 이 말씀을 받았지만 '이것은 절대로 이루어지지 않을 거야' 라고 생각했습니다. 선지자 에스겔은 예수님 오시기 600여 년 전에 살았던 사람입니다. 에스겔은 이스라엘 사람들에게 예언했던 사람입니다. 이스라엘 사람들에게 에스겔은 "당신들이 죄를 지었기 때문에 하나님께서 여러분을 심판하실 것입니다"라고 예언하였습니다.

A.D. 70년에 성전이 완전히 파괴되었습니다. 거의 1,900년 동안 유대인들은 전 세계에 흩어져서 살았습니다. 그런데 어느 날 하나님께서 이 예언을 성취하셨습니다. 한번 생각해 보십시오. 2천 년 동안 유대인들은 전 세계에 흩어져 살았고 희망이 없었습니다. 다만 막연히 고국으로 돌아갈 그날만 기다렸습니다. 왜냐하면 에스겔서를 비롯하여 여러 예언서에서 하나님께서 약속하셨기 때문입니다. 즉 다른 많은 부분에서도 마찬가지로 하나님께서 그렇게 말씀하셨기 때문이었습니다. 하나님은 신실한 분이십니다. 그가 약속하셨고, 그리고 그것을 반드시 이루십니다. 아멘! 아멘!

그런데 어떤 분들은 의자에 앉아서 "그러나 아비 목사님! 이건 2

천 년 전의 일이 아닌가요?" 하고 말씀하실 수 있습니다. 너무 오래 전의 일이라는 것입니다. 제가 질문 하나 하겠습니다. 전 유대인이기 때문에 질문하는 것을 좋아합니다. 그러면 2천 년은 하나님께는 며칠인가요? 이틀입니다.

하나님께는 문제될 것이 없습니다. 단지 이틀입니다. 이는 단지 제 말이 아닙니다. 주님의 말씀 베드로후서 3장 8절을 봅시다.

> "사랑하는 자들아 주께는 하루가 천 년 같고 천 년이 하루 같다는 이 한 가지를 잊지 말라."

하나님께서는 그 자신의 고유한 시간 스케줄을 가지고 계십니다. 저는 성경에 하나님께서 약속하신 것을 알고 있습니다. 이것은 사실이고, 진실이고 그리고 아멘입니다. 하나님께서 약속하신 것은 반드시 이루십니다.

여기 성경에 다른 많은 예언들이 있습니다. 여러분과 저를 위한 많은 약속들이 오늘 이 성경 안에 있습니다. 우리는 2천 년을 더 기다릴 필요가 없습니다. 믿기만 한다면 오늘 좋은 것입니다. 아멘!

통계를 하나 말씀드리겠습니다. 1948년 5월에 이스라엘이 독립하였습니다. 이스라엘이 독립을 얻었을 때, 60여 만 명의 유대인들이 이스라엘에 거주하고 있었습니다. 그런데 이스라엘이 독립을 획득한 1948년에 주변 국가들이 이스라엘에게 '어서 오십시오'라고 하지 않았습니다. 오히려 그들은 이스라엘과 즉각 전쟁을 하였습니다. 몇 시간 안에 이스라엘 사람들을 죽이려고 중동 국가들은 계획하고 있었습니다.

그런데 아랍 사람들과 이스라엘 사람들은 근본적인 차이가 있었는데, 그것은 두 민족이 읽고 있는 책이 달랐습니다. 아랍 민족은 잘못된 책을 읽고 있었고, 우리 이스라엘 사람들은 정확한 책을 읽고 있었습니다.

하나님께서는 '이스라엘을 지키시는데 졸지도 않으시고 주무시지도 않는다'고 말씀하셨습니다(시 121:4). 주변 모든 국가들이 침략해 와도 하나님께서는 기적을 일으키시고 또 기적을 일으키십니다. 하나님께 영광을 돌립니다. 아멘! 아멘!

오늘날 전 세계에는 2,100만 명 정도의 유대인들이 살고 있으며, 그중 약 570만 명 정도의 유대인들이 이스라엘 본토에 살고 있습니다. 최근 10년 동안에 러시아에서 유대인 100만 명이 이주해 들어왔습니다. 러시아가 공산주의였을 때는 러시아의 유대인들이 돌아올 수 없었습니다. 그런데 이방의 믿는 자들이 기도했기 때문에 그 장벽이 무너지고 유대인들이 올 수 있게 된 것입니다. 어느 날 철의 장막이 무너진 것입니다. 그래서 러시아에 살던 100만 명의 유대인들이 드디어 이스라엘 고향으로 돌아오게 된 것입니다.

다른 본문에는 이런 내용이 나와 있습니다. 이사야 43장 5-6절을 보겠습니다.

"두려워하지 말라 내가 너와 함께하여 네 자손을 동쪽에서부터 오게 하며 서쪽에서부터 너를 모을 것이며 내가 북쪽에게 이르기를 내놓으라 남쪽에게 이르기를 가두어 두지 말라 내 아들들을 먼 곳에서 이끌며 내 딸들을 땅 끝에서 오게 하며."

여기 6절을 보면 '내 자녀들을 돌려보내라'고 남쪽에게 말씀하십니다. 이스라엘 지도를 보면 남쪽은 '에티오피아' 입니다. 과연 수천 명의 에티오피아에 살던 유대인들이 이스라엘로 돌아왔습니다. 현재 날마다, 매주, 매달, 전 세계에 흩어진 유대인들이 고국 이스라엘로 돌아오고 있습니다. 할렐루야! 성경 말씀은 현재도 이루어지고 있습니다. 하나님께 영광을 돌려드립니다. 아멘! 아멘!

우리가 만약 성경 구절의 문자에서만 딱 멈춘다면 우리는 큰 실수를 하게 됩니다. 즉 '하나님께서는 유대인들을 한 지역에서 다른 지역으로 옮기신다' 라는 것까지만 보면 우리는 굉장한 실수를 하는 것입니다. 하나님은 이사 업체가 아니시기 때문에 버스나 트럭으로 사람을 이주시키는 분이 아니십니다. 왜냐하면 궁극적으로 우리 하나님은 계획이 있으십니다. 무엇일까요? 그것은 '구원의 계획' 입니다.

똑같은 구원 계획이 여러분 한국을 위해서도 있고, 동일한 구원 계획이 우리 이스라엘을 위해서도 있습니다. 제가 이렇게 말하는 이유는 이것입니다. 저는 전 세계에 있는 교회들을 다녔습니다. 그런데 어떤 교회들은 거짓말을 믿고 있습니다. 어느 교회를 갔더니, 그 교회에서는 '하나님은 이스라엘을 버리셨다'고 이야기했습니다. "우리는 이스라엘을 더 이상 필요로 하지 않아. 이렇게 이스라엘을 생각하는 것은 난센스야." 그 교회에서는 이렇게 말합니다.

그들은 전적으로 잘못된 것입니다. 또 제가 다른 교회에 갔을 땐 "우리는 이스라엘을 사랑합니다. 우리는 이스라엘을 위해서 기도하고 있습니다. 그러나 이스라엘을 사랑하긴 하지만 이스라엘 백성에게 복음을 전하는 것은 제가 할 일이 아닙니다"라고 말하는 것입니다.

그래서 제가 물었습니다. "뭐라고요? 어떻게 당신들은 구원을 받으셨는데요? 다른 방법으로 구원받으셨습니까? 제가 알기로는 '아무도 나를 말미암지 않고는 구원을 받을 수 없다' 라고 분명히 말씀하셨습니다."

"이르기를 가두어 두지 말라 내 아들들을 먼 곳에서 이끌며 내 딸들을 땅 끝에서 오게 하며."

'유대인으로 이 세상에 오신 예수 그리스도가 유일한 구원의 길' 이십니다. 그래서 오늘 밤 제가 아주 올바른 교회 중의 한 교회에 와 있다는 것이 너무 기쁩니다.

이제 에스겔 36장 25절에서 28절까지 읽겠습니다.

"맑은 물을 너희에게 뿌려서 너희로 정결하게 하되 곧 너희 모든 더러운 것에서와 모든 우상숭배에서 너희를 정결하게 할 것이며 또 새 영을 너희 속에 두고 새 마음을 너희에게 주되 너희 육신에서 굳은 마음을 제거하고 부드러운 마음을 줄 것이며 또 내 영을 너희 속에 두어 너희로 내 율례를 행하게 하리니 너희가 내 규례를 지켜 행할지라 내가 너희 조상들에게 준 땅에서 너희가 거주하면서 내 백성이 되고 나는 너희 하나님이 되리라."

여기에 아주 분명히 나와 있습니다. 하나님께서는 '우리의 죄를 깨끗하게 해주시겠다'고 하셨습니다. 우리에게 '새 마음을 주시겠다'고 말씀하셨습니다. '그의 영을 우리에게 주시겠다'고 말씀하셨습니다. 그래서 우리는 하나님의 백성이 되는 것입니다.

그러면 제가 질문을 하나 하겠습니다. 하나님은 어떻게 이런 일을 하실 수 있을까요? 하나님은 어떻게 우리의 죄를 없애실 수 있을까요? 하나님은 어떻게 우리에게 새로운 마음을 주실까요?

"아! 저 알아요. 절에 가서 스님에게 절하고, 율법적으로 살고 하면 구원을 얻을 수 있죠. 매주 저는 교회에 가요. 그리고 마리아상에게 절해요."

이 뜻일까요? 아니라고요?

우리의 죄를 없앨 수 있는 유일한 방법, 그것은 결코 종교가 아닙니다. 그것은 오직 '예수 그리스도의 피'로써입니다. 아멘! 아멘! 새 마음과 새 영을 받을 수 있는 유일한 길은 여러분과 제가 우리의 죄를 회개하고 예수 그리스도를 우리의 마음에 받아들일 때 가능합니다(롬 3:20-25). 아멘! 아멘!

저는 지금 여러분 앞에 서 있습니다. 이제 아주 생생한 간증을 나누고자 합니다. 이 성경 말씀이 이루어지는 것을 말씀드리겠습니다. 할렐루야! 제가 분명하게 말씀드리겠습니다. 제가 옆으로 서 보겠습니다. 왜냐하면 유대인의 코가 아주 멋있기 때문입니다. 그리고 저의 턱수염이 멋있기 때문에……. 하하하.

제가 4년 동안 공군에 있었는데, 제가 공군에 있었던 4년이 너무 자랑스러워서 이곳에 서 있는 것이 아닙니다. 제가 여기 서 있는 것은 결코 코가 잘생겨서, 아니면 턱수염이 멋있어서, 저의 백그라운드가 좋아서 여기 서 있는 것이 아닙니다. 제가 여러분 앞에 서게 된 것은 하나님의 은혜로 된 것입니다. '어린 양의 피' 때문에 여기에 와 있는 것입니다. 아멘? 아멘!

예, 이제 저의 간증을 소개하겠습니다. 저는 유대인 가정에서 태어났습니다. 저의 부모님은 나치의 홀로코스트 대량 학살에서 살아남은 분들입니다. 1945년 저의 부모님은 불가리아에서 이스라엘로 오셨습니다. 저의 부모님이 텔아비브 욥바에 사셨고, 저는 거기에서 출생했습니다. 저는 고등학교를 졸업한 후에 군에 입대했습니다. 이스라엘에서는 남녀 모두 군대에 가는데 남자는 3년, 여자는 2년입니다. 모두 의무입니다.

그런데 저는 공군에 4년 있었습니다. 제가 군 복무를 끝냈을 때 저는 이 세상에서 희망을 발견하지 못했습니다. 전 돈을 좀 벌어서 미국으로 갔습니다. 도시에 있는 디스코텍을 다니고, 팝, 나이트클럽에 다니고, 라스베이거스에 가서 돈을 벌려고 했습니다. 그것이 저의 계획이었습니다.

그런데 하나님께서는 저에 대한 놀라운 계획을 가지고 계셨습니다. 1984년에 플로리다에 제 누나가 살고 있었는데, 그곳에 갔습니다. 제가 미국에 가서 첫 번째 들른 곳이 그곳이었습니다. 거기 누나의 집에서 라스베이거스로 갈 생각이었습니다.

제 누나는 결혼을 했는데 아주 신앙이 좋은 사람이었습니다. 미국에 가서 첫 번째 맞이하는 주일에 누나가 "아비! 나랑 같이 교회가자"라고 말했습니다.

"뭐라고? 누나 지금 나한테 뭐라고 하는 거야?"

좀 이해해야 할 것이 유대인들은 누가 교회에 간다고 하면 바로 그런 식으로 반응합니다. 그래서 누나에게 말했습니다.

"누나 제정신이야? 우리는 유대인이야. 우리는 교회가 아니라 회당에 가야 해. 일 년에 한 번, 그리고 손 탁탁 터는 거야."

그런데 누나는 아주 참을성이 많았습니다.

"동생! 나랑 같이 가서 한번 생각해 보자. 히브리 성경을 가지고 가자. 가서 한번만 확인해 보자. 한 번 가서 네가 싫으면 다음엔 안 가도 된다."

이렇게 누나가 말했습니다.

누나가 저에게 도전 의식을 준 것입니다. 저는 본래 아주 도전 의식이 많습니다. 특별히 이스라엘 공군에 있었기 때문에 도전하는 것을 매우 좋아합니다.

"어, 그래?"

저는 히브리어 성경을 들고(유대인들은 구약만 있는 성경을 봅니다. 신약 성경은 보지 않는데, 그것은 이방인들을 위한 성경이라고 생각하기 때문입니다) 누나와 함께 침례교회에 갔습니다. 이스라엘 공군의 프라이드를 가지고, 속으로 기독교인들은 아무것도 아는 게 없다고 생각했습니다.

그러나 저는 처음부터 아주 놀라고 말았습니다. 우리가 걸어 들어가 앉았을 때 사람들은 일어나서 노래하기 시작했습니다. 그리고 예배하기 시작했습니다. 우리 미리암 찬양대처럼 아름다운 찬양대가 있었습니다. 예배드리는데 웃으면서 너무 행복한 모습이었습니다. 저는 그게 너무 충격이었습니다. '교회는 죽은 곳인 줄 알았는데 이게 도대체 무슨 일인가? 마리아상이나 아니면 바울상이나 이런 데 앞에서 드리는 죽은 예배인 줄 알았는데, 그냥 우상에게 절하는 줄 알았는데, 기독교인들 그들은 새 신을 섬기는 잘못된 사람들이라 생각했는데, 마리아상을 섬기는 줄 알았는데, 십자가 나뭇조각을 섬기는 줄 알았는데……'

전 유대인이기 때문에 그렇게 생각했습니다. '기독교인들은 그렇게 하는 사람들이야'라고 생각했습니다. 그 사람들은 그냥 '종교적일 뿐이야'라고 생각했었지요. 그런데 제가 예배드리는 사람들을 보았을 때 그들은 주님을 예배하고 있었습니다. 너무 행복하게 웃으면서, 생명력 있게, 제가 그들을 보았을 때 그들은 저의 질투를 유발했습니다.

로마서에 보면, 이방인들이 이스라엘에게 질투심을 유발할 것(롬 11:11)이라고 나옵니다. '이 기독교인들이 나로 하여금 질투를 유발하다니 어떻게 된 일인가?' 충격이었습니다.

그런데 그때 목사님이 나오셨습니다. 그리고 설교를 하셨습니다. 설교를 시작할 때 '아! 또 종교적 활동이구나', '아, 골치 아프구나'라고 생각했습니다. 왜냐하면 제가 살던 이스라엘엔 너무 많은 종교적인 것들이 있어서 '아, 더 이상 종교적인 것이 난 싫어. 더 이상 이야기하지 마' 하고 생각했습니다.

그런데 목사님께서 첫 번째 입을 열어 "하나님은 사랑의 아버지이십니다"라고 말씀하셨습니다.

"하나님은 사랑이십니다. 하나님은 여러분을 사랑하십니다."

제가 그 메시지를 들었을 때 '저분 도대체 무슨 말씀을 하시는 거야? 이게 도대체 무슨 일이야? 하나님이 사랑이시라고? 이런 난센스가 어디 있어?' 하고 반응했습니다. 제가 알고 있던 하나님은 그 구석에 서서 채찍을 가지고 제가 잘못했을 때마다 때리시는 그런 분이셨습니다. 징벌하시는 하나님, 제가 알았던 하나님은 그런 분이셨습니다.

우리 학교에서는 이스라엘의 역사에 대해 가르칩니다. 유대인의 축제를 지킵니다. 우리는 하나님에 관해서는 압니다. 그러나 저는 하나님 그분 자체를 몰랐습니다. 그런데 예배를 드리는 그분들은 하나님을 알고 있었던 것입니다.

제가 생애 처음으로 그 복음을 들었을 때 저는 울기 시작했습니다. 그리고 깨달았습니다. 저는 하나님에 관해서만 알고 있었지, 그러나 제 개인적으로는 하나님을 알지 못했다는 것입니다.

그래서 제가 설교를 듣고 나서 "하나님 아버지, 하나님! 제가 저의 죄를 고백합니다. 그리고 예수 그리스도를 영접합니다. 저를 받아주십시오"라고 기도하게 되었습니다. 할렐루야! 아멘!

제가 예수님을 만난 후에 예수님이 제 생애를 전적으로 바꾸셨습니다. 몇 개월 되지 않는 그 기간 동안에 예수 그리스도를 만났고, 세례를 받았고, 결혼을 했고, 이스라엘로 돌아왔습니다. 6개월 후에 제가 이스라엘로 돌아왔는데 저는 거듭났고, 결혼도 했고, 제 인생의 모든 문제들이 해결되었습니다. 여러분, 저는 그 이후에 절대로 라스베이거스를 가본 적이 없습니다. 할렐루야! 할렐루야!

하나님은 좋은 분이십니다. 하나님은 우리를 위해 놀라운 좋은 계획을 가지고 계십니다. 다만 우리가 하나님께 우리 자신을 복종시킬 때 말입니다. 마태복음 23장 끝부분입니다. 예수님께서 아마도 감람산 어디에선가 예루살렘을 바라보시면서 하신 말씀 같습니다. 예수님께서는 예루살렘을 위해 기도하셨습니다. 37-38절을 읽겠습니다.

"예루살렘아 예루살렘아 선지자들을 죽이고 네게 파송된 자들을 돌로 치는 자여 암탉이 그 새끼를 날개 아래에 모음같이 내가 네 자녀를 모으려 한 일이 몇 번이더냐 그러나 너희가 원하지 아니하였도다 보라 너희 집이 황폐하여 버려진 바 되리라."

예수님께서 예언하신 지 40년 후에 실제로 그 성전이 파괴되어 버렸습니다. 예수님은 진실을 말씀하셨고, 예수님이 말씀하신 그 예언은 40년 후에 그대로 이루어졌습니다. 아멘! 아멘!

성도 여러분!
우리에게 다른 예언이 필요 없습니다. 왜 이렇게 말씀드리는가 하면, 그때부터 600년 후에 '코란'이라는 책에는 잘못된 거짓 예언자가 있는데 바로 '무함마드'입니다. 그러나 여기에 나오시는 '예수 그리스도' 그분만이 진정한 예언자이시고 진정한 메시야이시기 때문입니다. 아멘! 아멘!

마태복음 23장 39절에 '내가 너희에게 이르노니 이제부터' 라고 했습니다. 제가 계속하기 전에 묻습니다. 예수님이 지금 누구에게 말씀하고 계십니까? 로마 군인들에게 말씀하십니까? 헬라 사람들에게 말씀하십니까? 아닙니다. 지금 예수님은 이 말씀을 '유대 사람들에게' 하고 계십니다. 예수님이 유대인이셨고, 그 자신의 백성들에게 지금 이 말씀을 하고 계십니다.

그런데 예수님께서는 '너희가 나를 더 이상 못 볼 것이다' 라고 말씀하십니다. '너희들이 바룩 하바 바셈 아도나이 이렇게 말할 때까지는 나를 못 볼 것이다', 그 뜻은 '찬송하리로다 주의 이름으로 오시는 이여 이 말을 들을 때까지 나를 못 볼 것이다' 입니다. 왜 이렇게 말씀하십니까?

한번 생각해 보십시오. 이 본문은 이루어질 것이기 때문입니다. 놀랍게도 오늘날 이스라엘에 있는 2만여 명의 유대인들이 실제로 '바룩 하바 바셈 아도나이' 라고 말합니다. '찬송하리로다 주의 이름으로 오시는 이여' 입니다. 저는 여러분에 대해 잘 모릅니다. 그러나 흥미로운 것은 여러분이 저와 함께 왕 중의 왕, 주의 주께서 곧 오실 거라는 것을 믿고 기다린다는 것입니다. 아멘? 아멘!

아마 어떤 사람은 흥미가 없을 것입니다. 이제 마지막 질문을 하겠습니다. 예수님은 어디로 다시 오실까요? 서울 코리아로 예수님이 다시 오실까요? 어떤 사람은 이탈리아 로마로 예수님이 다시 오실 거라고 생각합니다. 어떻게 생각하십니까? 예수님은 한 도시로 오실 것인데, '왕의 도시' 로 오실 것입니다. 그 도시를 통치하기 위해 오실 것입니다. 그곳은 바로 '예루살렘' 입니다. 예수님은 유대인이 '바룩 하바 바셈 아도나이' 라고 말할 때를 기다리고 계십니다.

제가 믿기로는 여러분과 제가 왕 중의 왕, 주의 주가 곧 오실 것을 보게 될 것입니다. 그분이 오셨을 때 아름다운 신랑으로 오실 텐데 누가 신부일까요? 가톨릭에서 말하는 가톨릭 교회일까요? 루터교회일까요? 그리스 정교회일까요? 솔직히 저는 유대인으로서 좀 혼란스럽습니다. 제가 믿기로는 신랑으로 오실 때 신부는 누구일까요?

바로 저와 여러분, '한 새 사람이' 신랑 되신 예수님의 신부입니다(엡 2:15). 아멘? 아멘!

다시 오실 신랑이요, 만왕의 왕이신 예수님은 유대인과 비유대인, 예수 그리스도를 사랑하는 사람들, 복음을 전하는 사람들, 그리고 제자를 만드는 사람들, 기도하는 사람들, 예배하는 사람들과 함께하시어 영원히 새 예루살렘에서 영광과 찬송을 받으실 것입니다. 아멘!

예수님이 다시 오실 때까지……샬롬!

(통역: 이길자 목사, 녹취: 김낙수 안수집사)

✡ 아비 미즈라히 목사 환영사

할렐루야!

하나님께서 귀히 여기시는 아비 미즈라히 목사님,
우리는 오늘 저녁 우리 교회를 방문하신 목사님을
주 예수 그리스도의 이름으로 전심으로 환영합니다.
바쁘신 일정 가운데도 우리 교회를 방문하실 뿐더러
이방인 교회 중의 하나인 우리 교회에 오셔서
오늘 밤 놀라운 하나님의 말씀을 전해 주셨습니다.
오늘 저녁 우리는 목사님의 설교를 통해
살아 계신 하나님의 음성을 듣게 되었고,
유대인과 이방인의 구주이신 예수 그리스도를
새롭게 만나게 되었습니다.
더 나아가 우리는 다시 오실 왕 예수님의 길을
메시아닉 주와 함께 준비해야 할 것을 새롭게 결심하였습니다.
따라서 저는 주님께 영광 돌리고, 또한 목사님께도 감사드립니다.
저는 우리가 복음을 듣기 위해 사람들을 욥바로 보내어
베드로 사도를 모셔 온 고넬료와 같다고 생각합니다.
우리는 오늘 저녁 성령님의 충만함을 경험했습니다.
지금 우리는 눈으로 아비 목사님을 보고 있지만,
마음으로는 예수 그리스도를 만나고 있습니다.
대단히 감사합니다.

저는 아도나이 로이 교회와 영세교회가
'한 새 사람' (엡 2:15)을 이루어,
예수 그리스도의 재림을 함께 준비할 수 있게 되기를 소원합니다.
아도나이 로이 교회 성도들과 두깃 공동체의 스태프들,
그리고 목사님의 가족들에게 안부를 전해 주시기 바랍니다.
저와 우리 교회 식구들은 목사님의 한국에서의 남은 사역과
좋은 휴식과 안전한 귀국을 위해 기도하겠습니다.
이제, 우리 모든 영세교회 성도들은 다 일어나서 아비 목사님을
'샬롬, 할렐루야, 임마누엘, 축복합니다' 라는 말로 축복합시다.

대단히 감사합니다.

2011년 8월 28일
예수 그리스도 안에서 형제 된
영세교회 담임목사 김충렬

# Welcoming Address

Hallelujah!

Rev. Avi Mizrachi, a precious pastor of God.

All church members and I welcome you to come Youngsei Presbyterian Church with all our hearts in the name of Jesus Christ.

Even though you are tied up with busy schedules, you visited my church, one of gentile churches, and gave us God's amazing message tonight.

Tonight we heard the living God's voice and we could meet Jesus Christ, the savior or Jews and Gentiles, through your preaching.

Also, we made a new decision to prepare the way of Jesus' second coming with messianic Jews.

Thus, I glorify God and give thanks to you.

I think we are like Cornelius who sent men to Joppa to invite the apostle Peter to hear the Gospel.

Tonight all of us were filled with the Holy Spirit.

Now we are looking at Rev. Avi Mizrachi with our eyes, but we are meeting Jesus Christ with our hearts. I'm really grateful to you.

I hope God makes Adonai Roi Messianic Congregation and Youngsei Presbyterian Church into one new man(Eph. 2:15) and we can prepare for the second coming of Jesus together.

Please, give our regards to Adonai Roi Messianic Congregation's members, Dugit Center's staffs, and your family.

My church members and I pray to God for your remaining ministry and relaxation in Korea, and your return to your country safely.

Now, let's stand up, bless Rev. Avi Mizrachi, and say to him, "Shalom, Hallelujah, Emmanuel, God bless you."

Thank you very much.

28th August 2011
Your brother Youngsei Church in Jesus Christ
Senior pastor Choong-ryul Kim

(영역: 조민선 목사)

매였던 종들이 돌아오네 - 이스라엘의 회복 강해

제1장
이스라엘과 교회의 회개

두깃 아웃리치 센터에서 유대인 목사 아비 미즈라히 목사, 텔아비브 욥바 교회 류공석 목사와 함께 기도하고 있다.
(이하 모든 촬영: 강형성 장로)

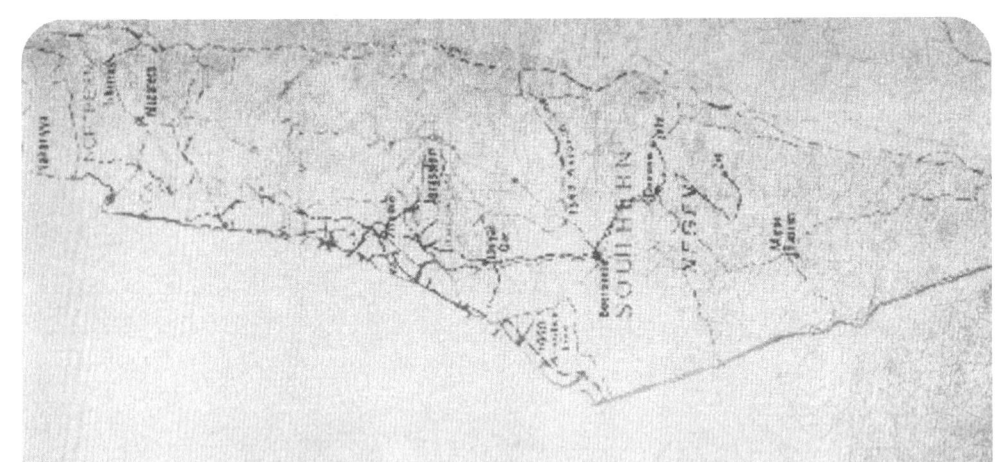

이스라엘의 회복 강해(1)
1. 이방인 교회와 선민 이스라엘의 회개

그러므로 생각하라 너희는 그때에 육체로는 이방인이요 손으로 육체에 행한 할례를 받은 무리라 칭하는 자들로부터 할례를 받지 않은 무리라 칭함을 받는 자들이라 그때에 너희는 그리스도 밖에 있었고 이스라엘 나라 밖의 사람이라 약속의 언약들에 대하여는 외인이요 세상에서 소망이 없고 하나님도 없는 자이더니 이제는 전에 멀리 있던 너희가 그리스도 예수 안에서 그리스도의 피로 가까워졌느니라 그는 우리의 화평이신지라 둘로 하나를 만드사 원수된 것 곧 중간에 막힌 담을 자기 육체로 허시고 법조문으로 된 계명의 율법을 폐하셨으니 이는 이 둘로 자기 안에서 한 새 사람을 지어 화평하게 하시고 또 십자가로 이 둘을 한 몸으로 하나님과 화목하게 하려 하심이라 원수 된 것을 십자가로 소멸하시고 또 오셔서 먼 데 있는 너희에게 평안을 전하시고 가까운 데 있는 자들에게 평안을 전하셨으니 이는 그로 말미암아 우리 둘이 한 성령 안에서 아버지께 나아감을 얻게 하려 하심이라 (엡 2:11-18)

샬롬!

몇 년 전 우리 교회에 부흥 사경회 강사로 오셨던 미국 베델 한인교회 손인식 목사님의 결혼 초기 시절의 간증이 생각납니다. 미국으로 건너가서 아직 목회자의 길을 걷지 않을 때의 일입니다. 수년간 부인과 극도로 관계가 나빠져서, 이제는 거의 이혼 상태에 이르게 되었습니다. 두 사람 다 '이제는 희망이 없다'고 단정하고 이제 누가 먼저 '이혼하자'는 이야기를 입 밖으로 꺼내느냐만 남았습니다.

그러던 중 어느 해 부활절 아침을 맞이하였는데, 아침 일찍이 일어나 거실에 멍하니 앉아 있던 손인식에게 동네 교회 예배당으로부터 부활절 종소리가 들려왔습니다. 그런데 그 시간 그 종소리를 통해 주님의 음성이 그에게 들려오는 듯했다는 것입니다.

"인식아, 네가 어디 있느냐? 네가 나를 사랑하느냐? 네가 나를 진정으로 사랑한다면 네 아내를 왜 그렇게 미워하고 증오하느냐? 네가 처음 사랑을 버렸느니라."

그 시간 그는 그 자리에 고꾸라져 통곡하며 눈물로 회개했습니다. 몇 시간을 그렇게 회개하는 시간을 가졌습니다. 그동안은 자기의 인생이 곤고한 것이 다 '아내' 때문이라고 생각했는데, 이제 주님께서 특별히 찾아오셔서 깨우쳐 주시어 깨닫고 회개하게 되었습니다. '아니구나! 그 모든 것이 다 나 때문이로구나.' 생각의 변화가 일어나게 되었습니다.

마침내 그는 조용히 일어나 아내가 있는 곳으로 걸어갔습니다. 멍하니 앉아 있는 아내 앞에 무릎을 꿇고 조용히 고백했습니다.

"여보, 진짜 미안해요. 모든 것이 다 나의 잘못 때문이오. 용서해 줘요."

그러자 부인이 충격을 받은 듯 눈물을 흘리기 시작하더니 입을 열었습니다.

"여보, 아니에요. 나를 용서해 줘요."

그 시간 두 사람은 서로 끌어안고 한참 동안을 울면서 서로를 위로하며 하나님께 감사와 회개, 결단의 기도를 드리게 되었습니다. 그 이후 손인식은 청년 시절 서원한 대로 목회자의 길을 걸어 지금 엄청난 영향력을 끼치고 있습니다.

성도 여러분, 그 두 사람이 서로 미워하는 관계를 청산하지 못했다면 어떻게 되었을까요? 물론 오늘날 그 부부를 통해 일어나는 하나님의 나라 확장의 역사가 일어나지 못했을 것입니다. 오히려 그들 주변에 사탄의 역사가 더 확장되었을 뿐일 것입니다.

그러나 그들 부부에게 하나님께서 강력하게 역사하신 계기는, 각각 회개하고 예수 그리스도를 새롭게 영접하면서 서로 용서하고 회개했을 때 서로를 잘 알 수 있게 되었고, 하나님의 나라 확장을 위해 놀랍게 헌신하게 되었던 것입니다. 남편이 아내를, 아내가 남편을 제대로 알려면, 또한 불신 배우자가 예수님의 품에 안기려면 먼저 믿은 자의 회개가 있어야 하고 서로간 화해가 이루어져야 합니다.

마찬가지로 기독교회와 기독교의 뿌리 민족인 이스라엘 민족이 서로에 대해 충분히 이해하고 종합적 지식에 이르려면, 그리고 예수님을 단체로 거부하여 2천 년이 흐른 이스라엘 민족이 예수님 앞으로 돌아오려면 먼저 예수님을 메시야로 영접한 기독교회가 회개해야 하고, 교회와 이스라엘 민족 사이에 진정한 화목이 이루어져야 합니다.

오늘 본문을 보시기 바랍니다. 사도 바울은 유대인 즉 이스라엘인들과 우리 이방인들이 과거에는 율법을 중심으로 서로 담을 쌓고 원수와 같이 되었는데, 하나님께서 보내신 메시야 예수 그리스도께서 지신 십자가로 인해 하나님과의 막힌 담, 그리고 유대인과 이방인 사이에 막힌 담을 허시고 평화의 길을 만드신 것을 말씀하고 있습니다.

그러나 지난 2천 년의 교회사를 살펴볼 때 어떻습니까? 이방인이 중심이 된 교회나 메시야이신 예수님을 단체적으로 배척한 이스라엘 백성들이나 다 하나님의 기대에 미치지 못하고 서로를 실망시키고 상처를 내며 지내왔던 것이 사실이라고 생각합니다.

어쩌면 여러분이 예수님을 믿고 나서 처음 들어 보는 질문일 수도 있습니다만, 이방인임에도 하나님의 큰 긍휼로 예수님을 믿어 구원을 받고 그리스도의 몸인 교회의 지체가 된 우리는, 지금 우리의 신앙의 모태가 되어 준 유대인들에게, 이스라엘 민족이나 나라에 대해 어떤 생각을 하고 있습니까?

아마 많은 경우 무관심하거나 예수님을 십자가에 못 박아 죽인 완악한 민족 정도로만 생각할 것입니다. 또 어떤 분들은 셰익스피어의 희곡 《베니스의 상인》의 영향으로 '유대인들은 다 수전노'라는 부정적인 이미지를 갖고 있을지도 모릅니다.

한편, 대부분의 유대인들은 역사상 기독교회들에게 당한 모욕과 핍박, 수없는 종교재판에 의한 처형, 마틴 루터의 주장을 근거로 600만의 동족을 학살한 히틀러의 악행 등으로 인해 예수님에 대해

1. 이방인 교회와 선민 이스라엘의 회개 47

서, 기독교회에 대해서 마음을 닫아 걸고 더욱 강퍅하게 되는 것 같습니다. 그래서 기독교회, 유대인들 모두가 하나님의 기대와 뜻에 전혀 미치지 못하면서 서로에 대한 불신과 적대감을 더욱 키워가는 것 같습니다.

그러면 이방인임에도 불구하고 구속사 가운데 유대인의 모태가 되어 오신 예수님으로 인해 구원의 축복을 받은 우리는 유대인들에게 무엇보다 먼저 무엇을 해야 할까요? 유대인들의 치유와 회복이 필요함을 절감하며, 저들에게 용서받기 위해 먼저 저들을 용서해야 할 것입니다. 우리가 성경에서 보듯, 유대 민족이 선민이라 하면서도 그들의 불신앙과 무정함과 강퍅함으로 자신들과 그 땅을 더럽힌 것처럼, 우리도 이방인으로서 역시 예수님께 대한 기본적인 헌신을 버리고 오랜 세월 동안 세속적 인본주의와 바리새인적 교리로 살아온 것을 회개해야 할 것입니다.

그런데 이스라엘의 회복과 회개를 다룰 때, 선지자 에스겔이 이스라엘의 실패와 회복에 대한 드라마를 예언할 때 선포한 것을 보면, 더 명료한 성경적 책망이 없음을 발견하게 됩니다. 에스겔 36장 18-23절 말씀입니다.

"그들이 땅 위에 피를 쏟았으며 그 우상들로 말미암아 자신들을 더럽혔으므로 내가 분노를 그들 위에 쏟아 그들을 그 행위대로 심판하여 각국에 흩으며 여러 나라에 헤쳤더니 그들이 이른바 그 여러 나라에서 내 거룩한 이름이 그들로 말미암아 더러워졌나니 곧 사람들이 그들을 가리켜 이르기를 이들은 여호와의 백성이라도 여호와의 땅에서 떠난 자라 하였음이라 그러나 이스라엘 족속이 들어간 그 여러 나라에서 더럽힌 내 거룩한 이름을 내가 아꼈노라 그러므로 너는 이스라엘 족속에게 이르기를 주 여호와께서 이같이 말씀하시기를 이스라엘 족속아 내가 이렇게 행함은 너희를 위함이 아니요 너희가 들어간 그 여러 나라에서 더럽힌 나의 거룩한 이름을 위함이라 여러 나라 가운데에서 더럽혀진 이름 곧 너희가 그들 가운데에서 더럽힌 나의 큰 이름을 내가 거룩하게 할지라 내가 그들의 눈앞에서 너희로 말미암아 나의 거룩함을 나타내리니 내가 여호와인 줄을 여러 나라 사람이 알리라 주 여호와의 말씀이니라."

이방인 그리스도인의 오랜 중보적 기도의 대상이 되었다가, 끝내 그의 전도를 받고 예수님을 영접한 메시아닉 주인 루벤 도런은 그의 책 《한 새 사람》에서, 이 에스겔의 예언에 대해 이렇게 고백합니다.

"이러한 적나라한 에스겔의 예언은 나의 민족 이스라엘을 책망하시는 하나님의 말씀이다. 우리는 하나님께서 우리에게 주신 땅을 더럽혔다. 우리는 부정해졌다. 하나님의 정당한 진노가 우리에게 임했고, 그분의 공의로운 심판에 따라 우리를 열방 중에 흩으셨을 때조차도 우리는 그곳에서 시시때때로 하나님의 거룩한 이름을 더럽혔다."

계속해서 그는 이런 이야기를 하고 있습니다. 자기들 유대인들이 열방에 흩어진 자체가 하나님께서 자신들에게 내리신 '유죄 평결의 항구적인 증거'라고 말합니다. 가령 오늘날 그들이 자신들을 선민이라고 하면서도 '대부분이 약속의 땅이 아닌 샌프란시스코나

런던, 리우데자네이루, 러시아, 폴란드 등에서 태어나고 있는 사실은 무엇을 의미하는가'를 질문하면서 이렇게 대답하고 있습니다.

"그것은 다만 한 가지, 하나님이 말씀하신 '마땅한 징벌'임을 보여 준다."

사실 그들 유대인들은 하나님과의 언약들을 계속해서 파기했습니다. 그리고 그것을 책망하려고 하나님께서 보내신 선지자들의 입을 막아 버렸습니다. 그리고 인본주의적 가르침으로 하나님의 말씀을 가려 버렸던 것입니다. 참으로 유대인들은 열방에 흩어져 살았던 지난 2천 년 세월 동안 그들의 아버지 하나님께 이렇다 할 영광을 돌리지 못했던 것이 사실이 아닐까요?

한번 생각해 봅시다. 이방인인 우리가 볼 때 '유대인' 하면 어떤 이미지가 먼저 떠오르십니까? 대부분 독선적이고 이기적인 이미지가 강하지 않습니까? 자신들만이 천국에 들어가고 나머지 이방인들은 자신들을 섬기기 위해서 존재하고 지옥에 갈 사람으로 본 것입니다. 이 얼마나 선민으로 택해 주신 하나님의 뜻에 어긋나는 생각입니까?

그러나 보십시오. 지금 유대인들에게 놀라운 일이 일어나고 있습니다. 우리 하나님께서는 주후 70년에 로마군의 침략으로 멸망하여 사방으로 흩어진 이스라엘들을 신실하게 지키시고 인도하시어 약속의 땅의 일부에 1948년에 독립 국가를 이루게 하셨습니다. 인간의 생각과 능력으로는 도저히 있을 수 없는 사상 초유의 일이 아닙니까? 또한 1967년 '6일 전쟁'을 계기로 영토를 폭넓게 회복하게 하셨습니다. 거기다가 1990년경부터는 러시아, 폴란드 등으로부터 수

많은 유대인들이 자기들의 고국으로 돌아오고 있습니다(렘 16:14-15; 겔 11:17 등).

더더욱 놀라운 일은 1980년을 전후해서는 유대인들로서 예수님을 영접하는 '메시아닉 주'들이 점점 생겨나고 있습니다. 그들은 다시 동족인 유대인들에게 핍박을 받으며 "이제 우리 땅에 2천 년 전에 오셨고 죽었다가 다시 사시어 오늘 성령님으로 역사하시며, 또 이후에 다시 오실 예수님을 영접하세요"라고 외치고 있습니다(요 1:10-13). 1948년 건국 당시에는 믿는 유대인이 30명이 채 안 되었지만 현재는 약 2만여 명이고, 메시아닉 주 모임도 100여 개나 된다고 합니다.

성도 여러분, 이것이 무엇을 의미한다고 보십니까? 하나님께서 지난 2천여 년 동안 고통과 치욕 속에서 이스라엘 백성을 오묘하고 신실하게 지키신 증거인 것입니다.

창세기 12장 2-3절을 보시기 바랍니다.

> "내가 너로 큰 민족을 이루고 네게 복을 주어 네 이름을 창대하게 하리니 너는 복이 될지라 너를 축복하는 자에게는 내가 복을 내리고 너를 저주하는 자에게는 내가 저주하리니 땅의 모든 족속이 너로 말미암아 복을 얻을 것이라 하신지라."

이것은 분명히 아브라함과 그의 후손 이스라엘 민족에게 주신 가장 중요한 사명이요 특권이었습니다. 그런데 보십시오. 하나님을 열방에 나타내기 위해서 선택되고 형성된 민족인 이스라엘이 그 사명을 저버리게 되었습니다. 즉 선민의식의 교만과 불순종으로 이방 세계 속에서 조소거리가 되고, 아울러 하나님의 영광을 가려 버렸습니다. 결정적으로 약속의 성취로 오신 메시야 예수님을 십자가에 못 박아 죽이는 엄청난 죄를 저지르게 되었습니다.

그 결과 주후 70년에 로마 제국의 침략으로 멸망하여 2천 년 동안 전 세계에 흩어져 고난을 당하며 살게 되었습니다. 이렇게 볼 때 이스라엘 사람들은 근본적으로 실패했습니다. 따라서 이제 하나님 앞에 회개하고 예수님을 영접하여 하나님의 은혜 속에 들어가고, 그리스도의 몸 된 교회를 통한 성도의 교제에 다시 들어가는 것이 그들에게는 유일한 성경적인 해결책이라는 것을 알아야 할 것입니다.

그러나 여기서 우리 이방인 그리스도인들이 수행해야 할 책임이 있음을 잊지 말아야 할 것입니다. 그것은 선민인 이스라엘 백성들이 단체적으로 메시야로 오신 예수님을 배척함으로 그 복음이 우리 이방인들에게 전해져, 그 복음을 오히려 먼저 믿고 구원의 은혜에 들어간 우리가, 이스라엘이 메시야를 영접하는 일을 위해 먼저 회개하고 기도함으로 이스라엘 민족과의 화해의 길을 걸어가야 한다는 것입니다.

이방인 그리스도인들을 통해 회개하고 예수님을 영접한 도련을 비롯한 메시아닉 주들은 지금 이렇게 기도합니다.

"아브라함과 이삭과 야곱의 하나님, 이방인들의 하나님, 약속의 땅 이스라엘에서 선민의 한 사람으로서 저는 하나님께는 물론 모든 하나님의 백성들에게 우리의 교만과 불순종, 실패에 대해 진실한 마음으로 용서를 구합니다."

그런데 성도 여러분, 그러한 종류의 회개는 그들 메시아닉 주들만이 해야 할 것은 아닌 줄로 믿습니다. 그동안 우리 이방 그리스도인들에게 믿음을 전해 준 뿌리가 되는 이스라엘 민족을 구제 불능한 죄인 민족으로 치부하고 저들을 무시하고 핍박한 우리 기독교회의 죄들을, 그리고 저들의 구원에 무관심했던 죄를 또한 회개해야 할 것입니다. 이제 주님 다시 오실 날이 점점 가까워 유대인들도 예수님을 메시야로 영접하는 역사가 서서히 일어나고 있습니다.

> "무화과나무의 비유를 배우라 그 가지가 연하여지고 잎사귀를 내면 여름이 가까운 줄을 아나니 이와 같이 너희도 이 모든 일을 보거든 인자가 가까이 곧 문 앞에 이른 줄 알라"(마 24:32-33).

이 예수님의 말씀대로 지금 되어가고 있는 것입니다. 따라서 우리는 이스라엘 민족을 위해 기도하고, 그들을 위해 축복하고, 이스라엘 선교를 위해 기도하며 힘써야 할 것입니다. 왜냐하면 하나님의 구속사에서 볼 때 진정한 땅 끝은 복음이 처음 출발한 예루살렘이기 때문입니다(행 1:8). 우리는 복음 전파의 모태가 되어 준 이스라엘 민족에게 엄청난 빚을 지고 있기 때문입니다. 무엇보다도 저들을 모태로 하여 우리 이방인들을 구원하신 하나님께서 "내 백성을 위로하라"(사 40:1)고 명령하시기 때문입니다.

따라서 우리 모두 하나님께서 우리에게 '이스라엘의 회복'이라는 새롭고 놀라운 비전을 주셔서, 26번 정도 수요일 밤마다 모여 기록된 계시의 말씀을 통해 새로운 각성과 도전을 주시는 이 기회에 놀라운 전환이 이루어지기를 바랍니다. 즉 그동안 이방인으로서 하나님의 크신 긍휼로 허물과 죄로 가득한 우리가 선민인 이스라엘 백성보다 먼저 메시야로 오신 예수님을 믿고 은혜를 누리면서도, 그 뿌리가 되는 이스라엘 민족에게 무관심하고 멸시했던 죄 등을 회개하고, 이스라엘의 회복과 구원을 위해 간절히 기도하고 구체적으로 노력하는 계기가 되기를 바랍니다.

마지막으로 이 시간 우리에게 들려주시는 하나님의 음성을 들어보시기 바랍니다.

"나는 시온의 의가 빛같이, 예루살렘의 구원이 횃불같이 나타나도록 시온을 위하여 잠잠하지 아니하며 예루살렘을 위하여 쉬지 아니할 것인즉"(사 62:1).

"또 여호와께서 예루살렘을 세워 세상에서 찬송을 받게 하시기까지 그로 쉬지 못하시게 하라"(사 62:7).

이스라엘의 회복 강해(2)
2. 한 새 사람

그러므로 생각하라 너희는 그때에 육체로는 이방인이요 손으로 육체에 행한 할례를 받은 무리라 칭하는 자들로부터 할례를 받지 않은 무리라 칭함을 받는 자들이라 그때에 너희는 그리스도 밖에 있었고 이스라엘 나라 밖의 사람이라 약속의 언약들에 대하여는 외인이요 세상에서 소망이 없고 하나님도 없는 자이더니 이제는 전에 멀리 있던 너희가 그리스도 예수 안에서 그리스도의 피로 가까워졌느니라 그는 우리의 화평이신지라 둘로 하나를 만드사 원수 된 것 곧 중간에 막힌 담을 자기 육체로 허시고 법조문으로 된 계명의 율법을 폐하셨으니 이는 이 둘로 자기 안에서 한 새 사람을 지어 화평하게 하시고 또 십자가로 이 둘을 한 몸으로 하나님과 화목하게 하려 하심이라 원수 된 것을 십자가로 소멸하시고 또 오셔서 먼 데 있는 너희에게 평안을 전하시고 가까운 데 있는 자들에게 평안을 전하셨으니 이는 그로 말미암아 우리 둘이 한 성령 안에서 아버지께 나아감을 얻게 하려 하심이라 그러므로 이제부터 너희는 외인도 아니요 나그네도 아니요 오직 성도들과 동일한 시민이요 하나님의 권속이라 너희는 사도들과 선지자들의 터 위에 세우심을 입은 자라 그리스도 예수께서 친히 모퉁잇돌이 되셨느니라 그의 안에서 건물마다 서로 연결하여 주 안에서 성전이 되어 가고 너희도 성령 안에서 하나님이 거하실 처소가 되기 위하여 그리스도 예수 안에서 함께 지어져 가느니라 (엡 2:11-22)

세계의 역사를 바꾸어 놓았다고 평가되는 사도 바울의 회심 사건을 한번 생각해 보시기 바랍니다. 그의 원래 이름은 '사울'로서 바리새인이요 예수님을 믿는 사람들을 핍박했던, 그것도 극렬히 핍박했던 사람이었습니다. 천사와 같은 하나님의 사람 스데반을 죽이는 데 동참한 사람이었습니다. 예수님을 믿는 사람들을 아예 말살해 버릴 생각으로 대제사장으로부터 공문을 받아서 다메섹까지 원정을 가던 사람이었습니다.

그런 그가 다메섹 도상에서 부활하신 예수님을 극적으로 만나게 됩니다. 이로써 그의 생애는 완전히 전환점을 맞이하게 됩니다.

사도행전 9장을 보십시오. 부활하신 예수님께서 핍박자 사울의 가는 길을 막으시고 "사울아 사울아 네가 어찌하여 나를 박해하느냐"(행 9:4)라고 말씀하십니다. 사울은 깜짝 놀라 "주여 누구시니이까"(행 9:5)라고 질문했고, 이에 예수님은 "나는 네가 박해하는 예수라"고 대답하셨습니다.

그 시간 그는 깜짝 놀라 그 자리에 쓰러졌고 두 눈이 보이지 않게 되었습니다. 왜 놀랄 수밖에 없었을까요? 분명 자기가 핍박한 것은 나사렛 예수를 믿는 무리였는데, 예수님의 말씀은 "어찌하여 나를 박해하느냐?"라고 하셨기 때문입니다. 즉, 그리스도인들, 그들의 모임인 교회는 다름 아닌 '예수님의 몸'이라는 것을 홀연히 깨닫고 그 자리에 엎드러지게 된 것입니다.

여기서 바울은 온전히 주님께 무릎 꿇게 됩니다. 부활하신 예수님을 만나서 자기를 부르시는 음성을 듣고 구체적으로 교회가 그리스도의 몸임을 깊이 깨닫고 그의 생애가 완전히 바뀌게 됩니다. 그 결과 바울은 이전에 자기가 핍박하던 예수님을 믿고 그분께만 충성을 약속합니다. 이제는 핍박 대신에 그리스도를 섬기는 자로, 몸 된 교회를 위해 일생을 헌신하는 자로 몸과 마음을 바치게 됩니다.

골로새서 1장 24-25절을 보면 그가 주님을 만남으로 특별히 받은 계시가 '그리스도의 몸으로서의 교회' 라는 것과, 그 교회의 일꾼으로 부름 받은 목적을 고백하고 있습니다.

> "나는 이제 너희를 위하여 받는 괴로움을 기뻐하고 그리스도의 남은 고난을 그의 몸 된 교회를 위하여 내 육체에 채우노라 내가 교회의 일꾼 된 것은 하나님이 너희를 위하여 내게 주신 직분을 따라 하나님의 말씀을 이루려 함이니라."

특별히 에베소서는 사도 바울이 기록한 서신 중에 그가 주님으로부터 받은 특별한 계시인 '그리스도의 몸으로서의 교회' 에 대한 서신입니다(엡 1:22-23, 3:4, 12, 16, 5:30 등).

그런데 오늘 밤에는 본문 말씀 가운데 15절 말씀에 나오는 '한 새 사람' 이라는 말씀을, 사도 바울이 처음 이 말씀을 에베소 교회에 보냈을 때의 의미를 찾아보면서 오늘 이 시대 속에서 본문에 나타난 하나님의 깊은 뜻을 깨닫고자 합니다. 우선 본문 에베소서 2장 14-16절을 읽겠습니다.

> "그는 우리의 화평이신지라 둘로 하나를 만드사 원수 된 것 곧 중간에 막힌 담을 자기 육체로 허시고 법조문으로 된 계명의 율법을 폐하셨으니 이는 이 둘로 자기 안에서 한 새 사람을 지어 화평하게 하시

고 또 십자가로 이 둘을 한 몸으로 하나님과 화목하게 하려 하심이라 원수 된 것을 십자가로 소멸하시고."

여러분, 이 부분을 읽을 때, 또 이 단어 '한 새 사람'을 대할 때 그 깊은 의미, 그 원래 의미를 생각하며 읽으셨습니까? 제 자신은 그렇지 못했습니다. 아마 여러분도 대부분 마찬가지일 거라고 생각합니다.

사실 어떤 의미에서 하나님 아버지에 의해서 그 깊은 의미가 유대인에게나 이방인인 우리에게 가려져 왔는지 모르겠습니다. 실제적으로 연합되어 온전해진 성도들의 무리인 '한 새 사람'에 대한 계시는 사도들, 특별히 바울의 서신에 분명하게 나타나 있지만, 이 세대의 마지막 때가 되기까지 성취되지 않은 채 보전되어 왔다고 보아야 할 것입니다.

예수님께서는 십자가 위에서 "다 이루었다"(요 19:30)고 외치셨습니다. 그러나 그분의 완성된 사역은 기독교 시대 전체를 통하여 점점 성취되어 가다가 종말에 이르러 집중적으로 성취되면서 그 절정에 이르게 될 줄로 믿습니다.

보십시오. 이 '한 새 사람'의 실제는 바로 오늘날 우리에게 그 성취를 강하게 요구하고 있는 것을 느끼게 됩니다.

놀랍게도 성령님의 역사로 사도 바울은 에베소에 있는 성도들에게 그들이 그리스도 예수 안에서 가지는 영광스런 위치와 몸 안에서의 지체 됨(엡 3:6)을 바르게 인식하도록 호소하면서, 특별히 '한 새 사람'이라는 용어를 강조하고 있습니다.

우리가 에베소서 2장에서 보듯이, 사도 바울은 에베소에 있는 이방인 성도들에게 "그때에 너희는 그리스도 밖에 있었고 이스라엘 나라 밖의 사람이라 약속의 언약들에 대하여는 외인이요 세상에서 소망이 없고 하나님도 없는 자이더니"(엡 2:12)라고 강조하며 설명하고 있습니다.

그러나 사도는 이방인들에 대하여 거기에 머물지 않고 현재의 복스러운 정체성에 대해, 과거에는 그렇게 소망이 없는 상태에 있었지만 "이제는 전에 멀리 있던 너희가 그리스도 예수 안에서 그리스도의 피로 가까워졌느니라"(엡 2:13)라는 진리로 그들을 위로하고 있습니다.

보십시오. 바울은 하나님께서 예수 그리스도를 통해서 '유대인과 이방인 사이의 원수 됨을 폐하시고 벽을 허무셨으며 양쪽의 뿌리를 하나로 만드셨다'고 계속해서 설명하면서, 인류에 대한 하나님의 계획을 나타내는 새로운 용어를 도입하여 '한 새 사람'이라고 표현하고 있습니다.

심각한 적대감과 갈등으로 도저히 화해할 수 없던 이 두 부류의 사람들이 오직 예수님의 십자가를 통해서 한 몸이 되는 것입니다. 구원받은 유대인과 이방인의 이러한 새로운 연합은 너무나 중요한 것이므로 사도 바울은 이렇게 확신 있게 증언하고 있습니다.

"이는 그로 말미암아 우리 둘(유대인과 이방인)이 한 성령 안에서 아버지께 나아감을 얻게 하려 하심이라"(엡 2:18).

이러한 연합은 본질적으로 영적인 성격을 갖는 것임을 확증시켜 주는 것을 알 수 있습니다. 이 얼마나 엄청난 기적입니까?

우리는 이 기적이 하나님 아버지의 마음 깊숙한 곳에 있는 아주 구체적이고도 특별한 갈망을 이루기 위한 것이라는 사실을 이해할 수 있을 것입니다. 즉 우리의 하나님은 수많은 영혼들을 영원한 죄로부터 구원하기를 원하실 뿐만 아니라, 믿음과 비전과 열정이 있는 하나님의 자녀들과 영원히 함께하기를 원하신다는 것입니다.

그렇습니다. 실로 한 성령님 안에서 한 아버지 하나님께로 새롭게 나아가는 축복은 '한 새 사람'이 된 사람들을 위해 예비된 것이며, 이는 하나님의 가족 및 그 영원한 처소라는 하나님의 목적과 성경적으로 연관되어 있는 것을 우리는 잊지 말아야 할 것입니다.

계속하여 오늘 본문을 보면, 사도 바울은 이 놀라운 사실을 말할 때 의도적으로 '건축'과 관련된 용어를 선택해서 사용하고 있는 것을 보게 됩니다. 즉 새롭게 지어진 사람들(유대인과 이방인으로 이루어져 예수 그리스도의 형상으로 자라가는 사람들)을 '건축 자재'로 묘사하면서, 그리스도 예수 안에서 '한 새 사람'이 된 성도들을 "건물마다 서로 연결하여 주 안에서 성전이 되어 가고"(엡 2:21)라고 설명하고 있습니다.

마지막으로 사도 바울은 이것의 목적에 대해 "너희도 성령 안에서 하나님이 거하실 처소가 되기 위하여 그리스도 예수 안에서 함께 지어져 가느니라"(엡 2:22)라고 선포하고 있습니다.

성도 여러분, 보십시오. 우리의 하나님은 자기 백성을 그저 잠깐 방문하기를 원하시는 것이 아니라, 영원한 처소에서 우리와 하나 되어 거하시는 것을 원하시는 것입니다. 그러므로 우리 하나님은 우선 지상에 있는 당신의 아들과 딸 가운데서 자기의 처소를 친히 준비하고 계시는 줄로 믿으시기 바랍니다.

사랑하는 성도 여러분! 유대인과 이방인 모두가 함께 '한 새 사람'을 이루어 자라가는 것은 지금 현재 우리의 이성이나 마음에 닿지 않지만, 하나님의 계시에 의한 약속이기에 장차 올 시대의 징조인 것을 확신하시기 바랍니다. 이것은 믿음의 조상 아브라함에게 육의 자손과 영적 자손을 약속하셨던(창 13:16, 15:5) 하나님의 목적이 성취되고 있음을 말해 주는 것입니다.

앞으로 하나님께서 선택하신 영적인 자손(이방인)과 육적인 자손(유대인)이 그리스도 안에서 연합될 때, 영적인 영역과 육적인 영역이 연합되어 하나님의 생명이 방해받지 않고 흘러나오게 될 줄로 믿습니다. 그리고 영적인 세계와 육적인 세계의 문들이 활짝 열릴 때에 하늘의 실체가 하늘과 땅의 영역 사이에 자유롭게 교류될 것입니다.

성도 여러분, 유대인과 이방인이 하나님의 새 형상으로 빚어지는 동안 그 둘을 갈라놓던 모든 방해물들을 다 제하고 피차 겸손히 자신을 낮춘다면, 완성된 하나님의 집이 갖게 될 특징으로 약속된 궁극적인 높임과 영광이 나타나게 될 줄로 믿습니다. 할렐루야!

여러분, 이렇게 볼 때 인류의 구속사에서 가장 좋은 것을 제일 마지막에 감추어 두신 우리 하나님은 얼마나 위대하고 좋은 분이십니까? 우리 이 시간 다 함께 두 손 들고 찬양합시다.

"좋으신 하나님, 좋으신 하나님, 참 좋으신 나의 하나님~."

하나님께서 지으실 가장 새롭고도 최종적이며 최고의 창조물인 '한 새 사람'이 바로 하나님의 집, 즉 성령님 안에서의 하나님의 처소를 만드는 재료가 될 것입니다. 그 위대하신 창조물은 예수 그리스도의 중재를 통하여 예수님 자신의 본성과 생명을 완전히 구현하게 될 것입니다. 그리고 그 생명은 절대 파괴될 수 없고, 썩지도 않을 것이며, 결코 실패할 수도 없게 되는 것입니다.

이러한 이유 때문에 주님께서 다시 오시기까지 이 '한 새 사람'을 통해 하나님께서 만드시는 자질과 덕목들은 예수 그리스도를 중심으로 온전하게 연합된 유대인과 이방인의 공동체에 점차로 각인될 것입니다.

사실 예수님을 십자가에 못 박은 것은 유대인들만의 소행이 아닙니다. 이방인들도 그 일에 함께 참여했던 죄인인 것을 알아야 할 것입니다. 따라서 유대인과 이방인이 함께 하나님과 화목하게 됨과 동시에 서로 화목하게 되는 일이 절대적으로 필요하다는 것도 분명히 알아야 합니다. 왜입니까? 그것은 무엇보다도 주님의 부활의 생명이 마지막 날 새 하늘과 새 땅에 온전히 나타나기 위해서입니다.

우리는 구속사적으로 볼 때 이방인 그리스도인으로서 우리 이방인의 구원을 위해 어느 기간 동안 완악해졌던 유대인들과의 화해와 화목이 절대 필요하다는 것을 이번 기회에 기억해야 할 것입니다. 나아가서, 유대인들이 자기 땅으로 돌아오는 일과 본토에 있는 유대인들이 자기 땅에 오셨던 나사렛 예수를 구주와 주님으로 영접하는 일을 위해서, 더 나아가 우리와 그들이 그리스도 예수 안에서 '한 새 사람'이 되는 일을 위해서 기도하며 힘써야 할 것입니다.

왜 그래야 할까요? 시편 133편 1, 3절에 그 해답이 있습니다. 마지막으로 보시고 믿어지면 '아멘'으로 응답하시기 바랍니다.

"형제가 연합하여 동거함이 어찌 그리 선하고 아름다운고……거기서 여호와께서 복을 명령하셨나니 곧 영생이로다."

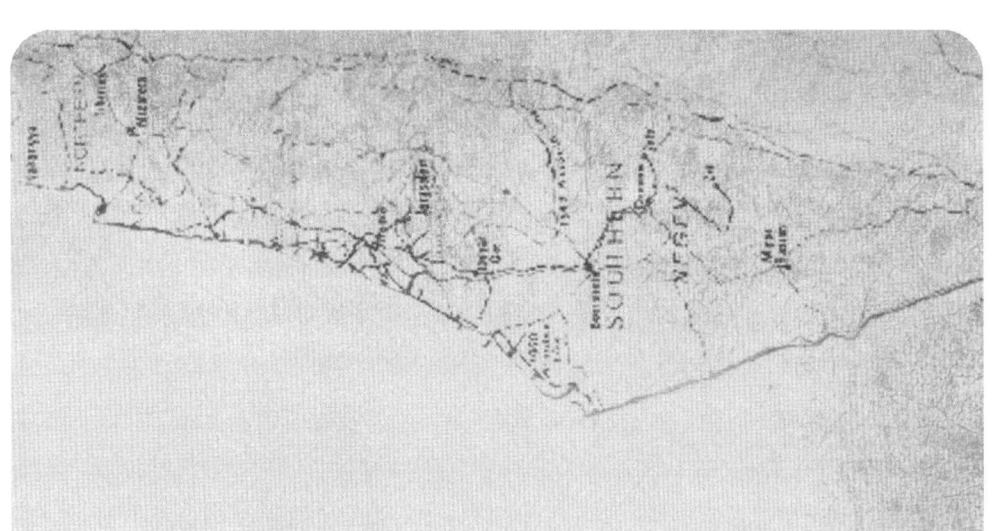

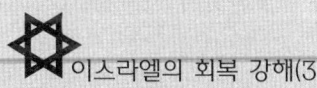 이스라엘의 회복 강해(3)
3. 그리스도의 비밀

이러므로 그리스도 예수의 일로 너희 이방인을 위하여 갇힌 자 된 나 바울이 말하거니와 너희를 위하여 내게 주신 하나님의 그 은혜의 경륜을 너희가 들었을 터이라 곧 계시로 내게 비밀을 알게 하신 것은 내가 먼저 간단히 기록함과 같으니 그것을 읽으면 내가 그리스도의 비밀을 깨달은 것을 너희가 알 수 있으리라 이제 그의 거룩한 사도들과 선지자들에게 성령으로 나타내신 것같이 다른 세대에서는 사람의 아들들에게 알리지 아니하셨으니 이는 이방인들이 복음으로 말미암아 그리스도 예수 안에서 함께 상속자가 되고 함께 지체가 되고 함께 약속에 참여하는 자가 됨이라 이 복음을 위하여 그의 능력이 역사하시는 대로 내게 주신 하나님의 은혜의 선물을 따라 내가 일꾼이 되었노라 모든 성도 중에 지극히 작은 자보다 더 작은 나에게 이 은혜를 주신 것은 측량할 수 없는 그리스도의 풍성함을 이방인에게 전하게 하시고 영원부터 만물을 창조하신 하나님 속에 감추어졌던 비밀의 경륜이 어떠한 것을 드러내게 하려 하심이라 (엡 3:1-9)

여러분, 저한테 '비밀'이 있으시죠? 많죠? 저도 여러분에게 비밀이 있습니다. 그것도 많이 있습니다. 옆에 계신 분에게 물어보십시오.
"저한테 비밀이 있으시죠? 많지요?"
아마 "네, 많아요" 할 것입니다.
어느 교회에 장로님이 한 분이 있는데 참 믿음이 좋은 분이었습니다. 예배 출석, 헌금, 치리에 복종, 기도하는 일에 모범입니다. 봉사, 좋은 일도 도맡아서 수고하던 분인데 갑자기 세상을 떠나 천국에 들어가게 되었습니다. 장로님은 너무 기뻐 '할렐루야' 부르고 천국 문에 들어갔는데, 천사 몇이 나와서 환영을 하는 둥 마는 둥 별로 크게 반가워하는 것 같지 않아 보였습니다.

장로님은 마음에 서운한 감이 들었지만 '천국이라는 곳이 원래 그런 곳인가 보다' 하고 그냥 지냈습니다. 그런데 며칠이 지났는데 갑자기 천국 전체가 발칵 뒤집어질 만큼 시끌시끌하면서 수많은 천사들이 분주히 돌아다니며 무엇인가 준비를 하고 있었습니다. '이게 무슨 일인가?' 하고 있던 차에, 마침 옆을 지나가던 한 천사를 붙잡고 물었습니다.

"무슨 일입니까? 무슨 일이 일어났습니까?"
그러자 그 천사는 싱글벙글 웃으면서 기쁜 듯이 대답했습니다.
"아, 글쎄, 목사님 한 분이 천국에 들어오셨어요. 목사님이 천국에 오셨단 말이에요."
그 소리를 들은 장로님은 얼굴색이 변하더니 화가 나서 그 천사에게 말했습니다.
"아, 장로가 천국에 왔을 때는 환영하는 기색도 없더니, 그래 목사가 오니까 그렇게 환영한다고 법석을 떠는 것입니까? 목사님은 지상에서도 그렇게 대접을 잘 받고 장로는 섬기기만 했는데, 이럴 수가 있는 것입니까?"

그러자 그 천사가 웃으면서 대답했습니다.

"진정하세요. 장로님들은 이미 천국에 수많은 분이 오셨고 지금도 계속 오고 계십니다. 그런데 목사님들은 좀처럼 오시지 않거든요. 작년에 한 분이 오시고 금년에는 저분이 처음이랍니다. 그래서 모두들 기뻐서 저렇게 환영하느라고 야단을 떠는 것입니다."

여러분, 그런데 이것은 '비밀'로 해주시기 바랍니다. 오늘 밤 예배에 안 나오신 분들에게 일부러 말씀하실 필요는 없습니다. 물론 어느 정도 웃자고 해본 이야기이기도 하고, 목사로서 반성도 해보면서 오늘 이 시간에 하나님의 세계의 진정한 비밀에 대한 이야기를 나누어 보도록 하겠습니다.

우선 하나님께서 41년 전에 이 고장에 영세교회를 세워 주셔서 계시해 주신 영적 비밀이 계속해서 하나하나 드러나고 있습니다. 처음 20여 년간은 총론으로 '한 알의 밀알이 땅에 떨어져 죽으면 많은 열매를 맺고'를 계시해 주셨습니다. 그리고 그 이후에는 각론으로 들어가 오직 예수님만이 믿음의 대상임을, 오직 예수님만이 우리의 유산임을 계시해 주셨습니다.

또한 교회는 전도, 예배, 교제, 제자 훈련, 봉사의 목적이 이끌어 가야 함을 깨닫게 해주시고, 창립 30주년의 해 11월 첫째 주에 100글자로 된 목적문을 제정 공포케 하시어 목적문이 이끄는 교회로 나아가게 하셨습니다. 뿐만 아니라 21세기에는 교회가 육지 이미지에서 항해 이미지로 가야 함을, 아울러 교회는 아날로그만도 아니고 디지털만도 아닌 '디지로그' 형으로 나아가야 한다는 것을, 천국 여행 40일 기도회를 통해 우리의 황금기는 '새 하늘과 새 땅이 시작되는 미래의 일'이라는 비밀을 계시해 주셨습니다. 또한 그 후에는 다음 세대에게 복음을 심어 주어야 가정과 교회와 나라에 미래가 있다는 비밀을 계시해 주셨습니다.

그런데 2010년에 들어와서는 하나님의 구속사의 마지막 성취인 '이스라엘의 회복'의 비밀을 계시해 주시어 얼마나 감사한지 모르겠습니다.

오늘 본문을 보면 사도 바울은 에베소 교회의 성도들에게 '그리스도의 비밀'이라고 하면서 자기가 받은 계시를 소개하고 있습니다. 에베소서 3장 3절부터 6절을 읽겠습니다.

> "곧 계시로 내게 비밀을 알게 하신 것은 내가 먼저 간단히 기록함과 같으니 그것을 읽으면 내가 그리스도의 비밀을 깨달은 것을 너희가 알 수 있으리라 이제 그의 거룩한 사도들과 선지자들에게 성령으로 나타내신 것같이 다른 세대에서는 사람의 아들들에게 알리지 아니하셨으니 이는 이방인들이 복음으로 말미암아 그리스도 예수 안에서 함께 상속자가 되고 함께 지체가 되고 함께 약속에 참여하는 자가 됨이라."

여러분, 여기서 사도 바울이 말하고 있는 '그리스도의 비밀'의 핵심이 무엇입니까? 여기서 비밀은 헬라어로 '무스테리온'으로서 단순한 비밀인 'secret'이 아니라, 보다 깊은 비밀인 'mystery'를 의미합니다. 그 신비한 하나님께서 "그분의 크신 자비하심으로써 그 은혜와 언약을 선민 이스라엘에게만 국한시키지 아니하시고 열방들도 이에 초대하셔서 '함께' 할 수 있게 해주셨다"는 것입니다.

　여기서 사도 바울은 복음은 그 자체가 목적이 아니라, '복음으로 말미암아 이 세상의 모든 이방 나라들이 하나님과 이스라엘의 언약 안에서 보여진 것같이 그리스도 예수 안에서 하나님의 품에 안길 수 있게 해주는 데' 그 목적이 있다고 설명합니다.

　다시 본문 6절을 보십시오. "이방인들이……함께 상속자가 되고 함께 지체가 되고 함께 약속에 참여하는 자가 됨이라"고 말할 때, '이방인인 우리도, 그리스도 예수 때문에 이미 하나님의 언약 안에 있는 유대인들과 함께 하나님의 약속에 참여하게 되리라' 는 사실이 명백하게 드러나게 됨을 알게 됩니다.

　실제로 이방인으로서 그리스도인이 된 우리는 놀랍게도 이제 복음을 통해서 우리 전에 이미 존재하고 있었던 언약의 자손인 이스라엘의 백성들과 함께 약속에 참여하게 되었습니다.

　사실 구약이나 신약에 나오는 그리스도 예수로 인한 '새 언약' 이라는 말은 이미 하나님께서 선민으로 택하시어 언약을 맺은 바 있는 '이스라엘 백성에게만' 해당되는 말이라는 것을 우리는 기억해야 합니다. 이방인인 우리의 경우는 이것이 '새 언약' 이 아니라 '유일한 언약' 이라는 것을 알아야 할 것입니다. 가령, 예레미야 선지자를 통해 하나님께서는 이 사실을 분명히 하셨습니다. 예레미야 31장 31절을 보십시오.

　　"여호와의 말씀이니라 보라 날이 이르리니 내가 이스라엘 집과 유다 집에 새 언약을 맺으리라."

3. 그리스도의 비밀

보십시오. 말하자면 이방인들은 그리스도 예수를 통해서 이스라엘의 이 새롭고 더 좋은 언약 안으로 들어오게 될 것이라는 사실이 함축되어 있는 것입니다. 따라서 이방인으로서 그리스도인이 된 우리는 선민으로서 그리스도인 된 유대인들을 제대로 이해하고 관계를 맺고 살아가야 할 것입니다.

사실 교회는 이스라엘과 분리되거나 단절되도록 의도된 것이 결코 아니었습니다. 또한 교회가 이스라엘을 대신하거나 밀어내거나 또는 이스라엘과 분리되도록 부름 받은 것도 결코 아니었습니다. 오히려 교회는 '이스라엘 나라' 안으로 부름 받은 것입니다. 열방의 그리스도인들은 하나님께서 이스라엘과 맺으신 약속을 영적으로 해석할 권리가 있을 뿐 아니라, 이미 존재하는 몸 안에 합류하고 이미 맺어진 언약의 혜택 안으로 들어온 것입니다(엡 2:12-13).

로마서 11장의 감람나무의 비유는, 마음이 열린 하나님의 자녀들에게는 누구라도 그 비밀을 분명하게 밝혀 주고 확증시켜 주고 있습니다. 이 비유에서 사도 바울은 우리에게 단 한 가지 종류의 나무만을 언급하고 있는 것을 보게 됩니다. 즉 유대인 가지들과 이방인 가지들은 모두 같은 나무줄기와 같은 뿌리 안에서 생명을 유지하고 열매를 맺는 것을 보게 됩니다.

보십시오. 하나님은 결코 먼저 것을 '대신' 하여 다른 감람나무를 심으신 것이 아니었습니다. 분명히 하나님께서는 '본래 지니고 계신 계획과 목적'에 만족하셨습니다. 거기에는 유대인 가지, 이방인 가지, 검은 가지, 황색 가지 등 다른 가지들이 많이 있었습니다. 이런 가지들은 믿음으로 하나님의 한 감람나무 안에서 각각의 자리를 차지하고 있는 것입니다. 사도 바울이 2천 년 전에 주로 이방인 그리스도인들에게 전한 사도적 권고는 아직도 유효하다는 것을 우리가 다 같이 알아야 할 것입니다.

> "또한 가지 얼마가 꺾이었는데 돌감람나무인 네가 그들 중에 접붙임이 되어 참감람나무 뿌리의 진액을 함께 받는 자가 되었은즉 그 가지들을 향하여 자랑하지 말라 자랑할지라도 네가 뿌리를 보전하는 것이 아니요 뿌리가 너를 보전하는 것이니라 그러면 네 말이 가지들이 꺾인 것은 나로 접붙임을 받게 하려 함이라 하리니 옳도다 그들은 믿지 아니하므로 꺾이고 너는 믿으므로 섰느니라 높은 마음을 품지 말고 도리어 두려워하라 하나님이 원 가지들도 아끼지 아니하셨은즉 너도 아끼지 아니하시리라"(롬 11:17-21).

물론 전혀 가꾸어지지 않은 야생 돌감람나무의 가지가 참감람나무의 접붙임을 받는 것은 식물학적으로는 본성을 거스르는 일입니다. 일반적으로 원예에서는 어떤가요? 원래 열매를 잘 맺지 못하는 나무에 열매를 잘 맺는 좋은 가지를 접붙입니다. 그런데 로마서 11장에서는 이 원리가 바뀌어, 열매 없는 이방인의 가지들이 비옥한 유대적 뿌리에 접붙임을 받았던 것입니다. 그러므로 이교도적 숭배가 이스라엘 하나님의 복된 실체로 바뀐 것입니다.

이러한 놀라운 비밀을 어떻게 인간의 말로 표현할 수 있겠습니까? 그래서 우리도 사도 바울처럼 "깊도다 하나님의 지혜와 지식의 풍성함이여, 그의 판단은 헤아리지 못할 것이며 그의 길은 찾지 못할 것이로다"(롬 11:33)라고 외칠 수밖에 없을 것입니다. 하나님의 크신 자비와 긍휼은 자신의 창조 질서까지도 바꾸어 열방의 많은 사람들이 그분의 나라에서 그분의 사랑과 공로에서 피난처를 발견하도록 길을 여셨던 것입니다.

보십시오. 유대인과 이방인이 함께 하나님의 영광스러운 감람나무 안에 거하는 것이 참으로 아름답고 멋지지 않습니까? 따라서 우리는 '유대인이다, 이방인이다' 하여 서로 다른 정체성으로 인해 논쟁을 벌이며 정력을 소비하며 시간을 낭비할 필요가 전혀 없습니다. 오히려 자신을 겸손하게 낮추고 하나님의 판단을 기쁘시게 받아들여야 할 것입니다. 왜냐하면 육체를 따라서는 자연적으로, 인종적으로, 문화적으로는 모두가 다를지라도 '복음을 통해서' 우리 모두는 '그리스도 예수 안에서 함께 약속에 참여한 자'이기 때문입니다.

사도 바울은 갈라디아 교회에게 보낸 서신에서 우리의 구원과 사명에 관련된 중심적 주제인 '약속'에 대해 다시 언급하는데, 이것 역시 '그리스도의 비밀'을 말하고 있는 것입니다.

> "누구든지 그리스도와 합하기 위하여 세례를 받은 자는 그리스도로 옷 입었느니라 너희는 유대인이나 헬라인이나 종이나 자유인이나 남자나 여자나 다 그리스도 예수 안에서 하나이니라 너희가 그리스도의 것이면 곧 아브라함의 자손이요 약속대로 유업을 이을 자니라"(갈 3:27-29).

유대인과 이방인 모두를 포함하는 이 약속은 무엇일까요? 어떤 복된 기대 때문에 그리스도 예수를 공유하며 그리스도의 목적을 위하여 함께 수고하십니까? 무슨 소망 때문에 사도 바울의 가슴에 그토록 강렬한 소망의 빛이 타오르고 있습니까?

성도 여러분, 저나 여러분은 이방의 지체인 우리가 믿음의 조상 아브라함과 영적으로 관련되어 있을 뿐 아니라 함께 약속의 후사들이라는 것을 감사함으로 굳게 믿어야 합니다. 확실히 사도 바울은 하나님께서 아브라함과 맺은 약속을 언급하고 있습니다(창 12:3). 이방인들은 그리스도 예수 안에서 하나님의 나라에 접붙이시며 그들을 구원하고 치유하기를 원하셨던 것이 바로 하나님의 원래 의도였다는 것을 기억해야 할 것입니다.

영적으로 말하자면, 그리스도를 통하여 전 세계를 축복하실 하나님의 약속을 이루기 위해 교회가 태어나게 되었다는 것입니다. 하나님의 옛 약속은 결코 변하거나 개정되거나 교체되지 않았습니다. 그것은 지금도 여전히 동일하며 '그리스도께 속한' 우리는 '아브라함의 자손이요 약속대로 유업을 이을 자' 입니다. 오랫동안 민족적 이스라엘의 가슴에만 있던 것이 이제는 복음을 통하여 터져 나와 이제 모든 구속 받은 자들의 유업이 되었습니다. 땅에서 하나님의 축복과 치유의 그릇과 도구가 되는 일이 이제는 더 이상 단 하나의 민족에게만 주어진 것이 아니기 때문입니다.

이제 이 사명은 세계 모든 종족과 민족과 방언으로 나온 하나님의 자녀들 모두가 공유하게 되었습니다. 이것이 바로 사도 바울이 예수님으로부터 받은 '그리스도의 비밀' 이었습니다.

사랑하는 성도 여러분! 이제 우리는 세계 곳곳에서 유대인들이 자기들의 땅으로 돌아오고 있는 역사, 이스라엘 나라 안에서까지 예수님을 메시야로 영접하는 '메시아닉 주'들이 놀랍게 증가하는 것을 바라보면서 예수 그리스도 안에서, 복음 안에서 유대인과 이방인이 함께 상속자, 지체, 약속에 참여하는 자가 되어야 함을 기억해야 할 것입니다.

이제부터 우리 교회는 하나님의 구속사가 마지막 때를 맞이하여 구체적으로 이루어짐을 믿으며, 유대인과 이방인이 복음 안에서 함께 지체가 되고 함께 약속에 참여하는 역사가 이루어짐을 위해 날마다 기도하며 구체적으로 노력할 수 있기를 바랍니다.

이스라엘의 회복 강해(4)
4. 모든 분열의 뿌리

그러므로 누구든지 주의 떡이나 잔을 합당하지 않게 먹고 마시는 자는 주의 몸과 피에 대하여 죄를 짓는 것이니라 사람이 자기를 살피고 그 후에야 이 떡을 먹고 이 잔을 마실지니 주의 몸을 분별하지 못하고 먹고 마시는 자는 자기의 죄를 먹고 마시는 것이니라 그러므로 너희 중에 약한 자와 병든 자가 많고 잠자는 자도 적지 아니하니 우리가 우리를 살폈으면 판단을 받지 아니하려니와 우리가 판단을 받는 것은 주께 징계를 받는 것이니 이는 우리로 세상과 함께 정죄함을 받지 않게 하심이라 그런즉 내 형제들아 먹으러 모일 때에 서로 기다리라 만일 누구든지 시장하거든 집에서 먹을지니 이는 너희의 모임이 판단 받는 모임이 되지 않게 하려 함이라 그 밖의 일들은 내가 언제든지 갈 때에 바로잡으리라 (고전 11:27-34)

제42회 국가조찬기도회가 지난달 서울 코엑스에서 이명박 대통령과 각계 지도층 인사, 국내외 교계 지도자 3,500여 명이 참석한 가운데 개최되었습니다. 이번 기도회는 특히 농어촌과 낙도 지역 목회자, 대학생과 중·고등학생 등 모든 세대를 아우르는 범국민적 조찬 기도회 행사로 진행되어 눈길을 끌었다고 합니다.

그런데 이날 기도회에서 대통령은 인사말을 통해 이런 말을 했습니다.

"세계 최빈국이었던 우리나라가 60년 만에 10위권 경제 강국으로 발전한 것은 전 국민의 노력과 하나님의 축복으로 가능한 일이었습니다. 하지만 안으로는 갈등과 대립의 골이 깊어지고 밖으로는 국제 정세 불안과 글로벌 경제 위기 등으로 미래에 대한 불안이 커지고 있는 것이 현실입니다."

그러면서 대통령은 다섯 가지 기도 제목을 제시하면서 첫째로 '화합하는 사회'를 간구했습니다. 이념적 대립과 계층 간 갈등, 지역 간 반목 등을 사랑과 이해로 뛰어넘어 사회 통합이 이뤄져야만 경제 발전과 한반도 평화 등 미래를 기대할 수 있기 때문이라고 말했습니다. 정말 먼저 우리 대한민국 안에서의 화해와 화합이 우리 사회와 나라가 앞으로 온 세계 속에서 좋은 영향력을 발휘할 기본 요소인 것을 깨달을 수 있습니다.

우리가 이스라엘과 성장하는 교회, 그리고 이 두 부류가 하나 됨의 드라마를 기도하는 심정으로 살펴볼 때, 우리는 필연적으로 세계 역사에 있어 가장 깊고 넓은 오래된 분열을 대면하게 되는 것 같습니다. 실제로 유대인과 이방인 사이에 있었던 이 분열처럼 치명적인 결과를 가져온 심각한 분열은 아마 역사상 없었을 것입니다.

그런데 이 두 부류의 분열은 언제 시작되었을까요? 그것은 하나님께서 아브라함을 그의 본토 친척 아버지 집에서 부르셔서 그를 한 민족의 아버지로 지명하시면서부터 시작되었습니다. 하나님께서는 그 민족이 "모든 민족 중에서 내 소유가 되겠고 너희가 내게 대하여 제사장 나라가 되며 거룩한 백성이 되리라"(출 19:5-6)고 말씀하셨습니다. 그러므로 어떤 의미에서 인류의 분열은 하나님께서 하나의 민족을 분리시켜 내어 당신의 소유로 삼으시고, 그 민족으로 하여금 다른 민족과는 다소 배타적이며 특별한 목적을 위해 구별된 백성이 되게 하신 그때부터 시작되었다고 볼 수 있는 것입니다.

여러분, 흔히 있는 말이지만, 어떤 사람을 따로 구별해 놓는 일은 필연적으로 다른 사람과 거리를 두게 만들지 않습니까? 예를 들면, 발람이 하나님의 영에 사로잡혀 이스라엘에 대하여 "내가 바위 위에서 그들을 보며 작은 산에서 그들을 바라보니 이 백성은 홀로 살 것이라"(민 23:9)고 예언했습니다. 그 예언대로 이스라엘 민족은 홀로 외로운 길에 들어와 있게 된 것입니다.

우리가 성경에서 보듯이 아브라함을 부르심은 바벨탑 사건이 있은 직후였습니다. 하나님께서 이스라엘을 선택하신 것은 이 반역으로 인한 큰 재앙과 심판을 방지하고 치유하시기 위한 대책이었다고 볼 수 있습니다. 인생 전체가 "자, 성읍과 탑을 건설하여 그 탑 꼭대기를 하늘에 닿게 하여 우리 이름을 내자"(창 11:4)라는 불경스러운 목적을 위해 마음을 모아 연합하였을 때에도 하나님은 치유책을 준비하고 계셨습니다.

모든 인류가 무정부 상태에서 하나님을 대적하고 '하나님의 주인 되심'을 부인하며 그분의 사자들을 거부하고 있을 때, 하나님의 은혜로 한 민족이 역사를 위하여 주권적으로 창조된 것입니다.

그러나 아브라함이 하나님으로부터 "너는 너의 고향과 친척과 아버지의 집을 떠나 내가 네게 보여 줄 땅으로 가라"(창 12:1)는 명령을 받았을 때, 인류 사회 안에는 깊은 균열이 생겨나기 시작했습니다. 창세기 12장에서 시작하여 말라기의 마지막까지 우리는 하나님께서 단 하나의 민족만을 특별하게 다루시는 것을 보게 됩니다. 이 민족은 하나님의 계시, 즉 하나님의 은총과 축복과 징계를 받은 유일한 민족이었습니다. 인류의 나머지 다른 모든 민족들은, 우리 민족도 오직 이스라엘의 중보적 역할을 통해서만 창조주 하나님과 관계를 맺을 수 있었습니다.

구약성경이 하나의 선택된 민족 이스라엘을 통하여 하나님께서 인류를 어떻게 다루셨는가를 기록하고 있다면, 신약성경은 그 하나님의 계획이 어떻게 확장되었는지를 분명하게 보여 주고 있습니다.

하나님의 거룩한 씨가 이스라엘이라는 땅의 모태에 심겨졌고, 그리스도께서 태어나셨습니다. 그리고 그분이 씨로 땅에 심겨졌고(십자가에 돌아가셨고), 다시 살리심을 받았으며, 성령님의 강림으로 교회가 탄생하게 된 것입니다. 히브리서 1장 1-2절을 보십시오.

> "옛적에 선지자들을 통하여 여러 부분과 여러 모양으로 우리 조상들에게 말씀하신 하나님이 이 모든 날 마지막에는 아들을 통하여 우리에게 말씀하셨으니 이 아들을 만유의 상속자로 세우시고 또 그로 말미암아 모든 세계를 지으셨느니라."

이 말씀대로 과거에 모세와 선지자들과 이스라엘의 선견자들을 통하여 이루어진 그 말씀이 이제는 모든 사람들을 하나님과 화해시키기 위하여 사람의 육체를 입고 오셨습니다. 그런데 그 과정에서 '자궁' 역할을 한 것이 바로 이스라엘 민족이었던 것입니다. 사실 이스라엘은 온 세상의 구세주이신 메시야를 탄생시킴으로써 하나님의 구속사에서 한 시대를 위한 하나님의 목적을 이루어 냈습니다.

사실, 피로 얼룩지고 기진맥진한 자궁은 아기를 낳은 후에는 잠시 쉬어야 하듯이, 메시야를 잉태한 이스라엘 민족은 구속사 가운데서 잠시 밀려나 있게 되었습니다. 그들은 유배되는 신세가 되었고, 그 민족의 생명은 거의 꺼져 갔으며, 땅은 이방인들에게 짓밟혔습니다. 그러한 과정에서 이스라엘은 '대기 상태'에 놓이게 되었고, 하나님의 역사에 쓰임 받을 새로운 주체가 탄생하게 되었는데 그것이 바로 '교회'입니다.

이제 '교회'가 성령님의 기름 부음을 받고 살아 계신 하나님께 대한 소식을 모든 세상 사람들과 모든 피조물들에게 전하라는 명령을 받았습니다. 교회가 이스라엘의 뒤를 이어 하나님의 나라를 선포하고 나타내게 되었습니다. 그럴 때 죽어가는 세계에 잃어버린 바 된 민족들이 치유와 용서와 하나님의 영접하심의 소식을 받게 되었습니다. 그 결과 하나님의 형상을 지니게 된 새로운 사람들이 태어나게 된 것입니다. 그들은 인류에게 정죄와 죽음을 가져온 실패한 첫 사람 아담의 형상대로가 아니라, 하나님께 완전히 순종함으로써 모든 믿는 사람들에게 의로움이 되신 둘째 아담의 형상을 따라 지음을 받았습니다.

그러나 불행하게도 이스라엘이 선택받음으로써 유대인과 이방인 사이에 생긴 오래된 분열과 불화는 여전히 해결되지 않았습니다. 왜냐하면 이 세상에서 가장 깊은 분열인 이스라엘과 이방 민족 사이의 분열은 십자가의 화목제물의 역사로 구속받은 새로운 사람들 안에도 들어왔고, 하나님의 새로운 백성이라고 자처하는 성도들 가운데서 더욱 파괴적으로 나타나게 되었기 때문입니다. 사실은 같이 예수님을 믿는다고 하면서도 유대인과 이방인 사이의 불화는 물론이고, 같은 이방인들 사이에서도 불화가 지속되는 문제가 이 땅의 교회들에게 언제나 있는 것이 심각한 문제입니다.

오늘 본문의 앞 부분 17절부터 보시기 바랍니다. 당시 고린도 교회 안에서 심각한 분열이 있었는데, 심지어 성만찬을 두고도 교인 간에 분열과 대립, 갈등과 긴장이 있었던 것을 봅니다. 초기 교회에서 성만찬 예식은 단순히 상징적으로 행해진 것이 아니었고 교제를 겸한 공동 식사의 형태였습니다.

그런데 문제는 그러한 공동 식사에서 부자와 가난한 자의 분열이 생겼다는 것입니다(17-22절). 사도 바울은 고린도 교회의 처사를 엄히 책망하면서 성만찬의 근본 의미(23-26절)를 설명한 후, 결론적으로 성만찬을 교회의 모든 형제와 함께 바르게 시행해야 함을 교훈하였습니다(27-34절).

좀 더 그 배경을 살펴봅시다. 초기 교회는 성만찬과 관련하여 교인들이 각기 음식과 음료를 가지고 와서 서로 나누어 먹게 되었습니다. 그런데 일부 부자들은 가난한 자들을 기다리지 않고 그들이 가져온 음식을 그네들끼리 먼저 먹고 마셨으며, 이에 가난한 자들은 늦게 와서 배고픈 채로 성만찬에 참여하여 부끄러움을 당하며 돌아가야 했습니다. 그래서 그것은 '주의' 만찬이 아니라 '자기의' 만찬이 된 것입니다.

이에 사도 바울은 성만찬의 의미를 상실한 그러한 행동을 심히 책망한 것입니다. 분열된 것을 하나로 만드신 예수님의 십자가의 사랑과 죽음, 부활, 천국에서의 만남을 기억하게 하는 의식이 오히려 분열을 더욱 조장하는 도구로 전락했기 때문입니다. 사실 그리스도의 몸인 이 땅의 교회들에게는 오늘날까지도 그와 같이 연합하지 못하고 지체 간의 분열과 상처로 인해 참 생명이 제대로 흘러가지 못하는 문제가 있는 것 아닙니까?

그렇습니다. 예수님의 십자가에서 완전한 화해가 성취되었지만(고후 5:19), 아직도 우리는 그 충만함을 제대로 경험하지 못하고 있습니다. 원래는 유대인이나 이방인이나 예수님을 믿는 자들은 십자가를 통하여 속죄함을 얻어 하나님과 화해되었을 뿐 아니라 사람과 사람, 사람과 피조물 사이에도 화해가 이루어져 모든 적대감과 경쟁, 편견이 하나님의 임재 안에서 이미 다 녹아 없어졌습니다.

그러나 현실은 어떻습니까? 오늘날은 물론이요 지난 2천 년 교회의 역사에서 지속적으로 불화가 있어 왔으며, 화해가 제대로 이루어지지 않았다는 사실을 숨길 수가 없습니다. 하나님께서는 결코 많은 종파들이나 교단이나 다양한 표현 방식들, 그 자체로 인해서 슬퍼하시는 것이 아닙니다. 공동체 속에서의 오만함과 배타성 때문이며, 또한 형제에 대한 사랑이 부족하기 때문입니다. 즉 하나님 아버지의 얼굴과 그 은총이 우리로부터 돌이켜지는 것은 사람들이 끝까지 그 강조점들을 달리하고 다양한 기름 부음 안에서 행하기 때문이 아니라, 한 피 받아 한 몸 이루어야 할 지체 의식의 결핍과 연합의 부족 때문인 것입니다.

그렇습니다. 오늘날 그리스도의 몸 안에는 엄청난 분열이 있습니다. 교인 간에, 교회와 교회 간에, 교단과 교단 간에, 교회와 선교단체 간에도 분열이 있습니다. 시편 133편에 있는 연합이 이루어져야만 하나님의 충만한 축복이 임할 수 있음을 잊지 마시기 바랍니다. 시편 133편을 읽겠습니다. 믿어지시면 크게 '아멘' 하시기 바랍니다.

> "보라 형제가 연합하여 동거함이 어찌 그리 선하고 아름다운고 머리에 있는 보배로운 기름이 수염 곧 아론의 수염에 흘러서 그의 옷깃까지 내림 같고 헐몬의 이슬이 시온의 산들에 내림 같도다 거기서 여호와께서 복을 명령하셨나니 곧 영생이로다."

요한복음 17장 21절은 예수님의 대제사장으로서의 기도이면서 세계적인 언약이기도 합니다.

> "아버지여, 아버지께서 내 안에, 내가 아버지 안에 있는 것같이 그들도 다 하나가 되어 우리 안에 있게 하사 세상으로 아버지께서 나를 보내신 것을 믿게 하옵소서."

이 예수님의 전 세계적 언약을 원래대로 하면 우리 믿는 자들에 의해 성취될 수 있는데도 불구하고, 현실적으로는 이 연합을 막는 장애물들이 많이 있습니다. 왜 그럴까요? 아마도 가장 심각하고 오래된 분열이 아직도 치유되지 않았기 때문일 것입니다. 즉 유대인과 이방인 사이에 화해가 제대로 이루어지지 않았기 때문에 이 세상에 오늘날 이렇게 분열과 불화가 극심하다고 생각합니다.

사도 바울은 2천 년 전에 이 사실을 내다보았기에 에베소 교회에 편지를 보내면서 2-3장에서, 선민인 유대인은 물론 비선민인 이방인도 다 그리스도께서 십자가 위에서 이루신 화목제물의 역사로 '한 새 사람'을 이루어 함께 한 아버지 하나님께 나아갈 수 있게 되었다고 계시를 전했던 것 같습니다(엡 2:13-18).

그러면 왜 유대인과 이방인 사이에 화해가 오랜 기간 동안 이루어지지 않을까요? 그것은 먼저 복음을 받고 그리스도의 몸 된 교회의 한 지체가 된 이방인 교회 성도들이 우선 자신들과의 관계에서 서로 화해하고 하나를 이루어 이스라엘로 시기가 나게 해서 이스라엘도 하나님을 영접하여 서로 한 몸을 이루어야 하는데, 먼저 자신들끼리 화목하지 못하고 서로 분리하고 분쟁하기 때문이라고 생각합니다.

빅토르 위고의 단편 소설에 이런 이야기가 나옵니다. "대포를 실은 한 배가 태풍을 만났다. 거친 파도가 대포를 묶어 놓은 쇠사슬을 단숨에 끊어 버렸다. 선원들은 배에서 이리저리 나뒹구는 대포를 고정시키기 위해 필사적으로 매달렸다. 선원들은 태풍보다는 배 안의 대포들을 정리하기 위해 이리저리 몰려다녔다. 그때 선원들은 새로운 사실을 깨달았다. 우리를 진정 위험에 빠뜨리려 하는 것은 외부의 태풍이 아니라 배 안에서 제멋대로 굴러다니는 대포다."

그렇습니다. 우리가 인생을 살다 보면 중요한 결정을 내릴 때가 많습니다. 그러나 그때마다 우리를 당혹스럽게 만드는 것은 외부의 문제가 아니라 내부의 문제들인 것입니다. 생각하면 우리 사회나 나라의 정치, 경제, 사회, 문화, 군사, 안보 등의 모든 심각한 문제의 근원이 외부의 공격에 있는 것이 아니라, 우리의 내부에서 굴러다니는 각종 '대포' 때문인 것을 알 수 있습니다.

그러므로 우리가 선민 유대인과 불화하는 관계를 청산하고 화목한 관계를 맺게 되는 시작점은, 먼저 우리가 그리스도 예수 안에서 하나님과의 화평한 관계를 맺으면서 가족과 성도와 이웃과 의지적으로 평화를 만드는 일에 구체적으로 힘쓰는 것이 될 것이라고 확신합니다.

매였던 종들이 돌아오네-이스라엘의 회복 강해

제2장
이스라엘의 특권

통곡의 벽에서 정통 유대인과 함께

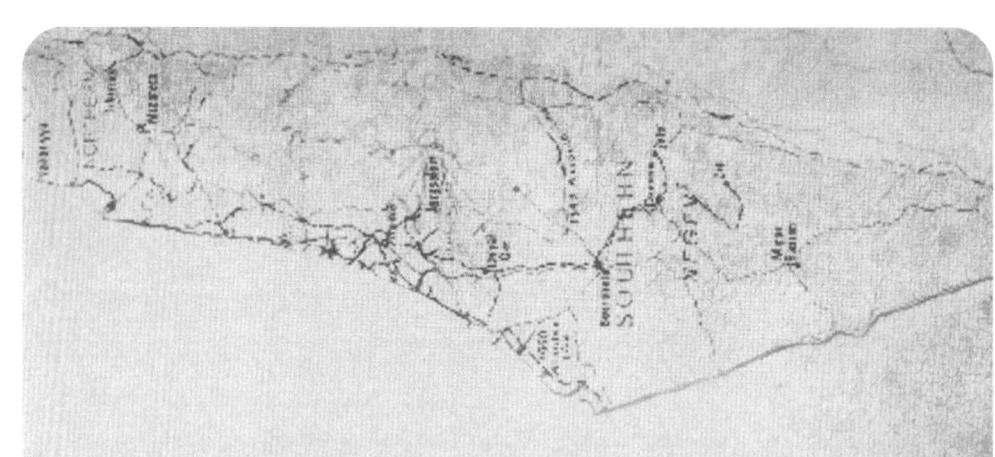

✡ 이스라엘의 회복 강해(5)
5. 사도 바울의 끊임없는 고통

내가 그리스도 안에서 참말을 하고 거짓말을 아니하노라 나에게 큰 근심이 있는 것과 마음에 그치지 않는 고통이 있는 것을 내 양심이 성령 안에서 나와 더불어 증언하노니 나의 형제 곧 골육의 친척을 위하여 내 자신이 저주를 받아 그리스도에게서 끊어질지라도 원하는 바로라 (롬 9:1-3)

샬롬!

제가 '이스라엘의 회복'에 대한 비전을 깨닫기 전에는 로마서 9-11장에 대해, 1-8장의 믿음으로 의롭다 하심을 얻는다는 교리와 12-16장까지의 믿음으로 의롭다 함을 얻은 자의 생활의 기준을 논하는 사이의 삽화적인, 유대인의 구원에 대한 소망 정도로 생각했습니다. 저의 대학원 논문 제목이 "로마서에 나타난 하나님의 의 고찰"이었고, 그때도 그런 관점에서 논문을 쓰면서 로마서 9-11장에 대해서는 그 의미나 중요성을 전혀 깨닫지 못했습니다.

그러나 이번에 '이스라엘의 회복'에 대한 각성을 가지게 된 다음에는 거기에 대한 생각이 근본적으로 달라졌습니다. 즉 이전에는 로마서 9-11장을 로마서의 부록이나 삽화적 이야기 정도로 생각했으나, 지금은 오히려 그 부분이 로마서의 절정이요, 중심 주제라고 생각하게 되었습니다.

가령, 주석가 베커가 로마서를 이스라엘을 위한 기본적 변증을 보여 주는 핵으로 정의하면서 9-11장은 부록이 아니라 절정을 이루는 부분이라고 주장하는 것에 동의하게 되었습니다. M.A. 게티도 로마서 9장에서 11장은 단순한 삽입구가 아니라 이 편지 사상의 핵심이며 하나님의 신실하심을 증명하는 글로서, 이스라엘 이야기는 하나님의 선택과 구원의 이야기라 말함으로써 이 부분의 중요성을 싣고 있습니다.

온누리교회 하용조 목사님은 이 부분의 강해를 실시하고 소책자로 《왜 이스라엘을 위해 기도해야 하나》라는 강해 설교집을 출간하였습니다. 앞으로 로마서 9장에서 11장을 15회에 걸쳐 강해할 때 다른 주해서와 함께 그 강해 설교집을 많이 참고할 예정입니다. 하목사님은 로마서 9장에서 11장에 대해 이렇게 말하고 있습니다.

"로마서 1장부터 8장까지가 서론이요, 12장부터 16장까지가 결론이라고 말한다면, 9장부터 11장까지는 본론입니다."

로마서 1장부터 8장에서는 '구원이 무엇인가? 사람이 어떻게 구원받을 수 있는가?' 하는 종교개혁을 일으킬 만한 위대한 교리가 나오게 됩니다. 그러나 9장부터 11장까지에는 그 교리가 유대인에게는 어떻게 적용되는 것인지, 선민 이스라엘의 구원 문제는 어떻게 되는 것인지, 이스라엘이 마지막에 어떻게 회복되는지, 구속사의 마지막은 어떻게 끝날 것인지에 대한 문제가 다루어집니다. 다시 말하면, 로마서 9장에서 11장에는 믿음으로 의롭다 함을 얻는 교회가 한 개인에게뿐 아니라 유대인들에게, 전 인류에게 어떻게 확장되는지 다루어지고 있습니다.

크게 보면 로마서 1장에서 8장이 이방인의 구원론이라면, 9장에서 11장은 유대인의 구원론이라고 할 수 있겠습니다.

오늘 본문은 이스라엘의 구원 문제에 대한 총론이며 서론으로서, 바울은 이 위대한 장을 자신의 개인적인 고통과 고민으로 시작하였습니다. 오늘 본문 이전 로마서 8장 31-36절을 보면 사도 바울이 예수님을 만나서 누리는 감격을 간증하고 있습니다. 특별히 35절을 보십시오.

"누가 우리를 그리스도의 사랑에서 끊으리요 환난이나 곤고나 박해나 기근이나 적신이나 위험이나 칼이랴."

이처럼 복음의 승리의 감격을 이야기한 사도 바울은 로마서 9장 전반부에서는 정반대로 자신의 절망적인 상황을 언급하는데, 자기에게는 말할 수 없는 고통과 근심이 있다고 토로합니다. 그것은 자신의 동족이요 골육의 친척인 이스라엘이 복음을 거부하고 그리스도(메시야)를 배척하는 데서 오는 고통인 것입니다. 그런 이유 때문에 바울이 그때 겪은 고통은 분노가 아니라 아픔이요, 저주가 아니라 애통에 가까웠습니다. 자, 본문 로마서 9장 1-2절을 다 같이 읽겠습니다.

> "내가 그리스도 안에서 참말을 하고 거짓말을 아니하노라 나에게 큰 근심이 있는 것과 마음에 그치지 않는 고통이 있는 것을 내 양심이 성령 안에서 나와 더불어 증언하노니."

사람에게는 누구나 다 고통이 있습니다. 남이 모르는 고통도 있기 마련입니다. 참으로 위대한 사도였고 승리의 사도였지만, 그에게도 그치지 않는 고통이 있었는데 그것은 먹을 것, 입을 것, 살 집, 사업 실패로 인한 것, 병들어서 받는 것 등의 고통이 아니었습니다. 그것은 나의 동족, 나의 민족, 나의 골육 친척이 예수님을 거부하고 하나님을 믿지 않는 고통이라고 말하고 있습니다. 그런데 그 고통은 예수님을 체험하면 할수록 더 커지는 고통이요, 그 고통은 시간이 지나면 지날수록 더 커지는 고통이었습니다.

여기서 사도 바울의 그 같은 고통을 두 가지 예를 들어 설명해 드리겠습니다. 어떤 사람이 예수님을 만나고 믿고 알게 되었습니다. 그는 자신만 그 기쁨을 누릴 수 없어서 불신자들에게 전도했습니다. 그랬더니 자기에게 전도를 받은 사람들이 대부분 예수님을 영접하고 그 기쁨을 함께 누리게 되었습니다. 그 사람은 나중에 목사가 되고 선교사가 되었습니다. 주님을 위해서 목숨을 바치는 것도 아깝지 않다고 하면서 오지에 나가서 복음을 전합니다.

그런데 이게 웬일입니까? 막상 그의 부모님은 예수님을 안 믿는 것입니다. 그의 자녀들까지도 예수님을 믿지 않고, 심지어 사랑하는 아내까지도 예수님을 믿지 않습니다. 여러분, 그 사람의 고독과 고민과 고통을 헤아리시겠습니까?

사도 바울의 고통은 "다른 사람들은 내가 전한 복음을 다 믿고 복을 받는데, 왜 내 가족들은 정작 예수를 안 믿고 멸망 가운데로 빠지려고 하는가?" 하는 고통이었습니다.

또 다른 예를 들어 봅시다. 어떤 사람이 형편이 어려운 학생에게 장학금을 주었습니다. 그 학생은 장학금을 절약해서 공부를 열심히 합니다. 그런데 자기의 아들은 아무리 잘해 주어도 어긋난 길로 나가고 공부도 하지 않고 싸움을 일삼다가 사람을 죽이고 결국 감옥에 가게 되었습니다. 쉽게 말하면 사도 바울의 고통은 그런 자식을 둔 부모의 고통과도 같다고 하겠습니다. 그 부모는 남의 아이들이 잘된다는 소리를 들을수록 고통스럽습니다. 첫 번째 예의 경우에도 다른 사람들이 예수님을 잘 믿고 잘될수록 고통스럽습니다. 왜냐하면 정작 자기 가족들은 믿지 않고 있기 때문입니다.

바로 그것이 이방인의 사도로 부름 받았지만 동족 이스라엘을 지극히 사랑하는 사도 바울의 고통이었습니다. "차라리 내가 저주를 받더라도 내 가족이 예수님을 믿고 구원을 받을 수 있다면 얼마나 기쁘겠는가? 차라리 내가 예수님께 쫓겨난다 해도 내 아들이 예수님을 영접하고 천국에 들어갈 수 있다면 얼마나 좋을 것인가?" 사도 바울은 지금 바로 그런 고통을 토로하고 있는 것입니다.

원래 바울은 옛 이름이 사울이었는데 그는 예수님을 극도로 싫어했습니다. 아니, 어찌 보면 예수님을 증오한다기보다는 예수님을 믿는 무리들을 싫어했다는 것이 정확한 표현일지 모르겠습니다. 왜냐하면 그만큼 그는 이스라엘의 율법에 열심이었고, 하나님에 대해서도 비록 방향이 잘못되었긴 했지만 열심이었습니다(롬 10:2).

그는 예수님을 믿는 자의 수가 계속 증가하자 의분이 일어나, 대제사장의 공문을 받아 가지고 예수님을 믿는 자들을 체포하기 위해 다메섹으로 향했습니다. 그런데 그 도상에서 부활하신 예수님을 만나게 되었습니다(행 9:3-6).

"사울아, 사울아, 네가 어찌하여 나를 박해하느냐?"

"주여, 누구시니이까?"

"나는 네가 박해하는 예수라."

그 시간 그는 부활하신 예수님의 빛으로 인해 시력을 잃어버립니다. 사람들의 손에 이끌려 다메섹 성 안으로 갑니다. 그곳에는 주님께서 준비하신 '아나니아' 라는 사람이 있었습니다. 그가 사울에게 안수합니다. 사울이 눈을 떴습니다.

그런데 그가 눈을 떴을 때 '그리스도' 에 대해서도 눈을 뜨게 됩니다. 구원에 대해서도 시야가 열렸습니다. 나사렛 예수 그리스도, 그가 바로 성경이 예언한 메시야라는 사실을 깨닫게 되었습니다. 자기가 그렇게 박해했던 예수님이 모든 인간의 죄와 함께 자기의 죄를 용서해 주시고 처리해 주시기 위해 하나님께서 보내신 메시야시라는 사실을 깨닫게 되었습니다.

그때부터 그의 인생은 그야말로 180도 전환되기 시작했습니다. 무엇보다도 예수 그리스도를 만난 후에야 인간의 의나 공로, 노력, 종교적인 행위, 수양 등과 같은 것으로는 절대 구원받을 수 없다는 것을 깨닫게 되었습니다.

"모든 사람이 죄를 범하였으니 누구나 그대로는 하나님의 영광에 이르지 못한다(롬 3:23).

선민인 유대인이나 이방인인 모든 민족이나 다 마찬가지로 죄인이다. 하나님 앞에서는 의인이 하나도 없다. 스스로 구원받을 수 있는 인간은 하나도 없다."

이렇게 사도 바울은 예수님을 만나자 인간의 진정한 실존에 대해 눈을 뜨기 시작했습니다. 하나님께서 죄에 빠진 인간을 구원해 주시기 위해 그의 아들 독생자 예수 그리스도를 세상에 보내 주신 것을 깨닫게 되었습니다.

그런데 보십시오. 사도 바울이 예수님을 만나서 '예수는 나의 구원이요, 기쁨이요, 소망이요, 목적이요, 나의 생명'이라고 깨닫고 감사하며 전파하다가, 문득 그의 마음 깊은 곳에 깊은 슬픔과 큰 고통이 있는 것을 보게 되었습니다.

"나는 예수님으로 말미암아 구원을 받아 기쁜데, 내 동족 대다수는 예수님을 거부하며 멸망의 상태에 그대로 있으니 어찌하면 좋단 말인가?"

이것이 이방인의 사도이면서 동족을 지극히 사랑했던 사도 바울의 그치지 않는 고통이었던 것입니다.

그런데 이런 심정을 가진 사람이 비단 사도 바울만이 아니었습니다. 구약성경에 보면 그런 심정을 가진 사람들을 많이 볼 수 있습니다. 가령, 아브라함을 봅시다(창 18장). 하나님께서 음란이 극에 달한 소돔과 고모라를 유황불로 심판하시겠다고 하실 때, 그는 조카 롯을 기억했습니다. 자신에게 폐만 끼치는 조카였지만 의인 아브라함은 그를 위해 하나님께 중보적 기도를 드리게 되었습니다. "하나님, 이 성에 의인이 50명, 45명, 40명, 35명, 30명, 20명, 10명이 있으면 성을 심판하시면 안 되지 않습니까?"

또 두드러진 예로 모세를 들 수 있습니다(출 32장). 하나님께서 400여 년 간 노예살이 하던 이스라엘 백성들을 애굽에서 이끌어 내셨습니다. 애굽에 열 가지 재앙을 내리시고, 홍해를 건너서 광야로 나오게 하셨습니다. 사막과 같이 사람들이 살 수 없는 곳에서 하나님께서는 여자와 유아까지 약 200여 만 명에 달하는 이스라엘 백성들에게 먹을 것으로 만나와 메추라기를 주셨고 마실 물을 주셨습니다. 낮에는 더위를 피하게 하기 위해 구름기둥을 주셨고, 밤에는 추위를 피하게 하기 위해 불기둥을 주셨습니다. 이렇게 하나님께서는 이스라엘 백성들을 선한 목자와 같이 인도하셨습니다.

이번에 시청 앞 광장을 중심으로 열린 한국 교회 8·15대성회에서도, 하나님께서는 집회 시간 동안에 구름으로 가려 주시어 집회에 참여한 성도들로 하여금 피곤치 않게 해주셨습니다. 하나님께서 이스라엘 백성들을 그렇게 인도해 주셨던 것입니다.

그러나 이스라엘 백성들은 하나님께 감사하지 않았습니다. 결국에는 아론과 공모하여 금송아지를 만들었던 것입니다. 그러고는 "이것이 우리를 애굽에서 인도해 낸 신이로다" 하면서 그것을 둘러싸고 춤을 추었던 것입니다.

하나님께서는 대노하셨습니다. 모세도 화가 나고 기가 막혔습니다. 얼마나 분하고 화가 났던지, 시내 산에서 하나님께 받은 십계명 두 돌판을 땅에 던져서 깨뜨려 버렸습니다. 모세는 그러면서도 다시 산에 올라가 하나님께 무릎 꿇고 이렇게 중보 기도를 드립니다.

> "모세가 여호와께로 다시 나아가 여짜오되 슬프도소이다 이 백성이 자기들을 위하여 금 신을 만들었사오니 큰 죄를 범하였나이다 그러나 이제 그들의 죄를 사하시옵소서 그렇지 아니하시오면 원하건대 주께서 기록하신 책에서 내 이름을 지워 버려 주옵소서"(출 32:31-32).

물론 모세도 금송아지를 만들어 신이라며 섬긴 이스라엘 백성들의 행위에 대해 분노하였지만, 우선은 그 죄지은 이스라엘 백성들을 살려야 했던 것입니다. 그래서 하나님께 매달렸습니다. 목숨을 걸고 중보적 기도를 드린 것입니다. 이것은 엄격한 아버지가 범죄한 아들을 때릴 때 인자한 어머니가 아들을 감싸 안는 것과 같은 것입니다. 바로 이런 아브라함과 같은 마음, 모세와 같은 마음이 사도 바울의 마음이었던 것입니다.

신약에도 볼 때 이런 마음을 가진 사람들이 많이 있지만 물론 대표적인 분은 우리 주 예수님입니다. 마태복음 23장 37절에 보면 주님은 예루살렘 성을 바라보시면서 우셨습니다.

"예루살렘아 예루살렘아 선지자들을 죽이고 네게 파송된 자들을 돌로 치는 자여 암탉이 그 새끼를 날개 아래에 모음같이 내가 네 자녀를 모으려 한 일이 몇 번이더냐 그러나 너희가 원하지 아니하였도다."

성경적으로 하나님의 가장 깊은 곳에는 이스라엘이 있습니다(사 43:1-7). 예수님의 마음도 먼저 이스라엘에 있으셨습니다(마 10:5-6; 눅 19:41-44). 이 세상에 오셔서 예수님의 심정은, 특별히 공생애의 3년 때에는 마치 자기 자식이 타락하고 나쁜 짓을 하며 자신으로부터 멀어지는 것을 보는 부모의 심정과 같았습니다.

예수님께서는 십자가를 앞두시고는 "돌 위에 돌 하나도 남지 않겠구나"라고 탄식하시며 눈물을 흘리셨습니다. 예수님은 이때 외에도 나사로의 무덤 앞에서 눈물을 흘리셨고(요 11:35), 겟세마네 동산에서 기도하실 때에도 때 눈물을 흘리셨습니다. 히브리서 5장 7절을 보면 "심한 통곡과 눈물로 간구와 소원을 올렸고"라고 되어 있습니다.

이제 본문 로마서 9장 3절을 읽어 보겠습니다.

"나의 형제 곧 골육의 친척을 위하여 내 자신이 저주를 받아 그리스도에게서 끊어질지라도 원하는 바로라."

우리는 여기서 한번 냉정하게 객관적으로 생각해 보아야 할 주제를 만나게 됩니다. 그것은 아브라함이나 모세나 바울이나 그렇게 이스라엘 백성을 위하여 그같이 눈물을 흘리며 기도할 수 있었던 것은 우선 이스라엘이 자신의 조국이요 민족이기 때문이 아닌가 생각합니다. 인간적인 표현일지 모르지만 예수님께서도 일단 그 자신이 유대인이시기에 예루살렘 성을 바라보시면서 우신 것이 아닌가 생각해 봅니다.

가령, 이토 히로부미를 어떻게 생각하십니까? 우리나라 사람들에게는 아주 기분 나쁜 사람이지만, 일본 사람들에게는 아주 위대한 인물입니다. 반대로, 안중근 의사는 일본 사람들에게는 자기 나라의 위대한 인물 이토 히로부미를 죽인 기분 나쁜 사람이지만, 우리나라 사람들에게는 우리나라를 영구 지배하려 했던 악독한 인물을 일거에 제거한 위대한 영웅인 것입니다.

이렇듯 자기 나라를 생각하고 사랑하는 것은 당연한 것 아닙니까? 자기 민족을 위해 눈물을 흘리고 순교하는 것은 어떻게 보면 당연한 일이 아닙니까? 그렇다면 '이 사람들이 자기 민족을 위해 기도하고 눈물 흘릴 때 뭐 그리 대단한가?' 하는 생각을 할 수 있습니다.

그러나 과연 그렇습니까? 아닙니다. 적어도 아브라함, 모세, 바울, 예수님의 경우에는 단지 그들이 자신의 조국이요 민족이기 때문에 눈물을 흘리고 간구한 것이 아닙니다. 그것보다 더 깊은 영적 의미가 그 안에 담겨 있다는 것을 알아야 합니다. 무슨 말이냐 하면, 온 인류를 구원하기 위한 섭리 가운데서 자기 동족이 사용되는 과정에서 그들이 완악한 것도 있지만, 이방인을 믿게 하기 위한 섭리 가운데서 그들의 마음이 일시 완악해지는 등의 문제가 있기에 사도 바울에게 그치지 않고 고통이 있었던 것입니다.

성도 여러분! 왜 이스라엘 백성들이 자기 땅에 오신 메시야 예수님을 거부했을까요? 왜 선민이 그리스도를 단체적으로 거부했을까요? 그러면 선민인 이스라엘 백성들은 아예 구원을 받지 못할까요? 거기에는 놀라운 신비와 섭리가 있을 것입니다. 앞으로 로마서 9-11장 강해를 통해 그러한 이야기를 반복해서 듣게 될 것입니다.

하나님께서는 세상의 수많은 민족 가운데 특별히 이스라엘 백성들을 택하셨습니다. 그런데 하나님께서는 그들이 잘났기 때문에 택하신 것이 아니었습니다. 다만 사랑하시기 때문에 택하신 것입니다(신 7:7). 다만 구원의 도구로 쓰시기 위해 아브라함과 이삭과 이스라엘을 택하신 것입니다(창 12:2-3). 만약 하나님께서 이스라엘을 택하지 않으셨다면 우리와 별다른 것이 있었겠습니까? 만약 아브라함이 택함을 받지 못했다면, 그도 갈대아 우르의 한 평범한 사업가에 지나지 않았을 것입니다. 그러나 하나님께서 아브라함을 민족의 조상으로 삼기 위하여 그를 불러 믿음의 사람으로 만드셨습니다.

생각해 봅시다. 아담 이후에 모든 인류가 타락했기 때문에 하나님께서는 독생자를 보내시어 그 인생들을 모두 구원하셔야만 했습니다. 그렇다면 어떻게 예수님을 세상에 보내야 하는가의 문제가 있습니다. 그럴 때 하나님께서는 이상한 방법이 아닌, 인간과 같은 방법을 사용하셨습니다. 즉 여자의 몸을 빌려 성령님으로 하여금 죄성을 배제한 인간성과 하나님의 아들의 신성으로 메시야를 잉태케 하셨습니다. 그 과정에서 믿음의 조상으로 택하신 아브라함의 후손 가운데도 이삭과 야곱의 후손인 이스라엘 민족을 택하셨고, 그 가운데도 다윗 왕조를 택하신 것입니다.

이처럼 하나님께서는 이 땅 위의 모든 인생들을 사랑하사 구원하시기 위한 목적으로 이 땅 위에 메시야가 태어날 수 있게 하셨는데, 그 과정에서 아브라함의 후손 중에 이스라엘 민족을 택하신 것입니다. 그렇게 복되고 영광스러운 하나님의 도구가 되었던 선민 이스라엘이 정작 자기 땅에 오신 메시야를 거부하고 멸망의 길을 걷게 되자, 동족인 사도 바울의 마음에는 그치지 않는 고통이 일어나게 된 것입니다.

물론 하나님의 오묘한 섭리 중에 선민인 유대인이 단체적으로 메시야를 거부함으로 복음이 이방인들에게로 넘어가, 이방인의 충만한 수가 믿고 축복받아 선민에게 시기가 일어나게 되어 그들도 돌아오게 되는 기대가 있기는 하였습니다. 그러나 그 어간에 동족이 메시야에 대해 마음이 강퍅해져 멸망으로 치닫는 유대인들이 많아지게 되는 것이 사도 바울의 마음에는 큰 근심이었던 것입니다.

아직까지도 동족이 자기 땅에 오신 예수님을 배척하고 있는데, 그런 모습이 바로 이방인의 사도로 부름 받았지만 여전히 동족 이스라엘을 사랑하였던 바울의 마음을 아프고 슬프게 했던 것입니다.

사랑하는 성도 여러분, 우리가 이방인으로서 하나님의 신비한 뜻 때문에 저들보다 먼저 구원의 은총을 누리고 있습니다. 따라서 우리의 영적 은인인 유대인들이 어서 속히 메시야를 영접함으로 저들도 함께 구원을 누리도록 기도하고 힘쓸 수 있기를 바랍니다. 아울러 우리의 가족, 일가친척, 친구, 친지들이 아직 믿지 않는 것으로 인한 고통이 계속 있어야 할 것입니다.

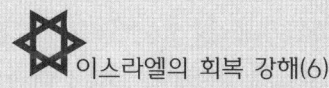
이스라엘의 회복 강해(6)

6. 이스라엘의 특권

그들은 이스라엘 사람이라 그들에게는 양자 됨과 영광과 언약들과 율법을 세우신 것과 예배와 약속들이 있고 조상들도 그들의 것이요 육신으로 하면 그리스도가 그들에게서 나셨으니 그는 만물 위에 계셔서 세세에 찬양을 받으실 하나님이시니라 아멘 그러나 하나님의 말씀이 폐하여진 것 같지 않도다 이스라엘에게서 난 그들이 다 이스라엘이 아니요 또한 아브라함의 씨가 다 그의 자녀가 아니라 오직 이삭으로부터 난 자라야 네 씨라 불리리라 하셨으니 곧 육신의 자녀가 하나님의 자녀가 아니요 오직 약속의 자녀가 씨로 여기심을 받느니라 약속의 말씀은 이것이니 명년 이때에 내가 이르리니 사라에게 아들이 있으리라 하심이라 그뿐 아니라 또한 리브가가 우리 조상 이삭 한 사람으로 말미암아 임신하였는데 그 자식들이 아직 나지도 아니하고 무슨 선이나 악을 행하지 아니한 때에 택하심을 따라 되는 하나님의 뜻이 행위로 말미암지 않고 오직 부르시는 이로 말미암아 서게 하려 하사 리브가에게 이르시되 큰 자가 어린 자를 섬기리라 하셨나니 기록된 바 내가 야곱은 사랑하고 에서는 미워하였다 하심과 같으니라 (롬 9:4-13)

이스라엘 민족은 특별히 하나님께서 타락한 인생들을 구원하시기 위해 보내시는 메시야가 태어나는 통로로 택함을 받았습니다. 그런데 그런 민족이 막상 메시야이신 예수님께서 오셨을 때 예수님을 배척하고 그 구원에서 끊어지게 되었습니다. 이럴 때 누구보다도 이방인의 사도로 부름을 받았지만 동족 유대인을 사랑하는 바울의 마음에 큰 고통이 있었고 간절한 소원이 있게 되었습니다.

오늘 본문 로마서 9장 4-5절에는 이스라엘이 다른 민족과는 비교할 수 없는 엄청난 특권을 가진 것을 열거하고 있는 것을 봅니다.

"그들은 이스라엘 사람이라 그들에게는 양자 됨과 영광과 언약들과 율법을 세우신 것과 예배와 약속들이 있고 조상들도 그들의 것이요 육신으로 하면 그리스도가 그들에게서 나셨으니 그는 만물 위에 계셔서 세세에 찬양을 받으실 하나님이시니라 아멘."

첫째, 양자 된 복입니다.

이 세상에는 수많은 민족과 나라가 있는데, 그중에서 오직 이스라엘만이 하나님의 선민이요, 좁은 의미의 양자가 되었습니다. 우리 민족은 130여 년 전만 해도 특별히 영적으로 어두움에 있는 민족이었습니다. 이제 우리 대한민국이 하나님께 대해 눈을 뜨게 되고 경제 부흥을 이루고 88올림픽과 2002년 월드컵을 개최하고 11월에 G20 회의 개최국이 된 것은 복 중의 복이라고 생각합니다. 생각해 보면 자원도 심히 부족하고 그나마도 반쪽이 된 나라인데, 이런 우리를 하나님께서는 예수님 때문에 특별히 사랑하시기 때문이라고 믿습니다.

그러나 우리는 선민 이스라엘이 받은 복을 받지 못한 것이 사실입니다. 그것이 무엇입니까? 그것은 '양자'가 된 축복입니다. 하나님께서는 오직 이스라엘만을 당신의 양자로 선택하셨다는 것입니다. 거기에 대한 말씀이 있습니다.

"너는 바로에게 이르기를 여호와의 말씀에 이스라엘은 내 아들 내 장자라"(출 4:22).

"너희는 너희 하나님 여호와의 자녀이니……"(신 14:1).

"이스라엘이 어렸을 때에 내가 사랑하여 내 아들을 애굽에서 불러 냈거늘"(호 11:1).

이렇게 성경 곳곳에서 하나님께서 이스라엘을 얼마나 사랑하시는지를 발견하게 됩니다.

둘째, 하나님의 영광을 맛보는 복입니다.

세상의 어느 나라, 어느 민족이 하나님의 영광을 받았습니까? 그러나 하나님께서는 이스라엘 백성에게는 당신의 영광을 주셨습니다. 아시는 대로 이스라엘 백성은 주후 70년 로마 제국에 의해 멸망하여 전 세계에 흩어져 방황하면서도 세계에서 가장 많이 노벨상을 타고 있습니다. 또 세계 경제를 좌우하며 세계 최강국(미국)을 배후에서 움직이고 있습니다. 그들이 메시야를 거부했을지라도 하나님의 영광은 그들 가운데 머물러 있는 것입니다. 그러니 그들이 메시야이신 예수님을 영접한다면, 그 영광이 얼마나 더하겠습니까?

셋째, 언약을 주셨습니다.

하나님께서는 선민인 그들과 특별한 언약을 맺으셨습니다. 첫 번째 언약은 아브라함과 맺으셨습니다(창 15:18). 두 번째는 모세와 맺으셨습니다(출 19:1-6). 그리고 하나님께서는 다윗과도 언약을 맺으셨습니다(삼하 7장). 무엇보다도 다윗의 자손에서 메시야가 태어날 것을 약속해 주시지 않았습니까?

넷째, 율법입니다.

어느 나라가 구별된 하나님의 말씀을 위탁받았단 말입니까? 그런데 이스라엘 백성들은 율법을 받았고, 하나님의 구별된 말씀을 받았습니다.

다섯째, 예배드리는 복을 받았습니다.

레위기에 나오는 모든 제사와 성막의 복을 다 받은 백성입니다. 여러분, '복, 복' 하지만 우리 인간에게 예배 만한 큰 복이 없습니다. 다른 것이 없어도 예배를 드릴 수 있는 사람은 최고의 복을 받은 줄로 믿으시기 바랍니다. 우리 교회도 5대 목적 중에 최우선으로 예배를 강조하지 않습니까? 사실 예배를 제사로 드려야 교제, 교육, 봉사, 전도도 제대로 이루어질 수 있는 것입니다. 왜 예배가 첫째입니까? 예배는 언제든지 하나님을 새롭게 만날 수 있는 자리이기 때문입니다. 이런 특권을 이 세계에서 제일 먼저 받은 민족이 이스라엘 민족입니다.

여섯째, 약속들을 받았습니다.

여러분이 누군가 영향력 있는 사람들에게 약속을 받으면 기뻐하고 든든해하지 않습니까? 그런데 이스라엘 민족은 지혜와 능력과 복의 근원이신 하나님으로부터 수천 가지의 약속을 받았고, 그 절정으로 메시야가 오신다는 약속을 받았습니다.

일곱째, 조상의 복을 받았습니다.

우리끼리도 각자의 가문 이야기를 하며 자기의 조상을 자랑하지 않습니까? 그런데 이스라엘 백성들은 단체적으로 자기들의 조상을 자랑하는데, 그 이유는 그 조상들을 주신 분이 하나님이시기 때문입니다. 사실 우리가 매일 설교나 교육 시간에 듣고 배우는 것이 아브라함, 이삭, 야곱, 요셉, 모세, 여호수아 등인데 그들이 다 이스라엘의 조상입니다.

그런데 중요한 것은 그 조상들 가운데서 그리스도가 태어나신 것입니다. 여러분, 우리 한민족 가운데서 태어나셨다면 우리가 얼마나 감격스럽고 자랑스러웠겠습니까? 그런데 하나님은 육신적으로는 그 메시야가 이스라엘에게서 태어나게 하셨습니다. 그렇다면 이스라엘에게는 얼마나 엄청난 특권이 있었던 것입니까?

그런데도 이상한 것은 이스라엘이 그 복을 거부했다는 것입니다. 그 사실이 사도 바울에게는 한없이 고통스러웠던 것입니다.

그러면 왜 선민 이스라엘이 그런 엄청난 특권을 가졌으면서도 메시야를 거부했을까요? 역설적이지만 그것은 하나님께서 이방 모든 나라 백성들, 좁혀서 말씀드리면 저와 여러분과 전도 대상자들을 구원하시기 위해서입니다. 이성적으로 잘 이해가 안 되실 것입니다. 그러나 사실입니다. 여기에 하나님의 비밀, 신비가 있는 것이요, 여기에 하나님의 고통이 있고, 사도 바울의 고통이 있는 것입니다.

그러나 이제 하나님의 말씀과 약속대로 때가 되면 이스라엘은 반드시 회복될 것입니다. 역사는 완성될 것입니다. 이번 이스라엘의 회복 강해를 통해, 특별히 로마서 9-11장 강해를 통해 이러한 하나님의 섭리와 경륜을 깨닫는 계기가 되시기를 바랍니다.

이스라엘 백성들은 메시야가 오시는 통로이기에 많은 특권과 복을 받았음에도 불구하고, 참으로 기이하게 그들은 메시아를 거부하고 십자가에 못 박아 죽였습니다. 그래서 사도 바울은 일단 이런 생각을 합니다. '그렇다면 이스라엘을 향한 하나님의 약속은 모두 파기된 것인가? 하나님의 언약은 다 수포로 돌아간 것인가? 하나님의 섭리와 계획은 다 무너져 버린 것인가?'

그러나 사도 바울은 다시 스스로 대답합니다.

> "그러나 하나님의 말씀이 폐하여진 것 같지 않도다 이스라엘에서 난 그들이 다 이스라엘이 아니요"(롬 9:6).

이 말씀은 다음과 같은 질문을 전제로 하고 있습니다. 첫째, 하나님의 말씀이 폐하여졌는가? 둘째, 하나님이 불의하신가?(14절) 셋째, 하나님이 불의하시지 않다면 어찌하여 허물하시는가?(19절) 넷째, 그것도 아니라면 우리가 무슨 말을 해야 하는가?(30절)

이 네 가지 질문을 종합해 보면 사도 바울에게는 이스라엘이 왜 메시야이신 예수님을 배척했는지에 대해 알고자 하는 강력한 의지가 있음을 발견하게 됩니다.

하나님의 약속은 폐하여졌는가? 6절을 다시 보시기 바랍니다. 바울의 깨달음은 간단합니다. '아니다'라는 것입니다. 하나님의 말씀은 결코 폐하여진 것이 아니라는 것입니다. 하나님께서는 결코 실수하지 않으십니다.

그렇다면 이 실패는 무엇을 의미합니까? 여기서 우리는 매우 놀라운 사실을 추측해 낼 수 있습니다. 그것은 하나님께서 결코 실수하지 않으시고, 하나님의 말씀이 폐하여지지 않는다면, 선민 이스라엘이 메시야를 거부한 데는 어떤 특별한 이유가 있다는 것입니다. 그것이 무엇일까요? 그것은 선민 이스라엘이 메시야를 거부했기 때문에, 복음이 전에는 갈 수 없었던 이방 세계로 가게 되었던 것입니다.

사도행전 13장 46-48절을 보시기 바랍니다.

> "바울과 바나바가 담대히 말하여 이르되 하나님의 말씀을 마땅히 먼저 너희에게 전할 것이로되 너희가 그것을 버리고 영생을 얻기에 합당하지 않은 자로 자처하기로 우리가 이방인에게로 향하노라 주께서 이같이 우리에게 명하시되 내가 너를 이방의 빛으로 삼아 너로 땅 끝까지 구원하게 하리라 하셨느니라 하니 이방인들이 듣고 기뻐하여 하나님의 말씀을 찬송하며 영생을 주시기로 작정된 자는 다 믿더라."

이것이 이스라엘이 메시야를 거부한 깊은 의미였습니다.

그러면 이스라엘 백성들의 구원은 어떻게 되는 것인가요? 6-13절에 그 대답이 나옵니다. 그 내용은 이런 것입니다. 이스라엘은 비록 복된 약속을 받았지만(4-5절) 이 약속은 민족 전체에게 적용되지 않고 그리스도를 믿는 참된 이스라엘에게만 적용되는 것입니다(롬 2:28-29). 이삭과 이스마엘(7-9절), 그리고 야곱과 에서(10-13절)를 예로 들어 참된 이스라엘만이 약속의 자녀가 되는 것을 말씀합니다.

여러분, 육신의 자녀와 약속의 자녀는 어떻게 다릅니까? 육신의 자녀는 남자와 여자가 결혼해서 낳은 아이를 말합니다. 약속의 자녀는 태어나기 전부터 약속되고 예언되고 부름을 받은 자녀를 말합니다. 사도 바울은 이 육신의 자녀와 약속의 자녀에 대해 두 가지 예를 들어 설명합니다. 첫 번째 예는 이삭이요, 두 번째 예는 야곱입니다.

먼저, 이삭의 경우를 봅시다. 하나님께서 갈대아 우르에 있는 아브라함을 부르셨습니다. 하나님께서는 그를 믿음의 조상으로 삼기 원하셨습니다.

창세기 12장 1-3절을 보시기 바랍니다.

> "여호와께서 아브람에게 이르시되 너는 너의 고향과 친척과 아버지의 집을 떠나 내가 네게 보여 줄 땅으로 가라 내가 너로 큰 민족을 이루고 네게 복을 주어 네 이름을 창대하게 하리니 너는 복이 될지라 너를 축복하는 자에게는 내가 복을 내리고 너를 저주하는 자에게는 내가 저주하리니 땅의 모든 족속이 너로 말미암아 복을 얻을 것이라 하신지라."

또 창세기 15장 4-5절도 보십시오.

> "그 사람이 네 상속자가 아니라 네 몸에서 날 자가 네 상속자가 되리라 하시고 그를 이끌고 밖으로 나가 이르시되 하늘을 우러러 뭇별을 셀 수 있나 보라 또 그에게 이르시되 네 자손이 이와 같으리라."

하나님께서는 이와 같이 아브라함에게 약속하셨습니다. 그런데 그 후로 10년이 지났습니다. 하지만 10년이 지났는데도 아들이고 딸이고 자녀가 생기지 않았습니다. 그 과정에서 그의 아내 사라는 아기를 낳지 못하는 여자의 고통을 겪어야 했습니다. 결국 부부는 인간적인 방법을 택합니다. 아브라함은 아내의 제안을 받아들여 사라의 몸종인 애굽 여인 하갈을 통해 아들을 낳습니다. 그 아이가 이스마엘입니다. 그들 부부는 그 이스마엘이 하나님이 주신 약속의 자녀라고 생각했습니다. 그러나 그 아이는 약속의 자녀가 아니고 육신의 자녀였습니다. 하나님은 '아니라' 고 하셨습니다.

하나님께서는 사라의 경수가 끊어져 아이를 낳을 수 없을 때 약속의 자녀를 주시기 원하셨습니다. 부부가 아이를 낳을 수 있을 때 자녀를 낳으면 하나님이 주신 것이 아니라 자신들이 낳은 자식이라고 생각할 것이기 때문입니다. 그래서 하나님께서는 그때까지 기다리셨습니다. 그러나 아브라함과 사라는 그 과정에서 기다리지 못해 편법을 쓰는 시행착오를 일으키면서, 약속을 처음 받은 때로부터 25년을 기다리면서 하나님의 약속을 믿어야 했습니다.

아브라함 나이 99세, 사라 나이 89세가 되었는데 하나님이 말씀하십니다.

> "약속의 말씀은 이것이니 명년 이때에 내가 이르리니 사라에게 아들이 있으리라"(롬 9:9).

이 소리를 듣고 사라는 웃었습니다. '내 나이가 지금 얼마인데, 경수가 끊어진 지가 언제인데, 어떻게 아이를 낳을 수 있다는 말인가?' 그러한 상황에서 태어난 아이가 바로 '이삭' 입니다. 그 아이가 약속의 자녀입니다.

어떻게 보면 우리가 예수님을 구주와 주님으로 믿는다는 것도 세상 사람들이 보기에는 웃기는 일로 보일 수 있는 것이 사실입니다. 왜냐하면 2천 년 전에 십자가 위에서 죽은 이스라엘의 청년을, 그것도 이스라엘 백성도 아닌 이방인인 우리가, 예수가 우리를 위해 죽으시고 다시 살아나셨다고 믿는 것이 오히려 이상하게 느껴질 수 있기 때문입니다.

사실 인간적인 생각으로 하면 어떻게 예수를 믿을 수 있습니까? 그것처럼 큰 기적이 어디 있습니까? 정상적인 이성으로 어떻게 예수를 나의 구주와 나의 하나님으로 믿고 고백할 수 있단 말입니까?

본문 7절을 보면 아브라함의 씨가 다 아브라함의 씨가 아닌 것을 알 수 있습니다. 다만 이삭으로부터 난 자라야 아브라함의 씨가 되는 것입니다. 그렇게 해서 태어나신 분이 예수 그리스도이십니다.

예수님은 결코 그냥 태어나시지 않고 하나님의 약속에 의해 태어나셨습니다. 하나님께서 택하신 선민 이스라엘 가운데, 그것도 그냥 남자와 여자가 결혼해서 태어나신 것이 아니라, 예언되고 약속되어서 아브라함부터 준비시키셔서 모세와 다윗을 거쳐 동정녀 마리아를 통해 이 세상에 태어나신 분입니다.

오늘 본문 로마서 9장 10-11절을 봅시다.

"그뿐 아니라 또한 리브가가 우리 조상 이삭 한 사람으로 말미암아 임신하였는데 그 자식들이 아직 나지도 아니하고 무슨 선이나 악을 행하지 아니한 때에 택하심을 따라 되는 하나님의 뜻이 행위로 말미암지 않고 오직 부르시는 이로 말미암아 서게 하려 하사."

우리는 하나님이 이스마엘을 선택하지 않으시고 이삭을 선택하신 것은 어느 정도 이해할 수 있습니다. 한 사람은 첩을 통해서 태어났고, 한 사람은 정실 아내를 통해서 태어났기 때문입니다. 그러나 같은 리브가의 태에서 쌍둥이로 태어난 에서와 야곱의 경우에 아예 리브가의 태 속에서부터 에서를 택하지 않고 야곱을 택하신 것은 정말 우리가 이해하기 어려운 것을 인정하지 않을 수 없습니다.

인간 세계에도 편애가 심하다고 하지만, 이 경우는 하나님께서 너무 심하셨습니다. 아니, 아직 태어나지도 않았는데 몇 초 차이지만 먼저 나온 에서는 처음부터 미워하고, 나중 나온 야곱은 처음부터 사랑하셨으니 말입니다.

여러분이 아시는 대로 야곱은 사기성이 농후하고 어떻게 보면 도둑과 같은 인간성을 가졌고, 에서는 야곱과 비교하면 점잖고 인간성이 있었습니다. 그런데도 하나님께서는 에서를 택하시지 않고 야곱을 택하셨고 그것을 마지막까지 바꾸지 않으셨습니다. 여러분, 그러한 하나님의 처사가 진짜 이해가 되시나요?

그러나 여기에서 우리는 깨닫게 되는 것입니다. 우리는 다 야곱과 같은 사람인데 다만 하나님께서 우리가 태어나기도 전에 선택하시어 사랑하심으로 오늘 이 자리에까지 나오게 된 것입니다. 야곱이 그러했듯이 우리가 다 하나님의 자녀가 될 만한 자격이 있어서가 결코 아니라, 하나님께서 무조건 선택하시고 사랑하시어서 예수님을 믿고 이만한 축복을 누리게 된 것을 잊지 말아야 할 것입니다.

다시 생각해 봅시다. 우리가 무슨 선을 행하고 공로를 세워 선택되고 예수님을 믿어 하나님의 자녀가 된 것이 아닙니다. 하나님께서는 다만 그리스도 예수 안에서 창세 전부터 우리를 사랑하시기로 결정하셨습니다. 이것이 바로 하나님의 선택이라는 것입니다. 찬송가 90장 1절 가사가 이렇습니다.

> 주 예수 내가 알기 전 날 먼저 사랑했네
> 그 크신 사랑 나타나 내 영혼 거듭났네
> 주 내 맘에 늘 계시고 나 주의 안에 있어
> 저 포도나무 같으니 참 좋은 나의 친구.

11절 마지막 부분을 보시기 바랍니다. "오직 부르시는 이로 말미암아 서게 하려 하사"라고 하였습니다.

무엇을 의미합니까? 저나 여러분은 오직 하나님의 영원한 목적에 의해 선택되었음을 의미합니다. 이것이 약속의 자녀입니다.

우리나라에는 독재자 알레르기가 있는 것 같습니다. 대통령들 가운데 독재자들이 있었다고 판단하기 때문인가 봅니다. 그래서 '민주, 민주, 자유, 자유' 했더니 너무 무법적이 되어서 공권력이 제대로 행사되지 못하는 지경이 되었습니다. 심지어 경찰이 공무를 집행하다가 시민에게 매를 맞는 지경까지 되었습니다.

그러나 제가 믿기에 적어도 두 가지 독재는 오히려 필요한 독재임을 알아야 하겠습니다. 첫째, 부모의 독재입니다. 생각해 보면 이 세상에 부모처럼 독재하는 사람, 부모처럼 강요하는 사람도 없습니다. 엄마 마음대로 자녀에게 옷을 사다가 입히고, 자녀와 의논하지 않고 요리하고 음식을 먹이고, 또 여기저기 데리고 다닙니다.

여러분의 어린 시절을 생각해 보십시오. 우리가 무엇이든지 원하는 대로 하지 않았습니다. 내가 술을 마시고 담배를 피우기 원해도 부모님은 그것을 허락지 않았습니다. 회초리로 종아리를 때리고 심하게 책망하며 야단치면서까지 못하게 했습니다. 또 반드시 지켜야 할 예절을 심하게 가르쳐 지키게 했습니다.

어떻게 보면 독재라고도 말할 수 있지만 그러나 그런 것을 독재나 강요라고 생각할 수 없는 노릇입니다. 왜냐하면 부모님의 그런 강요와 독재가 없었다면 우리가 어떻게 이렇게 성장할 수 있었겠는가 말입니다. 사람은 그런 것을 잘 모르다가 자기가 결혼하고 자녀를 낳고 기르면서야 부모님의 사랑을 깨닫습니다.

부모는 부단히 강요하고 독재합니다. 왜냐하면 진정으로 사랑하기 때문입니다. 이처럼 좋은 주인의 독재는 오히려 좋은 것입니다.

그런데 이런 차원에서 독재자 중의 독재자는 우리 하나님이십니다. 생각하면 하나님께서는 우리가 태어나기 전부터 이 세상을 떠나기까지 얼마나 강요하시고 독재하시는지 모릅니다. 그러나 그것은 우리를 사랑하사 구원과 영생을 얻어 하나님의 자녀가 되게 하고, 예수님의 형상을 본받아 살게 하기 위한 목적 때문입니다. 이 과정에서 하나님이 독생자를 보내시는 것, 십자가에 못 박아 죽게 하시는 것, 부활하시는 것, 성령님을 보내시는 것, 연단시키시는 것 등을 하나님은 절대로 결코 그 누구와도 상의하지 않으십니다. 혼자 그 모든 것을 다 하십니다. 이것은 하나님의 사랑입니다.

바로 이런 독재적인 사랑 때문에 저나 여러분 같은 뻔뻔스런 인간들이 구원을 받게 되었습니다. 할렐루야! 그래서 사도 바울은 이렇게 말했습니다.

"하나님의 말씀이 폐하여진 것 같지 않도다 이스라엘에게서 난 그들이 다 이스라엘이 아니요……오직 이삭으로부터 난 자라야 네 씨라 불리리라"(롬 9:6-7).

성도 여러분, 이스라엘 백성들이 이방인인 우리의 구원을 위해 복음을 거부하고 일시적으로 버림을 받고 있으나 이방인의 충만한 수가 차면 마침내 그들도 구원을 받게 될 것입니다. 따라서 우리는 지금 역사 속에서 외적으로, 영적으로 회복되는 이스라엘과 그 백성들을 존귀히 여기고 기도해야 할 것입니다. 또한 그들이 일시적으로 복음을 배척함으로 우리가 받게 된 그리스도 예수로 인한 구원의 특권을 잘 누리고 그 복음을 날마다 열심히 증거해야 할 것입니다.

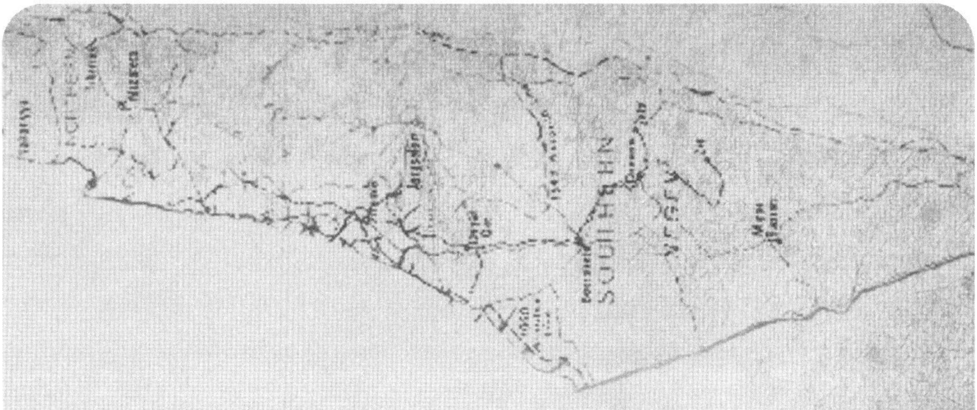

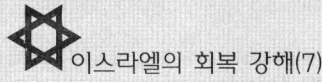

7. 하나님께서 불의하신가?

이스라엘의 회복 강해(7)

그런즉 우리가 무슨 말을 하리요 하나님께 불의가 있느냐 그럴 수 없느니라 모세에게 이르시되 내가 긍휼히 여길 자를 긍휼히 여기고 불쌍히 여길 자를 불쌍히 여기리라 하셨으니 그런즉 원하는 자로 말미암음도 아니요 달음박질하는 자로 말미암음도 아니요 오직 긍휼히 여기시는 하나님으로 말미암음이니라 성경이 바로에게 이르시되 내가 이 일을 위하여 너를 세웠으니 곧 너로 말미암아 내 능력을 보이고 내 이름이 온 땅에 전파되게 하려 함이라 하셨으니 그런즉 하나님께서 하고자 하시는 자를 긍휼히 여기시고 하고자 하시는 자를 완악하게 하시느니라 혹 네가 내게 말하기를 그러면 하나님이 어찌하여 허물하시느냐 누가 그 뜻을 대적하느냐 하리니 이 사람아 네가 누구이기에 감히 하나님께 반문하느냐 지음을 받은 물건이 지은 자에게 어찌 나를 이같이 만들었느냐 말하겠느냐 (롬 9:14-20)

사도 바울은 로마서의 중심인 9장부터 11장에서 이스라엘의 회복에 대해 서두를 전개하는 중 네 가지 질문을 던지고 스스로 거기에 대해 대답하는데, 첫 번째 질문은 9장 6절에 나옵니다. '이스라엘을 택하셨다는 하나님의 말씀이 폐하여졌는가?' 거기에 대해서 지난 시간에 생각해 보았는데, 이스라엘 가운데 약속의 자녀가 있기에 하나님의 말씀이 폐하여진 것이 아니라고 대답하였습니다.

두 번째 질문은 로마서 9장 14절에 나옵니다.

> "그런즉 우리가 무슨 말을 하리요 하나님께 불의가 있느냐 그럴 수 없느니라."

사도 바울이 왜 이런 질문을 설정했을까요? 앞 부분에서 말한 것처럼 육신의 자녀가 있고 약속의 자녀가 있다면, 왜 누구는 육신의 자녀가 되고 누구는 약속의 자녀가 되느냐는 것입니다. 사실 '선택'이라는 말 자체가 불공평합니다. '내가 누구를 선택했다'라는 것은 '특혜를 준다'는 것이고, '내가 선택을 받았다'는 것은 '편애를 받는다'는 것이기 때문입니다.

그래서 사도 바울은 반격하는 이들의 질문을 대신하여 '하나님이 불의하신 것이 아닌가?'라고 질문하는 것입니다. '누구는 택하고 누구는 택하지 않고, 하나님이 잘못하시는 것이 아닌가?' '도대체 이삭은 무엇을 잘해서 택하시고, 이스마엘은 무엇을 잘못했다고 버리시는가?' '하나님이 불의하시지 않은가?'

여기서 우리가 찾아야 할 메시지가 있습니다. 하나님이 불의하지 않으시다면 왜 그렇게 하십니까? 사도 바울은 이것을 설명하기 위해 두 사람의 예를 듭니다. 한 사람은 모세요, 다른 한 사람은 바로입니다. 사도 바울은 앞에서 선민에 대한 하나님의 약속이 폐하여졌는가 하는 질문에 대한 해답을 이삭과 이스마엘, 야곱과 에서의 예를 들어 설명했습니다. 여기서는 모세와 바로의 예를 들어 선택의 문제, 구원의 문제에 대해 설명하고 있습니다. 자, 이제 로마서 9장 15절을 보시기 바랍니다.

> "모세에게 이르시되 내가 긍휼히 여길 자를 긍휼히 여기고 불쌍히 여길 자를 불쌍히 여기리라 하셨으니."

이 말씀을 이해하기 위하여 출애굽기 32장을 보아야겠습니다. 하나님께서는 이스라엘 백성들을 애굽으로부터 이끌어 내셨습니다. 백성들에게 큰 복을 주시는데 율법을 주십니다. 그것을 위해 모세를 시내 산으로 부르시어 십계명을 두 돌판에 새겨 주시고, 40일 동안 이스라엘 백성들이 가나안 땅에 들어가서 지켜야 할 법을 가르쳐 주셨습니다.

그런데 모세가 산에 가서 40일을 지내는 동안, 산 아래의 백성들은 모세가 죽었다고 생각하고 그의 형 아론을 설득하여 금을 모아 금송아지를 만들었습니다. 그러면서 "이것이 우리를 애굽에서 인도해 낸 신이다" 하면서 춤추며 하나님을 형상화함으로 십계명 중 가장 중요한 첫째, 둘째 계명을 범했습니다. 그 일로 마침 시내 산에서 십계명 판을 들고 내려오던 모세가 두 돌판을 내던져 깨뜨려 버렸습니다.

그때 하나님께서도 화가 나셔서 이스라엘 백성들을 다 죽이고 모세를 중심으로 새 나라를 세우겠다고 하셨습니다. 그러자 모세는 하나님 앞에 엎드려 간절히 중보 기도를 했습니다.

"여기서 하나님께서 이스라엘 백성들을 다 죽이시면, 이방 사람들이 하나님을 어떻게 생각하겠습니까? 애굽에서 데리고 나와서는 광야에서 다 죽였다고 하지 않겠습니까?"

그러면서 모세는 간절히 목숨을 걸고 기도드립니다.

"그러나 이제 그들의 죄를 사하시옵소서 그렇지 아니하시오면 원하건대 주께서 기록하신 책에서 내 이름을 지워 버려 주옵소서"(출 32:32).

이것은 마치 잘못한 아이를 체벌하는 아버지로부터 아이를 보호하고자 하는 어머니의 마음과 같다고 하겠습니다. 이에 하나님께서는 화를 푸시고 범죄한 이스라엘 백성들에게 내리시려던 화를 내리지 아니하셨습니다(14절). 그러면서 하신 말씀이 오늘 본문 로마서 9장 15절 말씀입니다. 이것은 출애굽기 33장 19절의 말씀이기도 합니다.

"모세에게 이르시되 내가 긍휼히 여길 자를 긍휼히 여기고 불쌍히 여길 자를 불쌍히 여기리라 하셨으니 그런즉 원하는 자로 말미암음도 아니요 달음박질하는 자로 말미암음도 아니요 오직 긍휼히 여기시는 하나님으로 말미암음이니라"(롬 9:15-16).

성도 여러분, 구원이란 내가 원한다고 해서 얻어지는 것이 아닙니다. 가령 사형이 집행되는 시간에 죄인이 "나는 사형 받고 싶지 않소. 이렇게 죽을 수는 없소"라고 한다고 사형이 면해질 수 있습니까? 아닙니다. 내가 사형을 받기 싫다고 해서 사형이 취소되는 것은 아닙니다. 마찬가지로, 구원은 내가 원해서 받는 것이 아니고 다만 하나님의 긍휼 때문에 받는 것임을 깨달아야 할 것입니다.

이제 사도 바울은 모세에 이어 바로의 이야기를 합니다. 본문 로마서 9장 17절을 보십시오.

> "성경이 바로에게 이르시되 내가 이 일을 위하여 너를 세웠으니 곧 너로 말미암아 내 능력을 보이고 내 이름이 온 땅에 전파되게 하려 함이라 하셨으니."

여기에 은혜 받는 사람과 대조되는 비극적인 사람이 있는 것입니다. 바로입니다. 어떻게 보면 외형적으로 논할 때 바로도 하나님의 일을 위해 세움 받은 사람입니다. 그러나 어디에 문제가 있습니까? 그것은 긍정적인 역할을 하지 못하고, 부정적인 역할을 하고 말았다는 것입니다. 즉, 생명을 살리는 역할을 하지 못하고, 생명을 죽이는 역할을 한 불행한 사람이었다는 것입니다.

여기서 우리는 정확하게 알아야 합니다. 하나님께서 바로의 마음을 완악하게 하신 것이 아니라는 것입니다. 다만 완악하게 되어 가는 바로의 마음을 하나님께서 막지 않으신 것입니다. 바로는 완악했지만 하나님께서 그나마 보호하셔서 살아 있었습니다. 마찬가지로, 하나님께서 우리를 돌보아 주시지 않는다면 우리는 어디로 갈지 모르는 사람들입니다. 찬송가 310장 1절 가사 그대로입니다.

> 아 하나님의 은혜로 이 쓸데없는 자
> 왜 구속하여 주는지 난 알 수 없도다
> 내가 믿고 또 의지함은 내 모든 형편 아시는 주님
> 늘 보호해 주실 것을 나는 확실히 아네.

그렇습니다. 우리는 모두 죄인이지만 하나님께서 그리스도 안에서 우리를 불러내어 말씀을 주시고 회개케 하시어 여기까지 이끌어 주신 줄로 믿으시기 바랍니다.

> "그런즉 하나님께서 하고자 하시는 자를 긍휼히 여기시고 하고자 하시는 자를 완악하게 하시느니라"(롬 9:18).

여기에 바로와 모세에 대한 결론이 있습니다. 여기서 "하나님께서 하고자 하시는 자를 긍휼히 여기시고"는 이스라엘과 모세를 가리킵니다. "하고자 하시는 자를 완악하게 하시느니라"는 바로를 가리킵니다. 자, 이런 것을 가지고 하나님을 불의하다 할 수 있습니까? 아닙니다. 하나님께서 멸망에 처한 사람에게 긍휼을 베푸신 것이 불의하고 불합리합니까? 인간이 불의하기에 하나님의 그런 처사가 불의해 보이고 불합리해 보일 뿐입니다.

생각해 보십시오. 하나님이 죽은 사람을 살려 주신 것이 잘못입니까? 저는 여러분이 하나님께서 하시는 일에 대해 부정적인 사고방식 대신에 긍정적인 사고방식을 갖게 되기를 기도드립니다.

> "혹 네가 내게 말하기를 그러면 하나님이 어찌하여 허물하시느냐

누가 그 뜻을 대적하느냐 하리니"(롬 9:19).

이 문제에 대해 사도 바울은 로마서 9장 20절에 분명하게 대답하고 있습니다.

"이 사람아 네가 누구이기에 감히 하나님께 반문하느냐 지음을 받은 물건이 지은 자에게 어찌 나를 이같이 만들었느냐 말하겠느냐."

사도 바울의 이 대답은 첫 번째, 두 번째 질문에 대한 대답과 그 성격이 상이합니다. 즉 첫 번째, 두 번째의 경우에는 논리적으로 이삭과 이스마엘, 야곱과 에서의 예, 모세와 바로의 예를 들어가며 대답했지만, 세 번째는 논리를 초월하여 질문하고 대답합니다.

즉 바울은 여기서는 '이 사람아'라는 표현으로 질문하는 사람들에게 직선적으로 대답하고 있습니다. 가령, 사형 선고를 받은 사람이 어떻게 보통 사람과 같겠습니까? 그런데 죄로 인해 멸망당할 죄인이 지금 하나님께 따지고 있는 것입니다. 그래서 사도 바울은 논리로 설명하기보다는 직선적으로 대답하고 있습니다.

"이 사람아 네가 누구이기에 감히 하나님께 반문하느냐?"

이와 비슷한 상황이 시편 14편 1절에 나옵니다.

"어리석은 자는 그의 마음에 이르기를 하나님이 없다 하는도다 그들은 부패하고 그 행실이 가증하니 선을 행하는 자가 없도다."

인간은 피조물입니다. 하나님께서 인간을 하나님의 형상대로 지으셨습니다. 그럼에도 불구하고 인간들은 어리석게도 '하나님께서 어떻게 인간을 지으셨는가?' 하는 논쟁을 합니다. 하나님이 계시냐, 계시지 않느냐 하는 논쟁은 내가 어리석은 자인가 아닌가의 문제입니다.

생각해 보십시오. 인간은 하나님께서 만드셔서 태어났는데 어떻게 하나님이 계시냐, 안 계시냐 하는 논쟁을 할 수 있단 말입니까? 이것은 마치 '내가 스스로 세상에 태어났느냐, 부모에게서 났느냐'고 묻는 것과 마찬가지입니다. 혹시 부모가 누구인지에 대해서는 논쟁할 수 있겠습니다. 그러나 나 스스로 태어났는지, 부모에 의해 태어났는지에 대한 질문은 그 자체가 어리석은 것입니다. 그것은 악한 마음에서 나오는 질문입니다.

미국 뉴욕 지하철역 벽에 누군가가 '하나님은 죽었다' 라고 쓰고 그 밑에 '니체' 라고 썼다고 합니다. 그런데 얼마 후에 누가 그 밑에다가 이렇게 댓글을 달아 놓았다고 합니다.

"니체는 죽었다. 하나님."

혹 하나님께서 하시는 일에 대해 인간이기에 어느 기간 동안 회의를 품을 수 있겠으나 '하나님이 계시다, 안 계시다' 를 논해서는 절대 안 될 것입니다. 오늘 로마서 본문에 나오는 질문도 하나님이 누구는 택하시고 누구는 택하시지 않고 그러면 하나님이 불의하고 불합리한 것이 아닌가 하는 것인데, 그런 질문은 완악한 질문이라는 것입니다. 다 죽게 된 죄인들, 그 가운데 긍휼히 여길 자들을 긍휼히 여기시기 때문에 하나님이 하시는 일은 하나도 불의하지 않은 것입니다. 따라서 누구든 의로우시고 자비하신 하나님께 감사와 영광을 돌리라고 한 말인 줄로 믿습니다.

하나님이 결코 불의하지 않으시고 온전히 의로우심이 십자가에 달리신 예수님에게서 나타났습니다(눅 23장).

예수님이 달리신 십자가 양편에 강도 두 사람이 달렸습니다. 한 사람은 예수님을 비방하고 조롱하며 말합니다. "네가 그리스도가 아니냐? 너와 우리를 구원하라."

그러자 다른 강도가 그를 책망하며 말합니다.

"네가 동일한 정죄를 받고서도 하나님을 두려워하지 아니하느냐? 우리는 우리가 행한 일에 상당한 보응을 받는 것이니 이에 당연하거니와 이 사람이 행한 것은 옳지 않은 것이 없느니라."

그러면서 예수님을 향하여 "예수여, 당신의 나라에 임하실 때에 나를 기억하소서"라고 청원합니다.

그때 예수님은 "내가 진실로 네게 이르노니 오늘 네가 나와 함께 낙원에 있으리라"고 영접하시고 축복하셨습니다.

이 경우에 예수님께서 한 사람은 영접하시고, 한 사람은 거부하셨기에 불의하시고 불공평하신 것입니까? 아닙니다. 예수님은 의로우십니다. 불의가 없으십니다. 마찬가지로 하나님이 모세를 긍휼히 여기시고 바로를 완악하게 하신 것에 대해 하나님께서 불의하시다 할 수 없는 것입니다. 오히려 그런 경우에서 하나님의 의로우심이 더욱 잘 드러나게 되는 것입니다.

사랑하는 성도 여러분, 하나님께서 그리스도 예수 안에서 저와 여러분을 택하시어 자녀로 삼으시고 섭리 중에 여기에 이르게 하셨는데, 이 하나님께서 불의하신가요, 의로우신가요?

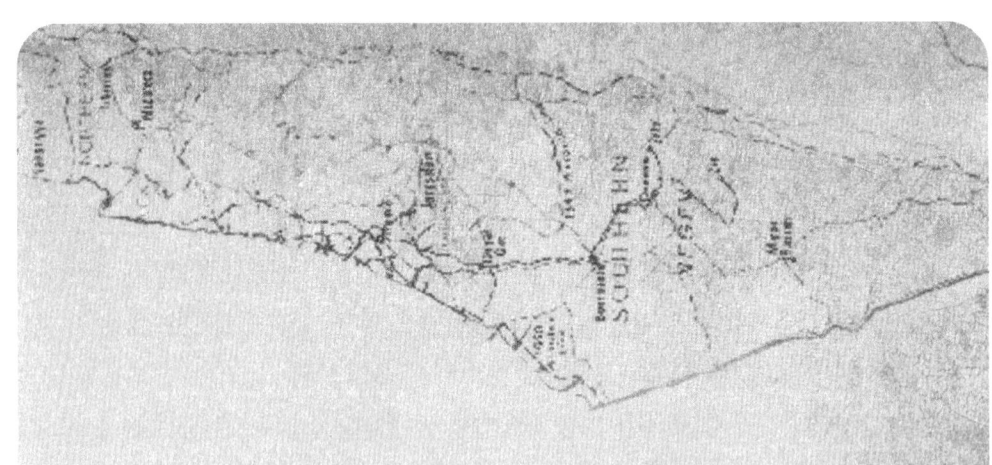

✡ 이스라엘의 회복 강해(8)
8. 하나님의 진노와 긍휼

토기장이가 진흙 한 덩이로 하나는 귀히 쓸 그릇을, 하나는 천히 쓸 그릇을 만들 권한이 없느냐 만일 하나님이 그의 진노를 보이시고 그의 능력을 알게 하고자 하사 멸하기로 준비된 진노의 그릇을 오래 참으심으로 관용하시고 또한 영광 받기로 예비하신 바 긍휼의 그릇에 대하여 그 영광의 풍성함을 알게 하고자 하셨을지라도 무슨 말을 하리요 이 그릇은 우리니 곧 유대인 중에서뿐 아니라 이방인 중에서도 부르신 자니라 호세아의 글에도 이르기를 내가 내 백성 아닌 자를 내 백성이라, 사랑하지 아니한 자를 사랑한 자라 부르리라 너희는 내 백성이 아니라 한 그곳에서 그들이 살아 계신 하나님의 아들이라 일컬음을 받으리라 함과 같으니라 (롬 9:21-26)

사도 바울은 로마서 9장에 들어서면서 이스라엘의 회복에 관련하여 상대편의 반론을 예상해서 네 가지 질문을 합니다.

첫 번째, '하나님의 말씀이 폐하여졌는가'(6절)입니다. 즉, '이스라엘의 실패는 하나님의 실패인가? 이스라엘의 실패로 하나님의 약속이 폐하여졌는가?' 하는 질문입니다. 여기에 대해 바울은 '아니다'라고 합니다(6-13절). 이스라엘이 실패한 것처럼 보이지만 그것은 실패가 아닙니다. 왜냐하면 육신의 자녀를 통해 하나님의 역사가 완성되는 것이 아니라, 약속의 자녀들을 통해 구원이 완성되어 가고 하나님의 약속이 이루어져 가기 때문입니다.

두 번째, '하나님께 불의가 있느냐'(14절)입니다. 그렇다면 '즉 하나님의 선택은 뭔가 불합리하지 않은가?' 하는 질문입니다. 이에 대한 대답도 역시 '그렇지 않다' 입니다. 왜냐하면 하나님의 선택은 '사랑'이기 때문에 하나님의 선택에 불의가 있을 수 없는 것입니다. 이것이 앞서 살펴본 내용이었습니다.

이번에는 계속해서 세 번째 질문과 거기에 대한 대답을 살펴보도록 하겠습니다. 로마서 9장 19절을 보십시오.

> "혹 네가 내게 말하기를 그러면 하나님이 어찌하여 허물하시느냐 누가 그 뜻을 대적하느냐 하리니."

이것은 하나님의 주권에 해당하는 질문인데 '그러면 하나님께서 왜 공정치 못하시냐' 하는 말입니다. 앞서 말씀드린 대로, 사도 바울은 그러한 질문에 논리적으로, 성경적으로보다 직선적으로 반박하고 있습니다. 20절 상반절을 보십시오.

> "이 사람아 네가 누구이기에 감히 하나님께 반문하느냐."

이 말을 살펴보면 강하게 반박하는 뉘앙스가 담겨 있습니다. 즉, '적반하장도 유분수다' 하는 뜻입니다. 그러고는 그 질문에 세 가지를 들어 반문하는데 첫째는 토기장이의 비유입니다.

> "토기장이가 진흙 한 덩이로 하나는 귀히 쓸 그릇을, 하나는 천히 쓸 그릇을 만들 권한이 없느냐"(롬 9:21).

여기서 토기장이는 하나님이시고, 인간은 흙입니다. 하나님께서는 흙으로 빚고 코에 생기를 불어넣으셔서 인간을 만드셨습니다. 그래서 우리 인간은 죽으면 육체는 흙으로 돌아가는 것입니다(창 3:19). 아시는 대로 토기장이는 진흙을 잘 반죽해서 자기가 원하는 대로 그릇을 만들게 됩니다. 토기장이는 그릇을 만들 때 똑같이 만들지 않습니다. 어떤 것은 크게, 어떤 것은 작게, 어떤 것은 귀히 쓰이는 그릇으로, 어떤 것은 막 쓰이는 그릇으로, 어떤 것은 밖에서 쓰이는 그릇으로, 어떤 것은 안에서 쓰이는 그릇으로 만드는 것입니다. 이와 같이 반죽하는 것은 같지만, 토기장이의 마음과 필요에 따라 그릇을 자유자재로 만드는 것입니다.

사도 바울은 토기장이에게 그렇게 마음대로 만들 권한이 없느냐 하면서 반문하는 것입니다. 이것은 마치 미술 작품이 미술가에게 "왜 나를 이렇게 그렸느냐?" 하고 따지는 것과 마찬가지입니다. 가령 미술 작품이 그것을 그린 미술가에게 "왜 내게 이런 색깔을 칠했느냐?"라고 말할 수 있는 것입니까? 그것은 미술가의 영감이고 창의력이기 때문에 그럴 수 없습니다.

그렇다면 인간은 무엇입니까? 마찬가지로 하나님은 우리 인생들을 자신의 뜻에 따라서 마음대로 만드시는데, 그러면 인간은 소나 돼지, 물건과 같은 존재이며 하나님의 주권은 인간의 인권을 무시하는 것입니까? 많은 사람들이 그렇게 질문합니다. 거기에 대한 대답은 '아니다' 입니다. 안심하시기 바랍니다. 왜냐하면 우리의 토기장이이신 하나님께서는 전혀 실수가 없는 분이시기 때문입니다.

그분은 우리를 지극히 사랑하셔서 그분의 모든 능력을 우리 인간들을 위해 사용하시기 때문입니다. 절대로 우리에게 해를 끼치거나 실수를 하거나 잘못을 저지르는 분이 아니십니다. 바로 여기에 우리의 구원의 완성이 있는 것입니다. 이것이 바로 토기장이의 비유입니다.

저나 여러분은 토기입니다. 그리고 하나님께서는 저나 여러분을 문자 그대로 아무렇게나, 무성의하게, 장난으로 만드신 것이 아니라 꼭 필요하게, 목적 있게, 정성껏 만드신 토기장이이십니다. 가장 아름답게 저와 여러분을 만드신 줄로 믿습니다. 비록 하나님께서 저를 막그릇으로 만드셨다 할지라도 꼭 필요해서 만드신 것이지, 결코 저를 천대해서 만드신 것이 아니라는 것을 기억하시기 바랍니다. 안심하시기 바랍니다. 하나님께서 우리를 지켜 주시는 것을 믿으시기 바랍니다.

이제 하나님의 주권에 대한 사도 바울의 두 번째 대답은 로마서

9장 22-23절에 있습니다.

> "만일 하나님이 그의 진노를 보이시고 그의 능력을 알게 하고자 하사 멸하기로 준비된 진노의 그릇을 오래 참으심으로 관용하시고 또한 영광 받기로 예비하신 바 긍휼의 그릇에 대하여 그 영광의 풍성함을 알게 하고자 하셨을지라도 무슨 말을 하리요."

여기에 독특한 말이 나옵니다. '멸하기로 준비된 진노의 그릇'과 '영광 받기로 예비하신 바 긍휼의 그릇'이라는 말입니다. 이 그릇에 대해 24절에서 명확하게, 사실적으로 말하고 있습니다.

> "이 그릇은 우리니 곧 유대인 중에서뿐 아니라 이방인 중에서도 부르신 자니라."

그렇습니다. 이 그릇은 유대인과 함께 이방인 중에서도 부르심을 받은 사람들입니다. 이 그릇 중에는 귀히 쓰이는 그릇이 있는가 하면, 천히 쓰이는 그릇도 있습니다. 또한 멸망받기로 되어 있는 사람도 있고, 긍휼을 받게 되어 있는 사람도 있습니다. 또한 선택받은 유대인도 있고, 선택받지 못한 유대인도 있습니다.

여기에 대해 하나님께 허물이 있다고 할 수 있습니까? 절대 아닙니다. 왜냐하면 하나님께서 사랑으로 선택받지 못할 사람들마저도 선택하셨다면 오히려 하나님께 감사해야지, 어찌 하나님께 허물이 있다고 할 수 있겠습니까? 하나님의 선택은 오히려 멸망 받을 인생들을 멸망치 않게 하시고 긍휼을 베풀어 주시는 놀라운 사랑과 영광을 보여 주신다는 것을 기억하시기 바랍니다.

이제 바울은 하나님의 주권에 대한 질문에 세 번째 대답을 합니다. 구약의 두 성경에서 인용하는데, 하나는 호세아서요 다른 하나는 이사야서입니다. 먼저 본문 로마서 9장 25-26절을 읽겠습니다.

> "호세아의 글에도 이르기를 내가 내 백성 아닌 자를 내 백성이라, 사랑하지 아니한 자를 사랑한 자라 부르리라 너희는 내 백성이 아니라 한 그곳에서 그들이 살아 계신 하나님의 아들이라 일컬음을 받으리라 함과 같으니라."

이것은 호세아 2장 23절, 1장 10절의 인용입니다. 여기서 "내 백성 아닌 자를 내 백성이라, 사랑하지 아니한 자를 사랑한 자라 부르리라" 한 것은 이방인에 대한 말씀입니다. 저나 여러분 같은 이방인은 하나님께서 사랑하실 대상이 아니었습니다. 그러나 하나님께서 사랑하기로 결정하셨습니다. 이것이 얼마나 놀라운 일이요 기쁜 소식입니까?

사실 우리 민족은 하나님과 아무 상관없는 민족이었습니다. 조상 우상, 자연 우상 등을 섬기며 무당에 이끌려 굿하고 점 보고 하던 민족이었습니다. 그저 제사 지내고 절간 다니고 하던 민족으로 율법과 전혀 상관없는 민족이었습니다.

그런데 이 땅에 130여 년 전에 서양 선교사들을 통해 복음이 전해지게 하시어서 수많은 순교자들이 나게 하시고, 저나 여러분이 지금 이렇게 유대인에게서 나신 예수님을 믿고 구원을 받고 있습니다. 약속의 자녀로 인쳐 주시고 교회에 다니게 하시고, 천국을 약속받아 천국의 소망을 갖고 사명이 이끄는 삶을 살게 되었으니 얼마나 감격스럽습니까? 마지막에는 우리가 영원한 하나님의 나라에 들어가서 살게 되어 "영광일세 영광일세 내가 누릴 영광일세 은혜로 주 얼굴 뵈옵나니 지극한 영광 내 영광일세" 부르며 험하고 어두운 세상에서도 승리할 수 있게 해주셨습니다.

이런 말씀을 우리가 들을 때 어떻게 감격하지 않고 들을 수 있겠습니까? 우리가 이런 복을 받는 것은 기적 중의 기적이요 복 중의 복인 줄로 믿습니다.

그런데 이런 하나님의 구원은 예수님이 오시기 750년 전 호세아 선지자를 통하여 미리 약속되었습니다. 호세아는 어떤 사람이었습니까? 충격적인 일입니다만, 하나님께서는 이스라엘을 향한 엄청난 사랑을 전하기 위해 호세아에게 음란한 여인, 즉 창녀 고멜과 결혼하라고 명령하셨습니다.

여러분, 선지자가 순종함으로 하나님의 말씀을 대언하는 것은 좋지만, 왜 하필 그 많은 여자를 놔두고 창녀와 결혼하라는 것입니까? 그런데도 하나님께서는 고집을 꺾지 않으십니다. 하는 수 없이 그 음란한 여인과 결혼을 했지만, 그 여자는 자꾸만 밖으로 나가 다른 남자와 자고 돌아왔습니다. 그런데도 호세아는 끝까지 그 아내를 데리고 살아야 했습니다.

그런 과정에서 세 아이를 낳았습니다. 첫째 아이의 이름은 '이스르엘' 입니다. 그 뜻은 '하나님께서 이스라엘 족속의 나라를 폐할 것이다' 라는 뜻입니다. 둘째 아이는 딸 '로루하마' 였는데, 그 뜻은 '내가 다시는 이스라엘 족속을 긍휼히 여겨서 사하지 않겠다'는 의미입니다. 셋째 아이는 '로암미'라는 아들입니다. 그 말은 '너희는 내 백성이 아니요 나는 너희 하나님이 되지 아니할 것이다'라는 뜻입니다.

그런 하나님께서 마지막에 저주를 복으로 바꾸신다고 말씀하십니다. "내가 내 백성이 아닌 자를 내 백성이라 부르리라"는 말씀은 로암미를 두고 하는 말입니다. "사랑하지 아니한 자를 사랑한 자라 부르리라"는 말씀은 '로루하마'를 두고 하신 말씀입니다. "너희는 내 백성이 아니라 한 그곳에서 그들이 살아 계신 하나님의 아들이라 일컬음을 받으리라"는 말씀은 '이스르엘'에게 주신 말씀입니다.

이것도 하나님께서 이방인을 구원해 주시는 메시지였습니다. 내 백성도 아니고, 사랑받지도 못하고, 하나님의 백성도 아닌 자들을 하나님께서 그리스도 예수를 통하여 모두 구원하시고 멸망치 않게 하셨습니다. 요한복음 3장 16절에서도 보듯이, 하나님의 뜻은 결코 멸망이 아니며, 지옥에 보내는 것은 하나님의 뜻이 아닙니다. 하나님께서는 절대 여러분이 심판받아 멸망하는 것을 원치 않으십니다. 하나님께서는 저나 여러분이 그리스도 예수 안에서 하나님의 자녀, 천국의 소망과 세상의 빛 되기를 원하십니다.

사도 바울은 또한 이사야서의 예언을 인용합니다.

> "또 이사야가 이스라엘에 관하여 외치되 이스라엘 자손들의 수가 비록 바다의 모래 같을지라도 남은 자만 구원을 받으리니 주께서 땅 위에서 그 말씀을 이루고 속히 시행하시리라 하셨느니라"(롬 9:27-28).

이것은 이사야 10장 22-23절의 인용입니다.

그러면 원래 버림받은 이방인은 하나님께서 그렇게 구원하셨는데 선민 이스라엘은 어떻게 대하십니까? 오늘 성경 말씀대로 하면 이스라엘이라고 다 이스라엘입니까? 이스라엘 중에도 육신의 자녀가 있고, 약속의 자녀가 있는 법입니다. 보십시오. '이스라엘이 바다의 모래같이 많을지라도 남은 자만 구원을 받으리라' 하였습니다.

혈통이 이스라엘이라고 모두 구원받는 것은 아닙니다. 그들이 하나님을 배반했을 때에는 다 멸망했습니다. 남은 자만 구원을 받습니다. 약속의 씨만 살아남습니다. 그런데 그 약속의 씨들이 메시야를 받아들였고, 그 씨들이 거룩하니 지금까지 있는 것입니다.

이제는 로마서 9장 29절을 보겠습니다.

> "또한 이사야가 미리 말한 바 만일 만군의 주께서 우리에게 씨를 남겨 두지 아니하셨더라면 우리가 소돔과 같이 되고 고모라와 같았으리로다 함과 같으니라."

무슨 말씀입니까? 만약 하나님께서 이스라엘에게 약속의 씨를 남겨 두지 않으셨다면 소돔과 고모라처럼 유황불 가운데서 멸망했을 것입니다. 우리나라도, 일본이나 중국, 인도, 그 어느 나라도 마찬가지입니다. 모두 하나님과 상관없이 멸망으로 치닫던 나라였습니다. 전부 소돔과 고모라처럼 무섭게 심판받을 수밖에 없었지만, 놀랍게도 하나님께서 우리를 버리지 않으시고, "내 백성이다"라고 말씀하시고, "그리스도 예수 안에서 내가 너를 사랑한다"라고 하십니다. 즉 하나님께서는 우리를 위하여 주 예수 그리스도를 보내 주시고 우리를 구원해 주셔서 하나님의 복된 자녀가 되게 해주셨습니다.

호세아와 이사야의 예언에는 차이가 있는데 그것이 무엇입니까? 호세아의 경우는 구원받을 수 없는 이방인 중에서도 구원받을 자가 있다는 것이고, 선민인 이스라엘 백성들 가운데도 구원받지 못할 자가 있다는 것입니다. 그러나 물론 이스라엘 가운데서도 약속의 자녀들을 통해서는 구원의 역사를 이루어 가신다는 것입니다.

그러면 오늘 본문에서 사도 바울이 전하는 메시지의 요점이 무엇입니까? 그것은 하나님께서 장차 만드실 나라는 버림받은 이방인 중에서 구원받을 자들과 선택받은 이스라엘 중에서 약속된 자녀들이 함께 모여서 하나님의 나라를 만든다는 것입니다. 즉 마지막 날 이방인과 이스라엘이 하나님께 돌아왔을 때 하나님의 구원의 드라마가 완성되는 것입니다.

무엇을 의미합니까? 하나님께서는 구원받을 수 없는 이방인을 구원하시기로 결정하셨고, 자기 백성으로 삼으시고 긍휼을 베풀어 주셨습니다. 사도 바울은 그처럼 놀라운 구원의 대드라마를 에베소서 2장 11-18절에서 다음과 같이 정리하고 있습니다.

> "그러므로 생각하라 너희는 그때에 육체로는 이방인이요 손으로 육체에 행한 할례를 받은 무리라 칭하는 자들로부터 할례를 받지 않은 무리라 칭함을 받는 자들이라 그때에 너희는 그리스도 밖에 있었고 이스라엘 나라 밖의 사람이라 약속의 언약들에 대하여는 외인이요 세상에서 소망이 없고 하나님도 없는 자이더니 이제는 전에 멀리 있던 너희가 그리스도 예수 안에서 그리스도의 피로 가까워졌느니라 그는 우리의 화평이신지라 둘로 하나를 만드사 원수 된 것 곧 중간에 막힌 담

을 자기 육체로 허시고 법조문으로 된 계명의 율법을 폐하셨으니 이는 이 둘로 자기 안에서 한 새 사람을 지어 화평하게 하시고 또 십자가로 이 둘을 한 몸으로 하나님과 화목하게 하려 하심이라 원수 된 것을 십자가로 소멸하시고 또 오셔서 먼 데 있는 너희에게 평안을 전하시고 가까운 데 있는 자들에게 평안을 전하셨으니 이는 그로 말미암아 우리 둘이 한 성령 안에서 아버지께 나아감을 얻게 하려 하심이라."

또한 이방인과 이스라엘의 막힌 담을 그리스도 예수를 통해 허시고, 구원을 이루어 가시고, 하나님이 거하실 처소로서 이방인과 이스라엘 사람들이 함께 지어져 가게 하십니다. 에베소서 2장 19-22절을 보시기 바랍니다.

"그러므로 이제부터 너희는 외인도 아니요 나그네도 아니요 오직 성도들과 동일한 시민이요 하나님의 권속이라 너희는 사도들과 선지자들의 터 위에 세우심을 입은 자라 그리스도 예수께서 친히 모퉁잇돌이 되셨느니라 그의 안에서 건물마다 서로 연결하여 주 안에서 성전이 되어 가고 너희도 성령 안에서 하나님이 거하실 처소가 되기 위하여 그리스도 예수 안에서 함께 지어져 가느니라."

성도 여러분, 이것이 우리가 진노 중에 긍휼을 입어 얻은 구원입니다. 그러니 저나 여러분이 받은 구원이 얼마나 깊고 넓고 복된 것입니까?

이스라엘의 회복 강해(9)
9. 믿음에서 난 의

또 이사야가 이스라엘에 관하여 외치되 이스라엘 자손들의 수가 비록 바다의 모래 같을지라도 남은 자만 구원을 받으리니 주께서 땅 위에서 그 말씀을 이루고 속히 시행하시리라 하셨느니라 또한 이사야가 미리 말한 바 만일 만군의 주께서 우리에게 씨를 남겨 두지 아니하셨더라면 우리가 소돔과 같이 되고 고모라와 같았으리로다 함과 같으니라 그런즉 우리가 무슨 말을 하리요 의를 따르지 아니한 이방인들이 의를 얻었으니 곧 믿음에서 난 의요 의의 법을 따라간 이스라엘은 율법에 이르지 못하였으니 어찌 그러하냐 이는 그들이 믿음을 의지하지 않고 행위를 의지함이라 부딪칠 돌에 부딪쳤느니라 기록된 바 보라 내가 걸림돌과 거치는 바위를 시온에 두노니 그를 믿는 자는 부끄러움을 당하지 아니하리라 함과 같으니라 (롬 9:27-33)

사도 바울은 로마서 9장에서 11장까지 이스라엘의 회복에 대한 하나님의 뜻을 전개하면서, 9장에서 대적자들이 던질 수 있는 네 가지 질문을 던지고 거기에 대해 대답합니다. 우리는 그동안 세 가지를 다루어 보았습니다.

첫 번째 질문은 '이스라엘의 실패는 곧 하나님의 실패인가? 이스라엘의 실패로 인해 하나님의 약속은 폐하여졌는가?' 였습니다. 여기에 대한 바울의 대답은 '그렇지 않다' 였습니다(6절). 이스라엘이 실패한 것처럼 보이지만 그것은 결코 실패가 아니라는 것입니다. 왜냐하면 육신의 자녀를 통해서가 아니라 약속의 자녀들을 통해 구원의 완성이 이루어지기 때문입니다. 그리고 지금도 하나님의 약속은 이루어져 가고 있습니다.

두 번째 질문은 '그렇다면 하나님의 선택은 무엇인가 불합리하지 않은가?' 하는 질문입니다. 여기에 대한 바울의 대답 역시 '그렇지 않다' 입니다(14절). 하나님의 선택은 '사랑' 이기 때문에 사랑에는 불의가 없으므로 그것은 결코 옳지 않은 소리입니다.

세 번째 질문은 '그렇다면 왜 하나님께서는 이스라엘을 책망하시는가?' 입니다. 이것은 하나님의 주권에 해당하기 때문입니다(19절). 한 나라에도 주권이 있듯이, 하나님의 나라에도 주권이 있습니다. 토기장이가 토기를 마음대로 만드는 것이 잘못이 아닌 것과 같습니다.

그렇다면 여기에 대한 결론은 무엇입니까? 이스라엘에 대해 우리가 어떻게 말할 수 있습니까? 오늘 본문 로마서 9장 30절과 31절이 여기에 대한 대답입니다.

> "그런즉 우리가 무슨 말을 하리요 의를 따르지 아니한 이방인들이 의를 얻었으니 곧 믿음에서 난 의요 의의 법을 따라간 이스라엘은 율법에 이르지 못하였으니."

의에 대한 결론은 우리의 상상을 초월하지 않습니까? 이 말씀을 보면 의를 좇지 아니한 이방인들이 의를 얻고, 의의 법을 좇은 선민은 오히려 의에 이르지 못했기 때문입니다.

여기서 먼저 이방인들이 의를 얻은 사실에 대해 생각해 봅시다. 이방인들은 유대인들과는 달리 하나님이 없는 백성이요, 율법이나 말씀도 받지 못한 백성입니다. 약속도 할례도 조상도 없습니다. 한마디로 하나님과 무관한 백성입니다. 그런 백성들이 어떻게 하나님을 알게 되었고 구원을 얻게 되었습니까? 이것이 놀라운 것입니다 (엡 2:11-12).

그렇습니다. 저나 여러분은 분명히 이방인입니다. 그래서 이스라엘 백성들은 직접 하나님과 언약도 하고 약속도 하고 예배도 드렸지만 우리는 그들과 같이 말씀을 들어 본 일도, 약속을 받아 본 일도, 예언자를 가져 본 일도 없습니다.

할례는 하나의 중요한 계약이 아닙니까? 사람과 사람 사이에도 계약을 하면 서명을 하지 않습니까? 마찬가지로 이스라엘이 하나님과 계약을 한 후 몸에다 사인을 한 것이 할례입니다. 그들은 남아의 경우 생후 8일째에는 반드시 생식기 끝 표피 부분을 잘라내어 선민으로서의 사인을 했습니다.

그런데 그런 선민 중 대다수는 오히려 의를 얻지 못하고 그런 것이 없는 이방인들이 의를 얻었다는 것입니다. 의를 얻었다는 말은 구원을 받았다는 말입니다. 이방인들은 의를 얻게 되었고, 구원의 소식을 듣게 되었고, 복을 받게 되었습니다.

가령 여리고에 살던 이방여인 라합이 그 좋은 예 중의 하나입니다. 그녀는 율법 교육을 전혀 받은 적이 없는 기생이었습니다. 그런 처지의 여인이 이스라엘 정탐꾼이 그녀의 집에 왔을 때 이렇게 이야기합니다.

> "이는 너희가 애굽에서 나올 때에 여호와께서 너희 앞에서 홍해 물을 마르게 하신 일과 너희가 요단 저쪽에 있는 아모리 사람의 두 왕 시혼과 옥에게 행한 일 곧 그들을 전멸시킨 일을 우리가 들었음이니라 우리가 듣자 곧 마음이 녹았고 너희로 말미암아 사람이 정신을 잃었나니 너희의 하나님 여호와는 위로는 하늘에서도 아래로는 땅에서도 하나님이시니라"(수 2:10-11).

이방의 기생 여인 라합은 소문을 듣고 하나님을 믿고 정탐꾼들에게 기여하게 되었습니다. 히브리서 기자는 그것을 믿음이라고 규정했습니다.

> "믿음으로 기생 라합은 정탐꾼을 평안히 영접하였으므로 순종하지 아니한 자와 함께 멸망하지 아니하였도다"(히 11:31).

얼마나 놀랍습니까? 그런데 그에 비해 선민인 이스라엘 민족은 어떠했습니까? 사실 이스라엘은 종교적으로 복을 받고 민족적으로 택함을 받아서 그 어떤 나라보다 특혜를 많이 받았습니다. 그들은 할례도 약속도 선지자도 받았습니다. 더구나 제사와 성전을 통해 날마다 하나님과 접촉할 수 있었습니다. 이스라엘은 이 같은 복을 받았습니다. 그런데 그런 복을 받은 이스라엘이 어떻게 되었습니까? 그들은 결국 의의 법에 이르지 못했습니다. '하나님의 의'가 아닌 '자기의 의'를 좇았기 때문입니다. 그래서 의를 얻는 면에서는 오히려 이스라엘은 실패하고 말았습니다.

세상에 이런 역설이 어디 있단 말입니까? 그러나 이것은 역설이 아니라 하나님의 놀라운 섭리입니다. 보십시오. 이방인에게 전해져 믿음에 의지한 이방인들, 저나 여러분이 의에 이르고 구원을 받게 되었습니다. 우리 모두 박수로 하나님께 감사와 영광을 돌립시다.

오늘 본문 로마서 9장 32절을 보겠습니다.

> "어찌 그러하냐 이는 그들이 믿음을 의지하지 않고 행위를 의지함이라 부딪칠 돌에 부딪쳤느니라."

여러분, 왜 이방인은 구원을 받게 되었고 이스라엘은 메시야를 배척하게 되었습니까? 그것은 이스라엘이 믿음에 의지하지 않고 행위에 의지했기 때문입니다. 다시 말하면, 이스라엘이 실패한 이유는 그들이 구원을 믿음으로 얻으려 하지 않고 행위로 얻으려 했기 때문입니다. 역설적으로 말하면 구원받을 수 없었던 이방인들이 구원받을 수 있었던 것은 그들의 믿음 때문이었습니다.

구원이, 의롭다 함이 율법의 행위나 인간적인 선행으로 이루어지지 않고 믿음으로 얻어진다고 하는 것은 로마서 전체의 주장입니다. 대표적인 구절은 1장 17절입니다.

> "복음에는 하나님의 의가 나타나서 믿음으로 믿음에 이르게 하나니 기록된 바 오직 의인은 믿음으로 말미암아 살리라 함과 같으니라."

여러분, 인간이 어떻게 구원을 받습니까? 의로워야 합니다. 그러면 어떻게 의로워질 수 있습니까? '오직 믿음'으로 가능합니다. 따라서 '의인은 오직 믿음'으로 말미암아 삽니다. 이것이 루터가 종교개혁을 일으킨 말씀입니다. 이것이 16세기에 역사를 뒤집은 말씀입니다. 구원은 종교적인 행위로 이뤄지지 않고 오직 믿음으로 받게 됩니다. 이 주제는 로마서 3장 28절에서도 계속됩니다.

> "그러므로 사람이 의롭다 하심을 얻는 것은 율법의 행위에 있지 않고 믿음으로 되는 줄 우리가 인정하노라."

그러고는 사도 바울은 4장으로 넘어가 하나님께서 왜 아브라함을 믿음의 조상으로 선택하셨는지를 이야기합니다.

사실 우리가 아브라함 하면 문자적으로 완벽한 100퍼센트의 믿음의 사람이라고 생각하기 쉽지만, 실상은 우리와 같이 실수가 많았습니다(창 12:10-20, 16:16). 우리와 같은 보통 사람이었습니다. 오해하지 마시기 바랍니다. 아브라함에게 100퍼센트 믿음이 있어서 하나님께서 그를 택하신 것이 아니었습니다. 믿음이 없었지만 그를 불러서 믿음의 사람으로 만들어 가신 것입니다.

우리도 마찬가지입니다. 우리에게 믿음이 있어서 우리를 택하신 것이 아닙니다. 다만 믿음이 없는 우리를 부르셔서 말씀과 성령, 삶과 상황으로 믿음의 사람으로 만들어 가시는 것입니다. 이것을 믿으십니까?

그러면 왜 우리는 아브라함을 믿음의 조상이라고 부릅니까? 그 이유가 결코 아브라함에게 있지 않습니다. 먼 훗날 인류를 구원하기 위하여 이스라엘 가운데 메시야가 태어날 것인데 아브라함이 하나님을 믿은 것이 의가 되었던 것처럼, 모든 사람이 예수 그리스도를 믿음으로 구원을 얻는다는 진리를 가르치기 위해서였습니다. 이러한 맥락에서 하나님께서 아브라함을 모델로 세워 가르치셨기 때문입니다.

그런데 구원에는 매우 중요한 두 가지 요구 사항이 있습니다. 첫째는 그것이 내 밖에서 와야 하며, 둘째는 인간이 아닌 절대자로부터 와야 합니다. 앞서 언급한 에베소서 2장 8-9절을 다시 보십시오.

> "너희는 그 은혜에 의하여 믿음으로 말미암아 구원을 받았으니 이것은 너희에게서 난 것이 아니요 하나님의 선물이라 행위에서 난 것이 아니니 이는 누구든지 자랑하지 못하게 함이라."

이 말씀을 통해 사도 바울은 구원에 대해 세 가지를 말하고 있습니다. 첫째는 구원의 본질이고, 둘째는 구원은 어떻게 얻어지나 하는 것이고, 셋째는 구원받은 사람은 어떻게 사는가 하는 것입니다. 구원이란 하나님이 공짜로 주시는 은혜입니다. 이것은 본질입니다.

결코 내가 노력해서, 내가 잘나서 받는 것이 아닙니다. 구원은 하나님께서 조건 없이 거저 베푸신 은혜입니다. '은혜를 다른 말로 하면 거저 베풀어 주는 선물'이라 하겠습니다.

6·25 때의 이야기입니다. 한 미군 장교가 추운 겨울 한밤중에 한강변을 지프차로 순찰하다가 앞에서 이상한 물체가 보이고 아이 울음소리가 나서 차를 세우고 달려가 보았습니다. 한 여자가 알몸으로 죽어 있었고, 여인의 옷으로 겹겹이 쌓여진 그 속에 태어난 지 며칠 안 되어 보이는 갓난아이가 울고 있었습니다. 미군 장교는 여인을 주변에 묻고 그 아이를 미국으로 데리고 가서 자기 아들로 삼고 잘 키웠습니다.

장교는 그 아이가 자라 청년이 되었을 때 그 모든 이야기를 들려 주었습니다. 청년이 된 그 아이는 급히 한국으로 나와 어머니가 묻힌 그곳에 이르러 울면서, 자기의 옷을 하나하나 벗어 어머니의 무덤에 덮어 드리면서 통곡했습니다.

"어머니, 그때 얼마나 추우셨습니까? 이만큼 추우셨습니까?"

여러분, 이것이 바로 구원이요 하나님의 선물을 비유한 이야기입니다. 그 갓난아기가 살아 보려고 노력한 것이 아닙니다. 어머니가 자신은 얼어 죽어 가면서도 아들을 살리기 위해 모든 것을 주었기에 그 아들이 살 수 있었던 것입니다. 오직 은혜, 오직 선물입니다. 저나 여러분이 그렇게 해서 구원을 받은 것입니다. 우리는 과거에 하나님을 모르던 백성이었습니다. 민족적으로는 구원받을 길이 없는 백성이었습니다. 우리는 구원받을 수 있는 그 어떤 조건도 없는 사람들이었습니다. 그런데 하나님의 은혜로 믿음으로 구원을 받게 되었습니다.

그런데 보십시오. 선민이라고 자부하던 이스라엘은 이토록 놀라운 구원을 믿음으로 받으려 하지 않고 행위로 받으려고 했습니다. 선민으로서 엄청난 복을 받았는데도 말입니다. 어떻게 보면 그 같은 넘치는 복이 오히려 그들이 의롭다 함을 얻는 데 장애가 된 것 같습니다. 오히려 이방인들은 아무 받은 것이 없어서 단순하게 믿음으로 구원을 받았습니다. 즉, 율법도 말씀도 할례도 성전도 선지자도 없었지만, 이방인의 마음은 겸손했습니다.

그런데 이스라엘은 어떠했습니까? 하나님을 자신들의 전유물이라고 생각했습니다. 이스라엘은 율법으로, 행위로 구원을 받으려 했기 때문에 문제가 생기게 되었습니다. 아울러 그들이 소유한 많은 종교적인 혜택과 종교적인 전통을 가지고 하나님을 독점하려 했기에 참 구원에 이를 수가 없었습니다.

> "기록된 바 보라 내가 걸림돌과 거치는 바위를 시온에 두노니 그를 믿는 자는 부끄러움을 당하지 아니하리라 함과 같으니라"(롬 9:33).

성도 여러분, 여러분에게 부끄러움을 당하지 않는 복이 있기를 축원합니다. 오늘도 믿음으로 나아가는 사람은 부끄러움을 당하지 않을 것이고, 율법으로 나아가는 사람은 부끄러움을 당하게 될 것입니다. 은혜로 나아가는 사람은 부끄러움을 당하지 않을 것입니다. 그러므로 은혜를 받으시기 바랍니다. 믿음을 가지시기 바랍니다. 율법주의에서 돌이키시고 행위에서 돌아서십시오. 종교적인 습관에서 돌아오십시오.

제가 교육관 입구 자판기에서 거의 매일 아침 커피를 빼서 마십니다. 그런데 어느 날 감기가 걸려, '오늘은 내가 커피가 아닌 율무차를 빼서 마셔야지' 하고 목양실에서 교육관으로 내려왔습니다. 자판기 앞에서 하나 뽑아서 마시려다가 보니 율무차가 아닌 커피였습니다. 이처럼 우리가 갖고 있는 잘못된 종교적인 습관도 그것을 버리기 위해서는 굉장한 노력이 요구됩니다. 일단 한번 습관이 되면 그것이 편하기 때문입니다. 하지만 나쁜 습관은 버려야 합니다.

이스라엘 백성들은 은혜로 믿음으로 돌아와야 합니다. 종교적인 모든 잘못된 행위와 습관에서 벗어나 믿음으로 돌아올 때, 비로소 그 민족은 구원받게 될 것입니다. 그들도 함께 믿음에서 난 의의 백성이 될 것입니다. 이 일을 위해서 기도하는 우리 교회가 되기를 바랍니다.

제3장
이스라엘의 복음에 대한 거부

하나님은 오직 하나라고 주장하며 복음을 거부하는 유대인

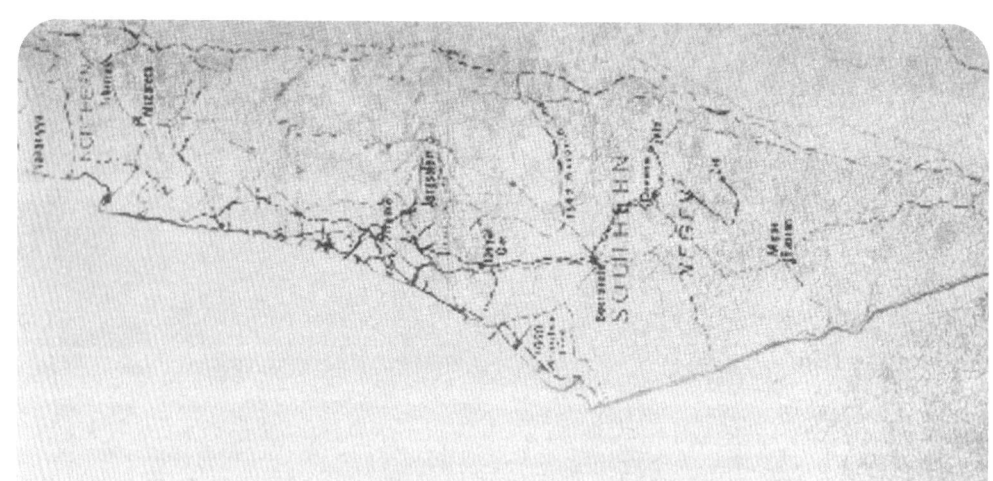

✡ 이스라엘의 회복 강해(10)
10. 행위로 의를 얻으려는 유대인

형제들아 내 마음에 원하는 바와 하나님께 구하는 바는 이스라엘을 위함이니 곧 그들로 구원을 받게 함이라 내가 증언하노니 그들이 하나님께 열심이 있으나 올바른 지식을 따른 것이 아니니라 하나님의 의를 모르고 자기 의를 세우려고 힘써 하나님의 의에 복종하지 아니하였느니라 그리스도는 모든 믿는 자에게 의를 이루기 위하여 율법의 마침이 되시니라 모세가 기록하되 율법으로 말미암는 의를 행하는 사람은 그 의로 살리라 하였거니와 (롬 10:1-5)

"내가 그리스도 안에서 참말을 하고 거짓말을 아니하노라 나에게 큰 근심이 있는 것과 마음에 그치지 않는 고통이 있는 것을 내 양심이 성령 안에서 나와 더불어 증언하노니"(롬 9:1-2).

사도 바울은 로마서 9장에서 11장까지 '이스라엘의 회복'에 대해 논하기 시작하면서, 서두에서 자신에게는 자신의 동족으로 인해 큰 근심과 마음에 그치지 않는 고통이 있다고 토로합니다. 그런데 10장에 와서도 그런 바울의 상한 마음은 계속됩니다.

"형제들아 내 마음에 원하는 바와 하나님께 구하는 바는 이스라엘을 위함이니 곧 그들로 구원을 받게 함이라"(롬 10:1).

10장은 '기도'라 하겠습니다. 사도 바울은 9장 서두에 이어 10장 서두에서도 '자신의 마음에 원하는 바 그리고 자기가 하나님께 간절히 구하는 바는 동족 이스라엘의 구원'이라고 기도하는 마음으로 말하고 있습니다. 이 경우 9장과 10장의 차이점은 9장이 좀 더 마음의 결정 면이 강하다면, 10장은 기도가 강하다고 하겠습니다. 즉 동족 이스라엘이 메시야를 영접하기를 바라는 사도 바울의 마음이 9장에서 10장으로 넘어가면서 '고통'에서 '기도'로 발전하는 것을 보게 됩니다.

여러분, 우리가 누구를 사랑하면 기도하게 되지 않습니까? 그래서 누구를 사랑하느냐, 미워하느냐를 판가름하려면 내가 그를 위해 기도하느냐, 하지 않느냐를 보면 알 수 있습니다. 사도 바울에게 있어 동족 이스라엘의 불신으로 인해 상한 마음은 처음에는 고통이었지만, 10장으로 넘어가면서 기도로 변하는 것을 보게 됩니다. 이런 것을 통해 9장의 고통과 근심이 진심이었다는 것을 확인하게 됩니다. 이때 바울의 마음은 이런 것이었습니다.

"하나님 아버지, 하나님의 선민이요 나의 동족인 이스라엘을 버리지 말아 주십시오. 포기하지 말아 주십시오. 이스라엘을 포기하시면 이방 나라와 불신 인생들이 무엇이라고 하나님을 조롱하겠습니까?"

보십시오. 하나님의 선민은 매를 맞고 오랜 세월 후에라도 돌아오게 될 것입니다. 집을 나간 자식을 기다리는 부모의 마음입니다. 치명적인 범죄 때문에 사형 선고를 받아서 오늘로 그 인생이 끝나는 자식을 보는 부모의 마음이라 하겠습니다.

우리는 여기서 무엇을 느낄 수 있습니까? 예수님을 제대로 만난 자, 복음의 은혜를 맛본 자, 복음의 능력을 경험한 자의 영적 태도를 발견할 수 있습니다. 여러분이 참으로 예수님을 만났다면, 복음의 은혜를 체험했다면 구원의 동기, 사랑의 동기 때문에 예수님을 위하여 한 영혼이라도 주께로 인도해 내고자 하는 열정이 불타오르게 될 것입니다. 예수님을 믿고 이방인들이 구원받고 기뻐하는데, 정작 선민이요 동족인 이스라엘 사람들이 대부분 구원을 받지 못하고 어두움 가운데 그대로 처해 있다는 사실이 사도 바울을 심히 괴롭혔습니다.

사실 어느 그리스도인이든지 예수님을 만나고 나서 가장 처음에 경험하는 것은 무엇보다도 예수님을 믿지 않는 자에 대한 안타까움의 눈물일 것입니다. 찬송가 522장 1절을 불러 봅시다.

"웬일인가 내 형제여 주 아니 믿다가
죄 값으로 지옥 형벌 너도 받겠구나."

이런 심정이 불타올라야 정상이라고 생각합니다.

역사를 보면 확실히 이스라엘은 하나님 앞에서 잘못했습니다. 무엇보다도 선민의식의 교만과 하나님께서 부과하신 사명에 대한 불순종으로 인해 하나님의 마음을 괴롭게 하고, 이방인들로 하여금 그들과 그들의 하나님께 혐오감을 가지게 했습니다. 그 잘못의 시작은 무엇보다 하나님께 대한 무지와 오해에서 기인했습니다. 이스라엘 백성들은 자신들이 누구보다도 하나님을 잘 안다고 생각했습니다. 어느 민족보다도 하나님에 대해 유식하다고 생각했습니다. 그러나 바로 거기에서 문제가 생겼습니다.

물론 그들에게 하나님께 대한 열심과 열정이 없었던 것은 아니었습니다. 오히려 그것은 어느 민족보다도 탁월했습니다. 그러나 방향과 목적이 잘못된 열심과 열정이라는 것이 치명적인 문제였습니다. 방향과 목적이 잘못되었기에 열심과 열정이 많을수록 그들은 오히려 하나님과 거리가 점점 더 멀어졌습니다. 그것이 사도 바울의 마음을 고통스럽게 했습니다.

"내가 증언하노니 그들이 하나님께 열심이 있으나 올바른 지식을
따른 것이 아니니라"(롬 10:2).

여러분, 우리가 여기서 열정과 진리의 관계를 생각해야겠습니다.

모든 열심이 다 진리는 아니라는 것입니다. 물론 참 진리에는 열심과 열정이 있습니다. 진정으로 우리가 진리를 만났다면 거기에는 반드시 열심과 열정, 감격과 활력이 있기 마련입니다. 사실 차가운 진리란 없습니다. 행동하지 않는 지성은 더 이상 지성일 수가 없으며, 뜨거운 마음이 없는 지식은 참된 지식일 수 없습니다. 그러나 열정과 열심이 있다고 해서 그것이 곧 진리라고 말할 수는 없는 것임을 알아야 하겠습니다.

보십시오. 이스라엘은 하나님에 대한 열정이 있었지만 그것이 참 진리와 지식에 근거하지 않았기 때문에, 자신들의 전통과 규례 행위와 관습 자체가 하나님의 뜻이라고 생각했기 때문에 결국 이스라엘은 버림받게 되었습니다. 이 얼마나 큰 비극입니까? 이것이 바로 하나님에 대한 무지에서 비롯된 것입니다.

그러면 이스라엘이 열심은 있었으나 참된 지식에 이르지 못한 내용은 무엇입니까? 본문 로마서 10장 3절을 보시기 바랍니다.

> "하나님의 의를 모르고 자기 의를 세우려고 힘써 하나님의 의에 복종하지 아니하였느니라."

이것이 바로 이스라엘의 실존적인 모습입니다. '하나님의 의', 이것 때문에 선택된 백성이었지만 막상 그것을 이룰 수 있는 기회가 왔을 때, 하나님의 의를 잃어버리는 불행한 결과를 낳았던 것입니다. 선민임을 자부하던 그들은 막상 선민의식의 교만과 불순종으로 인해 하나님께서 그들에게 요구하시는 것이 무엇인지를 알지 못했습니다. 여기에 세 가지 문제가 있었습니다.

첫째, 이스라엘은 하나님의 의를 모르고 하나님을 오해하였습니다. 우리는 혹시 지금 하나님에 대해서 무지하지는 않습니까? 하나님을 우리 마음대로 정의 내리고 하나님을 우리 자신의 경험과 입장에서 생각하는 것은 아닙니까?

둘째, 이스라엘은 자기의 의를 세우려고 했습니다. 사실 하나님의 의에 대해 무지하면 자기 의가 나오게 됩니다. 자기 의로움을 계속 주장합니다. 자기주장과 자기 철학이 강합니다. 자기만 옳다고 주장합니다.

셋째, 하나님의 의에 복종하지 않았습니다. 그렇게 자기 의를 세우게 되면 어떻게 됩니까? 힘써 하나님의 의에 복종치 않습니다. 계속 반항하고 비판합니다.

그러면 하나님의 의가 무엇일까요? 그것은 하나님의 공의입니다. 물론 하나님께는 사랑도 있고 공의도 있습니다. 그런데 사랑과 공의는 별개가 아닙니다. 동전의 앞뒷면과 같습니다. 사랑 안에 공의가 있고, 공의 안에 사랑이 있습니다. 하나님께는 이 두 가지가 완전히 조화되어 공존합니다. 하지만 인간 안에 무슨 공의가 있고, 의가 있겠습니까? 어떻게 인간의 의로 하나님의 의를 생각할 수 있겠습니까? 성경에서 의란 근본적으로 하나님과의 바른 관계로, 죄가 없는 상태입니다.

그렇다면 하나님께는 의가 있지만, 인간에게는 의가 없고 죄가 있을 뿐입니다. 죄는 의를 알아볼 수 없습니다. 로마서 3장 10-12절은 거기에 대해 이렇게 선언하고 있습니다.

> "기록된 바 의인은 없나니 하나도 없으며 깨닫는 자도 없고 하나님을 찾는 자도 없고 다 치우쳐 함께 무익하게 되고 선을 행하는 자는 없나니 하나도 없도다."

타락한 우리 인간에게는 근본적으로 하나님의 의를 인정하지 않으려 하고, 인간의 의를 내세우려 하고, 하나님의 의에 복종하지 않으려는 교만한 영적 태도가 있습니다. 그 근본 이유가 무엇입니까? 그것은 모든 것을 믿음으로 하려 하지 않고 율법으로 하려 하기 때문입니다. 그런데 그것은 비단 선민인 이스라엘 백성뿐만 아니라 예수님을 믿는 저나 여러분도 똑같이 저지를 수 있는 실수입니다.

우리가 하나님의 의를 어떻게 얻을 수 있겠습니까? 하나님의 의는 어디서 받게 됩니까? 여기에 결론이 있습니다. 본문 로마서 10장 4절을 보십시오.

> "그리스도는 모든 믿는 자에게 의를 이루기 위하여 율법의 마침이 되시니라."

위의 두 가지 질문에 대한 해답은 모두 한 가지, '예수 그리스도'입니다. 선택받은 이스라엘이나 선택받지 못한 모든 백성들이나, 누구든지 예수 그리스도는 모든 믿는 자에게 하나님의 의를 주시기 위한 율법의 마침입니다. 그 사실을 바울은 그의 서신 도처에서 증거합니다. 가령 고린도후서 5장 21절에서 선포합니다.

"하나님이 죄를 알지도 못하신 이를 우리를 대신하여 죄로 삼으신 것은 우리로 하여금 그 안에서 하나님의 의가 되게 하려 하심이라."

또한 빌립보서 3장 8-9절에서 이렇게 간증합니다.

"또한 모든 것을 해로 여김은 내 주 그리스도 예수를 아는 지식이 가장 고상하기 때문이라 내가 그를 위하여 모든 것을 잃어버리고 배설물로 여김은 그리스도를 얻고 그 안에서 발견되려 함이니 내가 가진 의는 율법에서 난 것이 아니요 오직 그리스도를 믿음으로 말미암은 것이니 곧 믿음으로 하나님께로부터 난 의라."

하나님의 의는 예수 그리스도 안에서 완전하게 나타났습니다. 예수 그리스도가 누구십니까? 하나님의 의를 완전히 계시하시는 분이십니다. 따라서 하나님의 의의 핵심에는 예수 그리스도가 계십니다. 누구든지 예수 그리스도를 만나는 자는 하나님의 의를 보게 될 것입니다. 누구든지 예수 그리스도를 믿는 자는 하나님의 의의 옷을 입게 될 것입니다. 이분이 예수 그리스도이십니다.

찬송가 494장 2-3절을 불러 봅시다.

내가 공을 세우나 은혜 갚지 못하네
쉼이 없이 힘쓰고 눈물 근심 많으나
구속 못할 죄인을 예수 홀로 속하네.

빈손 들고 앞에 가 십자가를 붙드네
의가 없는 자라도 도와주심 바라고
생명 샘에 나가니 나를 씻어 주소서. 아멘.

그렇습니다. 저나 여러분이 다 소망 없는 죄인이지만 우리를 대신하여 십자가에서 달리신 예수님이 죄인이 아니시기에 그분만은 우리를 구원하실 수 있고 구원하십니다. 따라서 모든 인생은 오늘도 예수 그리스도에게로 돌아와야 합니다.

그런데 이게 웬일입니까? 놀랍게도 다른 민족도 아닌 선민 이스라엘이 이 존귀한 예수 그리스도의 의의 진리 앞에서 반항했습니다. 그들은 자신들이 믿는 전통, 율법, 조상, 약속, 제사, 성전 등 그 자체가 자기들을 구원한다고 잘못 생각했습니다. 그래서 그릇 행했습니다. 그 결과 그들은 구원을 잃어버리게 되었습니다. 사실 그 모든 것들은 예수 그리스도를 예표했던 것인데 그것을 몰랐던 것입니다.

자, 한번 그 과정을 대략 살펴봅시다. 예수 그리스도가 오시기 전에 하나님께서는 미리 우리에게 당신의 의를 보여 주시기 위해 모세에게 십계명을 중심으로 한 율법을 주셨습니다. 모든 선민으로 하여금 삶의 기준으로 삼도록 율법을 주셨습니다. 그때 율법만 주신 것이 아니라 율법에 실패한 사람들에게 기회와 용서를 주시기 위하여 성막을 주셨습니다.

성막은 결국 무엇을 의미합니까? 예수 그리스도의 은혜입니다. 율법 앞에서 좌절한 죄인이 구원받을 수 있는 길을 계시한 것이 성막 제도였습니다. 그들은 '쉐마'(신 6:4-5)를 이마에, 손목에, 바깥문에, 문설주에 달아 놓고 앉아 있을 때에든지, 길을 걸을 때에든지, 심지어 누웠을 때에도 보고 외웠습니다. 그렇게 하나님의 율법을 몸에 지니고 살았던 사람들이었습니다. 그러나 그 율법을 지킬 자는 한 사람도 없었습니다. 왜냐하면 그들은 모두 죄인이었기 때문입니다. 우리가 죄인이기에 율법은 선하지만 율법 앞에서는 누구나 다 걸려 넘어집니다.

그런데 율법으로 예표된 예수 그리스도는 그 율법의 모든 요구를 다 충족시키신 분입니다. 율법의 모든 목표를 다 이루신 분입니다. 예수님은 율법의 마침입니다(마 5:17; 롬 10:4). 따라서 율법을 맡은 이스라엘도, 율법이 없는 이방인도 다 예수께로 돌아와야 합니다. 저도 여러분도 예수께로 돌아가야 합니다.

> "모세가 기록하되 율법으로 말미암는 의를 행하는 사람은 그 의로 살리라 하였거니와"(롬 10:5).

하나님의 의와 관련하여 두 종류의 사람이 있습니다. 하나는 모세의 율법으로 말미암아 의를 행하면서 의를 얻으려는 사람입니다. 바로 이스라엘 사람의 모습입니다. 또한 모든 종교적인 사람들의 모습입니다. 누구든지 하나님의 율법대로 살 수 있다면 그래서 구원을 받을 것입니다. 의롭게도 될 것입니다.

그러나 문제가 있습니다. 무엇입니까? 이 지구상에 거하는 인간 중에는 이 율법을 완전하게 지킬 사람이 없다는 것입니다. 여러분, 생각하면 이 얼마나 모순입니까?

또 다른 종류의 사람이 있습니다. 본문 로마서 10장 6절을 보십시오.

> "믿음으로 말미암는 의는 이같이 말하되 네 마음에 누가 하늘에 올라가겠느냐 하지 말라 하니 올라가겠느냐 함은 그리스도를 모셔 내리려는 것이요."

이 사람은 믿음으로 구원을 얻으려는 사람입니다. 율법으로 받는 구원은 가면 갈수록 멀지만, 예수 그리스도를 믿음으로 구원을 얻는 것은 쉽고 확실한 것입니다. 그 예를 이 절에서 말하고 있는데, 그 뜻을 이해하기가 어려워 보충 설명이 필요합니다. 사도 바울이 인용한 배경인 신명기 30장 11-14절을 보시기 바랍니다.

> "내가 오늘 네게 명령한 이 명령은 네게 어려운 것도 아니요 먼 것도 아니라 하늘에 있는 것이 아니니 네가 이르기를 누가 우리를 위하여 하늘에 올라가 그의 명령을 우리에게로 가지고 와서 우리에게 들려 행하게 하랴 할 것이 아니요 이것이 바다 밖에 있는 것이 아니니 네가 이르기를 누가 우리를 위하여 바다를 건너가서 그의 명령을 우리에게로 가지고 와서 우리에게 들려 행하게 하랴 할 것도 아니라 오직 그 말씀이 네게 매우 가까워서 네 입에 있으며 네 마음에 있은즉 네가 이를 행할 수 있느니라."

그렇습니다. 사실 하나님께서 우리에게 주신 명령은 어려운 것도 아니고 먼 것도 아닙니다. 그 명령은 하나님을 의지하면 우리가 쉽게 지킬 수 있습니다. 11절과 14절을 보십시오. 선민이 믿음만 있으면 하나님의 말씀을 지킬 수 있다고 분명하게 말씀하십니다. 우리를 향한 하나님의 말씀은 하늘에 있지 않습니다. 만약 말씀이 하늘에 있어서 그것을 하늘로부터 가지고 와서 지켜야 한다면 도대체 누가 그것을 지킬 수 있단 말입니까? 그런데 우리를 향한 하나님의 말씀은 무척 가까운 우리의 입과 마음에 있으므로 선민이 넉넉히 지킬 수 있다고 말씀하십니다.

이 구약의 말씀을 사도 바울이 하나님의 의를 설명할 때 그대로 가지고 왔습니다. 믿음으로 구원받는 사람, 믿음으로 의롭다 하심을 얻는 사람은 그것이 어렵지 않다는 것입니다. 매우 쉽습니다. 들어 보십시오. 저나 여러분이 예수님을 믿기 위해 하늘에 올라가서 예수님을 모셔 와야 하는 것이 아닙니다. 그냥 이 땅에서 예수님을 영접하면 되는 것입니다.

또 이제 로마서 10장 7절을 보십시오.

> "혹은 누가 무저갱에 내려가겠느냐 하지 말라 하니 내려가겠느냐 함은 그리스도를 죽은 자 가운데서 모셔 올리려는 것이라."

무슨 뜻입니까? 우리가 예수 그리스도를 모시고 와서 믿어야 하는 것이 아니라고 말하고 있습니다. 역시 그냥 땅 위에서 예수님을 영접하면 의롭다 하심을 얻게 된다는 것입니다. 예수님을 믿어 하나님의 의를 얻는 것을 어렵게 생각하지 말아야 한다는 것입니다. 그런데 많은 사람들은 이상하게도 쉬운 것은 하지 않으려고 합니다. 어려워야만, 복잡해야만 진리가 있는 줄 오해하고 있습니다. 절대 그렇지 않습니다. 오히려 진리는 가까운 데 있어 쉽습니다.

우주의 진리는 매우 단순합니다. 진정으로 필요한 공기는 오히려 공짜입니다. 생명의 연장과 아무 관계가 없는 다이아몬드는 비싼 돈을 주고 사지만, 오히려 생명 연장에 필요한 공기는 공짜입니다. 사랑과 진리가 가장 중요하지만 공짜입니다. 진리와 구원은 그것을 믿고 그대로 사는 것이 갈등과 도전이 되어서 그렇지, 그 자체 내용이 복잡하고 실천이 어려운 것은 아닙니다.

우리가 의롭다 함을 얻는 것은 율법의 행위에 있는 것이 아니라, 오직 우리를 위해 의롭게 사시고 우리를 대신해 십자가에 죽으시고 다시 사신 예수님을 믿는 데 있는 것입니다. 그것을 체험한 사람은 어떻게든 감사하는 마음으로, 노래하는 마음으로 하나님의 율법을 지켜 나가려고 힘쓰게 됩니다.

오늘 오후에 우리 교회 홈페이지 은혜 게시판에 어느 장로님이 올린 글인데 오늘 밤 주제와 맞아 소개해 봅니다.

"왕의 마음이 심히 아파 문 위층으로 올라가서 우니라 그가 올라갈 때에 말하기를 내 아들 압살롬아 내 아들 내 아들 압살롬아 차라리 내가 너를 대신하여 죽었더면, 압살롬 내 아들아 내 아들아 하였더라"(삼하 18:33).

제가 사는 아파트 같은 동에 골초 한 분이 계십니다. 나이는 저보다 어려 보이지만 깊이 파인 주름이 고단한 삶을 말해 주는 것 같았습니다. 작년에도 그랬지만 올해도 그분을 총동원전도주일에 주께로 인도할 전도 대상자로 점찍었습니다. 그분은 골초였는데 부인의 성화가 심한지 더운 여름이나 추운 겨울이나 항상 밖에 나와 담배를 피워댔습니다. 새벽기도를 위해 집을 나서면서도 끽연 모습을 볼 수 있습니다. 쉬는 날은 제가 밖에 나올 때마다 담배를 맛있게 피우고 있습니다.

올해 초에는 출근 시간이 비슷하여 전철에서 몇 번 만나며 제가 자연스럽게 접근할 수 있었습니다. "무엇을 하시냐?"고 물으니 동대문시장에서 장사를 하는데 해외로도 수출하고 사업이 무척 잘된다며 스스럼없이 이야기하는 것입니다. 그러고 보니 올해 초에 일본 혼다 새 차를 담배 피우며 닦는 모습을 보았기에 올해부터 사업이 잘되는가 보다 생각은 했었습니다.

이번 주 월요일 새벽기도 갈 때도 그분이 나와서 담배를 피우고 있기에 말을 걸었죠.

"일찍 일어나셨군요."

"네, 이제 올라가서 밥 먹고 출근해야지요."

요사이 전철에서 볼 수 없다 했더니 새벽 출근을 하는 거였습니다.

오늘 새벽에는 이분이 먼저 말을 거는 것입니다.

"새벽기도 가시나 봐요."

하나님께서 주신 기회다 생각하고 즉각 응답했죠.

"네, 시간 되실 때 함께 교회 가시죠."

이때부터 새벽기도 가야 할 우리 부부는 그분의 얘기를 들어야 했습니다.

"제 처갓집은 장인, 장모, 처남, 처형 등 모두 교회를 다닙니다. 처남은 어떤 일보다도 교회가 우선이죠. 그런데 저희 집안은

10. 행위로 의를 얻으려는 유대인 **155**

대대로 절에 다니고 있어요. 제 집사람도 대학 때는 불교학생회장도 했던 사람이고요. 추석 때도 영주 부석사를 다녀왔고, 광릉 수목원 앞에 있는 ㅇㅇ절을 다니고 있습니다."

새벽기도 시간에 맞춰 교회에 도착하려면 헤어져야 했기에 좋은 하루 보내시라며 인사하고 헤어졌습니다.

사실 상대방의 종교를 존중해 주어야 한다는 생각을 갖고 있는 제게는 포기해야 할 전도 대상자였습니다. 그런데 오늘 새벽기도 말씀을 묵상하며, 그분을 위해 기도를 더 해야겠다고 생각을 바꾸었습니다.

왕위를 찬탈하려던 아들 압살롬을 바라보는 다윗의 입장은 두 가지였을 것입니다. 반역자로 바라보는 절대 군주의 입장과 아들로 바라보는 아버지의 입장 말입니다. 그런데 예루살렘을 내줄 때 자기에게 돌 던지는 사울의 족속에게서 하나님의 마음을 읽은 다윗은 압살롬을 이길 승기를 잡았을 때도 너그러웠습니다. 시종일관 아버지의 마음으로 반역자 압살롬을 대하였습니다. 요압 장군을 비롯한 모든 군인들이 들을 수 있도록 압살롬을 죽이지 말라고 명하였습니다. 그런데 요압의 입장에서는 두 개의 태양을 인정할 수 없었겠지요. 결국 나무에 매달린 압살롬을 죽이고 말았습니다.

이 소식을 들은 다윗은 슬픔이 지나쳐 아파하며 울었습니다. "내 아들아"를 반복하여 외치며, 압살롬의 이름을 반복하여 부르며 통곡하였습니다. "내가 차라리 너를 대신하여 죽었다면 좋앉을 것을" 하고 넋두리하는 그의 모습 속에서, 죄 많은 우리를 위해 예수님을 십자가에 달리게 하신 하나님 아버지의 사랑을 봅니다.

내가 전도를 포기하려던 그분조차도 분명 이토록 사랑하시는 아버지 하나님이신데……포기하지 말고 더욱 기도하렵니다. 주께서 주의 때에 결실을 맺어 주실 것입니다. 샬롬!

이 글을 쓴 장로님은 불교라는 종교의 자기 의에 빠져 있는 그 남자분을 예수님을 만나 믿음의 의로 인도하려다가 낙심하였습니다. 그러다가 다시 오늘 말씀을 통해 깨닫고는 포기하려던 것을 포기하고 새롭게 기도하며 힘쓰기로 마음먹습니다. 그분의 믿음대로 될 것입니다.

우리는 아직도 행위로 의를 얻으려는 우리 주변의 불신자들과 이스라엘 사람들을 위해 이제부터 간절히 기도해야 합니다. 아울러 우리 자신이 언제나 행위로 의를 얻으려 하지 말고, 믿음으로 의롭다 함을 얻기 위해 힘써야 합니다.

성도 여러분, 우리는 아직도 행위로 의를 얻으려는 우리 주변의 불신자들과 저 멀리에 사는 율법의 의에 빠진 이스라엘 사람들을 위해 이제부터 간절히 기도해야 할 것입니다. 아울러 우리 자신이 언제나 율법의 행위로가 아니라 예수님을 믿는 믿음의 의로 의롭다 함을 얻으며, 자유를 누리며 살아갈 수 있어야 하겠습니다.

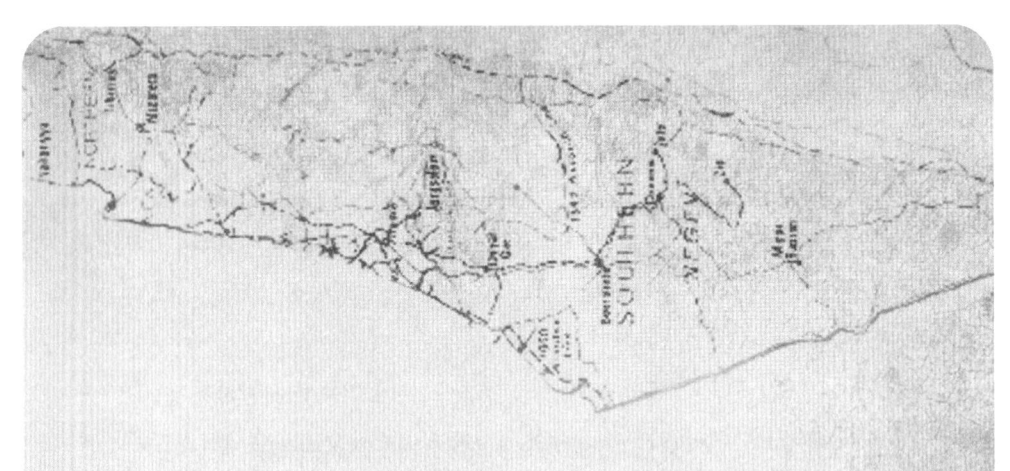

✡ 이스라엘의 회복 강해(11)
11. 가까이에 있는 구원

믿음으로 말미암는 의는 이같이 말하되 네 마음에 누가 하늘에 올라가겠느냐 하지 말라 하니 올라가겠느냐 함은 그리스도를 모셔 내리려는 것이요 혹은 누가 무저갱에 내려가겠느냐 하지 말라 하니 내려가겠느냐 함은 그리스도를 죽은 자 가운데서 모셔 올리려는 것이라 그러면 무엇을 말하느냐 말씀이 네게 가까워 네 입에 있으며 네 마음에 있다 하였으니 곧 우리가 전파하는 믿음의 말씀이라 네가 만일 네 입으로 예수를 주로 시인하며 또 하나님께서 그를 죽은 자 가운데서 살리신 것을 네 마음에 믿으면 구원을 받으리라 사람이 마음으로 믿어 의에 이르고 입으로 시인하여 구원에 이르느니라 성경에 이르되 누구든지 그를 믿는 자는 부끄러움을 당하지 아니하리라 하니 유대인이나 헬라인이나 차별이 없음이라 한 분이신 주께서 모든 사람의 주가 되사 그를 부르는 모든 사람에게 부요하시도다 누구든지 주의 이름을 부르는 자는 구원을 받으리라 (롬 10:6-13)

율법은 크게 둘로 나누면 하나는 의식법이요, 다른 하나는 도덕법입니다. 제사를 통해 이루어진 많은 의식법들은 예수 그리스도의 십자가로 완성되어 이제 다시 제사드릴 필요가 없게 되었습니다. 또한 도덕법은 요약하면 십계명이라 말할 수 있는데, 근본적으로 사랑이 완성되면 그 율법도 완성되는 것입니다. 왜냐하면 율법의 근본이 사랑이기 때문입니다.

즉 십계명은 '하나님을 사랑하고 이웃을 사랑하라'가 핵심이기 때문입니다. 다시 말하면 소극적이며 부정적인 것들은 적극적이며 긍정적인 것 안에서 다 소화되는 것입니다. "이것을 하지 말라. 저것을 하라"고 말하면 지금까지 하지 말라고 하던 것은 더 이상 말할 필요가 없는 것입니다. 또한 상징적인 것은 실제적인 것이 오게 되면 완성되는 법입니다.

이처럼 예수 그리스도께서 오심으로 말미암아 제사법이든 도덕법이든 간에 모든 율법이 다 완성되었습니다. 왜냐하면 예수님께서 우리를 사랑하사 율법을 완성하셨고, 우리에게 사랑을 보이심으로 율법을 완성하셨기 때문입니다. 결국 율법을 위해서 그리스도가 계시는 것이 아니고, 그리스도를 위해서 율법이 있다는 것이 사도 바울의 주장이며 신학적인 논리입니다.

그런데 이스라엘 사람들은 이상과 같이 중요하고도 근본적인 일은 다 잊어버리고, 별로 중요하지 않은 지엽적인 일만 붙잡고 있었습니다. 원래 지혜로운 자는 가장 중요한 것을 볼 줄 아는데, 어리석은 자는 필요 없는 것을 중요하게 봅니다.

율법의 근본 의도는 무엇입니까? '하나님을 사랑하는 것이요, 이웃을 사랑하는 것'입니다(마 22:37-40). 그런데 유대인들은 전통적으로 그림자에 해당하는 제사 의식 자체에 몰두했습니다. 제사를 드리는 데 하루에 양 18만 6천 마리를 잡았다는 기록도 있습니다. 역사가 요세푸스가 말한 것처럼, 정말 피가 강같이 흘렀다는 말은 조금도 과장된 표현이 아닌 것 같습니다. 성전은 피비린내 나는 도살장 같았다고 합니다. 유대인들은 그렇게 제사만 드리면 모든 것이 해결되고 하나님의 의를 얻을 수 있는 것처럼 죄는 죄대로 지으면서 계속 양과 소만 죽여서 제사를 드렸다는 것입니다.

이사야 1장을 보면, 하나님은 진노하시어 '다시는 내 앞에 제물을 가져오지 말라. 마당만 밟을 뿐이다' 라고 책망하고 계십니다(11-15절). 근본정신은 다 떠나가고 의식만 공허하게 행하는 큰 잘못을 저지르게 된 것입니다.

오늘 본문을 보시기 바랍니다. 유대인들은 의식으로써 모든 율법을 다 이루려고 했습니다. 율법과 율법주의는 같지 않습니다. 바울이 책망하는 것은 형식주의요 율법주의이지, 율법 그 자체가 아니었습니다.

예를 들어 봅시다. 그들은 안식일을 지키는 의식에서 지팡이를 가지고 가는 것이 옳으냐 그르냐, 또한 안식일에 불을 켰으면 끄지 말고, 껐으면 켜지 말라는 등 복잡하게 의식을 따졌습니다. 생각하면 이 얼마나 어리석은 것입니까? 유대인들은 역사 속에서 정말 많은 종류의 미신을 지키느라 애를 썼습니다.

헬라의 안티오쿠스 에피파네스가 이스라엘을 점령했을 때의 일입니다. 그는 이스라엘 사람들이 돼지고기를 먹지 않는다는 것을 잘 알고 그들을 핍박하기 위해 장로들에게 강제로 돼지고기를 먹으라고 했습니다. "먹으면 살려주고, 먹지 않으면 매질하라"고 했습니다.

그때 장로 중의 한 사람이 피투성이가 되어 쓰러지면서도 돼지고기를 먹지 않자, 그것을 지켜보던 군인 한 사람이 불쌍해서 쇠고기를 갖다 주며 조용히 말했습니다.

"이것은 쇠고기니까 먹으시오."

이때 장로는 "당신이 주신 이 고기가 쇠고기인 줄 내가 압니다. 그러나 다른 사람들은 이것이 돼지고기인 줄 알고 있기에 먹지 않겠습니다"라고 대답했다고 합니다.

문제는 여기에 있습니다. 이 장로가 죽을 때 마지막으로 하는 말이 "나는 이스라엘의 율법을 위해 죽노라" 하고 죽었다고 합니다. 여러분, 그 죽음이 정말 순교가 될 것이라고 생각하십니까?

때로는 형식이 그렇게 중요한 것이 아닌데 그런 형식 때문에 목숨을 걸 정도의 형식주의가 있는 것입니다. 성도 여러분, 이제 예수님께서는 율법의 마침이시기에 우리가 근본적인 면으로는 형식에 매일 필요가 없습니다. 돼지고기를 먹어야 하느냐 아니냐의 문제는 더 이상 근본 문제가 되지 않습니다. 율법이 요구하는 바를 예수 그리스도께서 이미 다 채우셨기에 율법으로부터 자유함을 얻었으므로, 이제는 '다만 믿음으로 오직 하나님의 의를 받아들임으로 구원에 이르게 된다' 라는 말씀만 믿으면 되는 것입니다.

이제 본문 로마서 10장 9절을 보겠습니다.

"네가 만일 네 입으로 예수를 주로 시인하며 또 하나님께서 그를 죽은 자 가운데서 살리신 것을 네 마음에 믿으면 구원을 받으리라."

'가까이에 있는 구원'을 선포하는 것 아닙니까? 믿으면 구원을 받는다고 했는데, 믿음이 무엇입니까? 기독교의 믿음이란, 예수 그리스도를 '주'라고 고백하는 것입니다. 전도가 무엇입니까? 전도한다고 할 때 무조건 누군가를 교회에 데리고 가는 것이 아니라, 상대방으로 하여금 그리스도를 주로 고백하게 하는 것이 전도입니다.

'주'라는 말은 로마 사람들의 입장에서는 종의 위치에서 주인을 '주'라고 하고, 백성의 위치에서는 왕을 '주'라고 합니다. 그러나 이스라엘 사람들의 입장은 다릅니다. 여기서 '주'라고 하는 말은 히브리어로는 '아도나이'를 말하는 것으로, 곧 '여호와'를 의미합니다. 그들은 "너는 네 하나님 여호와의 이름을 망령되게 부르지 말라"(출 20:7)라는 계명 때문에 여호와의 이름을 함부로 부르지 못합니다. 그래서 그들은 구약을 읽을 때에도 '여호와'라는 글자에 가서는 여호와 대신에 '아도나이'라고 읽어 갑니다. 곧 '주'라는 뜻으로 마음속에서는 여호와를 생각하면서 읽기는 '주'(아도나이)라고 읽는 것입니다. 영어 성경을 보면, 여호와를 대문자 'LORD'라고 쓰는데, 역시 '주'를 가리키는 말입니다. 헬라어 성경에도 '여호와'라는 말은 없고 모두 '주'로 되어 있습니다.

여기에 이스라엘 사람들의 경건이 나타나고 있습니다. 이방 사람들이 성경 보기를 원했을 때 이스라엘 사람들은 성경을 번역하면서 여호와를 그대로 부르는 것이 용납되지 않았으므로 여호와를 전부 '큐리오스' 즉 '주'로 고쳤습니다. 따라서 오늘 본문에서 예수 그리스도를 '주'로 부른다는 것은 예수 그리스도를 '여호와'로 부른다는 의미입니다. 즉 예수 그리스도를 하나님으로 믿는 것을 의미합니다.

이제 다시 본문으로 돌아가서 9절 하반절을 봅시다.

"또 하나님께서 그를 죽은 자 가운데서 살리신 것을 네 마음에 믿으면 구원을 받으리라."

마음으로 믿는다는 것은 주님께서 십자가에서 돌아가시고 부활하신 그 사건이 바로 나를 위하여 돌아가시고 부활하신 것임을 믿는 것이며, 그때에 내가 의롭다 함을 얻게 되는 것입니다. 신학적 용어로 말하면, 십자가 사건과 나 자신을 위하여 부활하셨다는 사실과의 동시성을 의미하는 것입니다. 다시 말하면, 이것은 부활의 신비성을 믿는 것이 아니라, 구원론적인 신앙 사건을 믿는 것입니다. 내가 믿기 전에는 부활하신 예수님의 사건이 그저 하나의 객관적인 사건이 되지만, 구원론적인 신앙 사건으로 믿으면 내 가치관에 변화가 오며 거듭나게 되는 것입니다.

이 사실을 보다 잘 이해하기 위해서는 이스라엘의 제사를 살펴보면 도움이 되겠습니다. 그들은 속죄제를 드릴 때 양을 잡아서 양의 머리에 죄인의 손을 놓고 죄를 전가하는 예식을 합니다. 그때 죄를 자복하고 양의 목을 치며, 양의 피는 제단에 붓고 양은 불사릅니다. 제물(양)이 다 탈 때까지 죄인은 제단 앞에 꿇어 엎드려 '저 양이 지금 내 대신 죽어가고 있다'는 동시성을 가지게 됩니다. 즉 '저 양과 내가 하나가 되는 것'은 '내가 죽은 순간'이 됨을 의미합니다. 이것이 믿음입니다. 따라서 '구속'이라는 말은 영어로는

'atonement' 라고 하는데, 풀이하면 'at-one-ment' 입니다. '하나에서 하나가 된다' 는 것으로, 곧 제물과 내가 하나가 되는 것이 바로 '구속' (atonement)입니다.

성도 여러분, 혹시 사랑하는 사람이 내 대신 매를 맞는 것을 보고 그가 당하는 아픔을 곧 나 자신의 아픔으로 느껴 본 경험이 있습니까? 예수 그리스도의 십자가를 바라볼 때, 그 시간 내가 그것을 믿어 그와 내가 연합하여 신비적으로 하나가 되면서 내가 죽는 체험, 바로 이것이 믿음입니다. 이렇게 믿는 시간에 죄인 된 나는 죽고, 이제 하나님께서 그 제물을 보시고 죄를 사하시어 죄인을 의롭다 하시는 것입니다. 속죄제에서 제물이 다 타고 나면 죄인이 고개를 들어 일어나게 되고, 그때 제사장은 축복 기도를 합니다. 죄인이 '아멘' 으로 받고 집으로 돌아갑니다. 이것이 믿는다는 뜻입니다.

이와 같이 예수님께서 나를 위하여 죽으시고 나를 의롭다 하시기 위하여 부활하셨다는 그 사실을 확실히 마음으로 믿는 그 시간에, 하나님 앞에서 의롭다 하심으로 법적 관계가 바뀌는 것입니다. 죄인을 의롭다 하시는 역사가 나타나는 것입니다.

이제 마음으로 믿어 의롭다 함을 얻은 후에는 '내 입으로 주를 시인해야 구원에 이른다' 고 하는 말씀을 생각해 봅니다. 여기서 입으로 시인한다는 것은 무슨 뜻인가요? 구원에 이르겠다는 적극성을 말하며, 동시에 많은 사람 앞에서 고백한다는 말입니다. 우리도 성례전을 하기 전에 예수님을 믿는다는 고백을 하게 되는데, 그렇게 말함으로 구원에 이르게 되는 것입니다. 즉 마음으로만 혼자 몰래 믿는 것이 아니라, 내가 믿는 것을 공중 앞에서 확실히 시인한다는 말입니다. 하나님 앞에서 내가 예수님을 시인하는 것을 믿음이라고 합니다. 그리고 사람 앞에서 내가 믿는다고 시인하게 되면 믿음의 생활이 이루어지게 되는 것입니다. 이것이 증인입니다. 그러므로 입으로 시인하는 것이 매우 중요합니다.

나아가서 시인할 뿐 아니라 많은 사람들에게 예수님을 믿으라고 말해야 합니다. 말함으로써 내 온 인격이 믿음으로 다져지고 마음 속에 확증되는 체험을 갖게 됩니다. 이론보다 실제로 말을 해보면 알게 되므로 당장 실천해 보시기 바랍니다. 심지어 예수님도 "누구든지 사람 앞에서 나를 시인하면 나도 하늘에 계신 내 아버지 앞에서 그를 시인할 것이요"(마 10:32) 하셨습니다.

만약 많은 사람 앞에서 '믿는다' 라고 말함으로 죽을 수도 있고 부인함으로 살 수도 있는 상황이 되었다고 가정해 봅니다. 이때 죽음 앞에서 용감히 '믿는다' 라고 할 수 있는 사람이 정말 믿는 자입니다. 순교가 무엇입니까? 입으로 시인하는 것입니다.

믿음을 고백하여 믿음으로 확증하면 구원에 이른다는 사실을 심리적으로 설명할 수 있습니다. 우리가 세상 살면서 여러 가지 시험을 당할 때 '내 안에 예수님이 계심을 믿는다' 라고 외쳐 보면, 잠시지만 그 모든 시험들은 다 사라집니다. 문제는 그러한 고백이 계속되지 못하기 때문에 이리저리 흔들리는 것입니다. 계속적으로 신앙을 고백한다면 모든 죄, 시험, 유혹, 번민으로부터 모두 구원받을 수 있습니다.

마지막으로 로마서 10장 12절을 다 같이 읽어 봅시다.

"유대인이나 헬라인이나 차별이 없음이라 한 분이신 주께서 모든 사람의 주가 되사 그를 부르는 모든 사람에게 부요하시도다."

그렇습니다. 입으로 시인하여 구원에 이르는 문제에 대해서는 차별이 없습니다. 거기에는 유대인이나 헬라인이나 구별이 있을 수 없다고 선포합니다. 여기서 사도 바울이 강조하는 것은 헬라인이 아니라 '유대인' 입니다. 유대인들이여, 이제 잘못된 열심을 그치고 이 가까이에 있는 구원의 진리를 빨리 깨달아 구원을 받고 누리고 전하라는 것입니다. 즉 율법주의에 빠져 들어간 유대인들에게 전하는 말씀입니다. '주의 이름을 부르는 모든 사람들에게 주께서는 상상할 수 없는 은혜를 부어 주시겠다' 고 13절에서 약속합니다.

"누구든지 주의 이름을 부르는 자는 구원을 받으리라."

유대인들이라도, 우리 이방인들이라도 차별이 없이 "예수님은 나의 주님이시다"라고 부르면 크신 구원의 능력을 경험하게 될 것이며, 죽음의 위협 앞에서도 그렇게 고백하면 모든 시험을 이기는 능력을 받게 될 것입니다.

이스라엘의 회복 강해(12)
12. 좋은 소식을 전하는 자들의 발이여

그런즉 그들이 믿지 아니하는 이를 어찌 부르리요 듣지도 못한 이를 어찌 믿으리요 전파하는 자가 없이 어찌 들으리요 보내심을 받지 아니하였으면 어찌 전파하리요 기록된 바 아름답도다 좋은 소식을 전하는 자들의 발이여 함과 같으니라 (롬 10:14-15)

불교에서는 명상을 강조합니다. 인도 같은 나라에서는 사람들이 더위를 피하여 나무 그늘에 앉아 명상하기를 좋아합니다. 그렇다면 불교는 그런 지역에서는 적합합니다만 사람들이 기계처럼 돌아가는 뉴욕이나 시카고, 서울이나 도쿄 같은 데서는 적합지 않을 것입니다. 회교도들의 낙원에서는 가만히 앉아서 먹을 수 있고, 거기에는 눈 큰 여자가 많다는 등의 이야기가 있습니다. 그것은 아랍 세계의 유토피아를 말하고 있지, 다른 나라에서는 통할 수 없는 사상이라고 하겠습니다. 《아라비안나이트》나 그리스 신화나 고대 동양 신의 전설에는 재미있는 이야기들이 많습니다. 그러나 그것들이 재미는 있을지 모르나 현대인의 마음에는 맞지 않습니다.

그러나 성경을 읽을 때 우리는 그것이 수천 년 전에 기록된 것임에도 불구하고 지금도 우리 마음에 감동과 은혜를 받게 됩니다. 우리의 복음은 고금을 통하여 진리인 것입니다. 땅 위의 모든 철학이나 종교가 그 시대와 지역의 제한을 받지만, 기독교는 모든 시대와 지역과 인종을 초월하여 전파되어 가는 '누구든지'의 종교입니다.

작은 복음이라는 요한복음 3장 16절을 보십시오.

"하나님이 세상을 이처럼 사랑하사 독생자를 주셨으니 이는 그를 믿는 자마다 멸망하지 않고 영생을 얻게 하려 하심이라."

'이는 그를 믿는 자마다', 누구든지의 종교임을 알 수 있습니다. 또 사도행전 2장 39절을 보십시오.

> "이 약속은 너희와 너희 자녀와 모든 먼 데 사람 곧 주 우리 하나님이 얼마든지 부르시는 자들에게 하신 것이라 하고."

'얼마든지 부르시는 자들에게', 이것도 기독교가 누구든지의 종교임을 보여 주고 있습니다.

그렇습니다. 주 예수를 믿을 수 있는 사람은 '누구든지' 입니다. 남녀나 지위나 민족의 차이가 없이 누구든지 이 복음에 초청되어 있습니다. 마태는 특히 유대인을 위하여, 마가는 로마인을 위하여, 그리고 누가는 헬라인을 위하여 복음을 기록했고, 요한은 유대인과 헬라인, 그리고 세계 모든 민족을 위하여 복음을 기록했습니다.

오늘 본문 전후를 볼 때 역시 같은 내용이 나오고 있고 13절에서도 "누구든지 주의 이름을 부르는 자는 구원을 받으리라"라고 선포하고 있습니다. 구원은 유대인이나 헬라인이나 차별이 없습니다. 구원은 어느 특정 민족이나 인종, 혈통이나 종족에게 주어진 특권이 아닙니다. 모든 민족, 모든 인종에게 하나님께서는 그리스도 예수를 통해 구원의 은혜를 베풀어 주십니다.

그렇습니다. 결코 종교적인 습관, 전통, 종교적인 열심이나 열정으로 구원받는 것이 아니라 누구든지 예수 그리스도를 믿으면 멸망하지 않고 구원을 얻게 됩니다. 어제까지도 불교를 믿고 회교를 믿고 무당을 불러다가 굿을 하고 원불교를 믿었다 할지라도, 오늘 예수님을 마음으로만 믿으면 의에 이르고 주로 시인하면 구원을 받게 됩니다.

그렇습니다. 예수님은 모든 사람의 주님이십니다. 단 조건이 하나 있습니다. 마음으로 믿고 입으로 시인하는 것입니다.

"누구든지 주의 이름을 부르는 자는 구원을 받으리라"(롬 10:13).

이것이 얼마나 놀라운 진리인지 모릅니다. 구원은 굉장히 어렵고 멀고 힘든 것처럼 느껴지지만, 여러분이 복잡한 마음 없이 단순한 마음으로 믿으면 구원은 그렇게 어렵거나 복잡하지 않습니다. 한마디로 구원은 쉽고 분명한데, 하나님이 주시는 의를 믿음으로 받으면 되는 것입니다.

그러면 구원이 이렇게 쉽고 분명하고 간단한 것인데도 왜 많은 사람들이 구원의 길로 들어서지 못하고 방황하는 것일까요? 사도 바울은 오늘 본문 로마서 10장 14-15절에서 네 가지 질문을 던지는 형식으로 대답합니다.

"그런즉 그들이 믿지 아니하는 이를 어찌 부르리요 듣지도 못한 이를 어찌 믿으리요 전파하는 자가 없이 어찌 들으리요 보내심을 받지 아니하였으면 어찌 전파하리요 기록된 바 아름답도다 좋은 소식을 전하는 자들의 발이여 함과 같으니라."

여기서 우리가 생각할 것은 '믿지 않기 때문에 주의 이름을 부르지 못한다는 것' 입니다. 즉 주를 부르려면 믿음이 있어야 하는데, 그것이 없기 때문에 주를 부르지 못하는 것입니다.

믿음은 하나님께서 우리에게 주시는 선물입니다. 그러므로 하나님께서 믿음을 주셔야 회개도 합니다. 나로 하여금 옛 생활을 청산하도록 힘을 주셔야 하고, 또 하나님이 계심을 믿는 믿음을 주셔야 합니다. 하나님이 보이지 않고 하나님이 믿어지지 않으면 아무리 노력해도 회개할 수 없습니다.

누가복음 15장의 탕자가 집으로 돌아올 때, 그는 적어도 아버지가 자기를 용서해 주실 것을 믿기에 자신 있게 돌아와 회개할 수 있었습니다. 그런데 내가 형벌에 쫓기고 저주 의식에 쫓기고 있다면 회개할 수 없습니다. 회개는 하나님의 사랑을 믿어야 합니다. 그 사랑과 무한한 용서를 믿을 때 마음놓고 회개할 수 있는 것입니다. 인간관계에서도 내가 잘못했다고 사실대로 다 이야기하면 저쪽에서 용서해 줄 것이라고 믿어지면, 마음 문을 활짝 열고 모든 진실을 다 이야기할 수 있게 됩니다.

따라서 진실을 위해서는 그 진실을 뒷받침할 만한 사랑이 있어야 합니다. 사랑하는 자 앞에서는 누구나 진실해지기 때문입니다. 그러므로 하나님의 무한하신 용서, 확실한 사랑이 믿어질 때 비로소 회개가 가능하게 되는 것입니다. 주의 이름을 부르게 됩니다. 회개는 단순한 인간 의지의 행사가 아닙니다. 알고 보면 회개는 믿음의 열매요, 믿음은 하나님께서 주시는 선물입니다.

또 하나 생각할 것은 그 믿음을 위해서 하나님께서 두 가지 역사를 주셔야 합니다. 먼저는 객관적으로 말씀의 역사를 주셔야 하고, 또 하나는 성령님의 감화를 주셔야 합니다. 두 가지 역사가 합쳐져야 그리스도에 대한 믿음을 얻게 되는 것입니다. 성령님은 혼자 역사하시지 않습니다. 반드시 말씀이 전해져야 합니다. 만약 어떤 사람이 성경을 본 일도 없고 복음을 듣지도 못했는데, 어느 날 산에 올라가서 명상 중에 예수님을 만나 보고 성경을 잘 알게 되었다고 말하는 사람이 있습니까? 절대로 그럴 수 없습니다. 먼저, 객관적인 계시의 역사가 있어야 합니다. 은혜의 방편을 전하는 역사가 있어야 합니다.

그런데 이 말씀이 전해지기 위해서는 몇 가지 갖추어야 할 조건이 있습니다.

첫째, 말씀을 전하는 사람이 있어야 합니다. 누군가 수고할 사람이 필요한 것입니다. 그가 아내일 수도 있고, 남편일 수도 있고, 부모일 수도 있고, 자식일 수도 있고, 형제일 수도 있고, 친척일 수도 있고, 윗사람일 수도 있고, 아랫사람일 수도 있고, 동창일 수도 있고, 목사일 수도 있고, 평신도일 수도 있고, 선교사일 수도 있고, 어른일 수도 있고, 어린아이일 수도 있습니다. 하여간 누군가 들려줄 사람이 필요한 것입니다. 옥토도 중요하지만 씨를 뿌리는 자가 필요한 것입니다. 씨 뿌리는 자 없이 종자가 땅에 들어갈 수 없고, 땅에 떨어지지 않으면 열매를 맺을 수가 없기에 누군가가 뿌려야 합니다. 전하는 사람이 필요합니다.

둘째, 효과적인 언어가 필요합니다. 언어가 서로 통하지 않으면 아무 소용이 없습니다. 국제대회에서는 영어를 공통으로 사용하지만 정말 깊은 이야기는 서로 잘 통하지 못합니다. 언어가 다르면 문화적 재해석을 필요로 합니다. 그래서 복음이 제대로 전달되기 위해서는 다양한 대상에 따라 문화적 장벽을 넘어서는 효과적인 언어를 가진 전도자를 필요로 하는 것입니다.

셋째, 사랑하는 사람이 필요합니다. 언어는 공기를 진동하는 말,

소리만이 아니라 입에서 귀로 전달되고, 눈에서 눈으로, 가슴에서 가슴으로 전달되는 것입니다. 그러므로 사랑하는 자의 언어는 쉽게 마음 문을 열 수 있습니다. 그래서 복음이 누군가에게 제대로 전해지기 위해서는 상대방의 마음 문을 열 수 있는 희생자 한 사람이 필요한 것입니다.

이렇게 해서 구원의 역사는 복음을 들음으로써 일어나는 것입니다. 말씀드린 대로 아무리 좋은 옥토가 있어도 씨 뿌리는 자가 없으면 소용이 없습니다. 부뚜막의 소금도 집어넣어야 짜듯이 말입니다. 오늘도 누군가가 전해 주어서 듣는 역사가 필요하고 듣게 하는 역사가 필요한 것입니다. 따라서 우리가 복음은 전할 때 상대방이 알아듣도록, 감화되도록 말해야 합니다. 씨 뿌리는 자의 정성과 기도가 필요합니다. 에스겔 2장 5-7절에 중요한 말씀이 나옵니다.

"그들은 패역한 족속이라 그들이 듣든지 아니 듣든지 그들 가운데에 선지자가 있음을 알지니라 인자야 너는 비록 가시와 찔레와 함께 있으며 전갈 가운데에 거주할지라도 그들을 두려워하지 말고 그들의 말을 두려워하지 말지어다 그들은 패역한 족속이라도 그 말을 두려워하지 말며 그 얼굴을 무서워하지 말지어다 그들은 심히 패역한 자라 그들이 듣든지 아니 듣든지 너는 내 말로 고할지어다."

복음을 전하는 자는 그 가운데 어떤 사람들이 섞여 있든지 두려워하지 말아야 합니다. 그는 언제나 항상 복음의 보편성을 믿어야 합니다. 앞에 있는 사람들이 다 구원받아야 할 사람들이요, 다 죄인들이라는 사실을 생각해야 합니다. 물론 자신을 포함해서 말입니다. 우리는 오늘도 내일도 담대하게 복음을 전하고, 그들이 듣든지 아니 듣든지 간에 우리의 최선을 다해야 할 것입니다.

다시 오늘 본문 로마서 10장 14-15절을 봅시다.

> "그런즉 그들이 믿지 아니하는 이를 어찌 부르리요 듣지도 못한 이를 어찌 믿으리요 전파하는 자가 없이 어찌 들으리요 보내심을 받지 아니하였으면 어찌 전파하리요 기록된 바 아름답도다 좋은 소식을 전하는 자들의 발이여 함과 같으니라."

보내심을 받지 않았는데 어떻게 전파하겠느냐고 묻고 있습니다. 보내심을 받은 자로서의 강한 사명감을 가지고 우리가 각지에 흩어져 복음을 전해야 할 것입니다. 보내심을 받는다는 것은 곧 '사도'(아포스텔)를 의미합니다. 들음은 은혜요, 들려지는 것도 은혜입니다. 전함도 은혜요, 전함으로 하나님의 말씀이 열매 맺는 것도 은혜입니다. 나를 통해서 하나님의 말씀이 전해진다는 것, 이 얼마나 귀중한 일입니까? 그래서 보내심을 받은 자로서의 분명한 사명감이 요구되는 것입니다. 에스겔 3장 17-19절을 보면 이런 말씀이 나옵니다.

> "인자야 내가 너를 이스라엘 족속의 파수꾼으로 세웠으니 너는 내 입의 말을 듣고 나를 대신하여 그들을 깨우치라 가령 내가 악인에게 말하기를 너는 꼭 죽으리라 할 때에 네가 깨우치지 아니하거나 말로 악인에게 일러서 그의 악한 길을 떠나 생명을 구원하게 하지 아니하면

그 악인은 그의 죄악 중에서 죽으려니와 내가 그의 피 값을 네 손에서 찾을 것이고 네가 악인을 깨우치되 그가 그의 악한 마음과 악한 행위에서 돌이키지 아니하면 그는 그의 죄악 중에서 죽으려니와 너는 네 생명을 보존하리라."

이스라엘 백성들 속에 들어가 하나님의 경고의 메시지를 분명히 전하라는 것입니다. 만약 분명히 전하지 않아 악인이 망하면 그 피 값을 선지자에게서 찾고, 분명히 전했는데도 악인이 돌이키지 않으면 그는 죄악 중에서 죽고 선지자는 생명이 보존된다는 것입니다. 우리가 지나간 때에는 복음을 제대로 전하지 못했을지라도 육체의 남은 때만이라도 때를 얻든지, 못 얻든지 복음을 전해서 듣게 하고 믿게 해야 할 것입니다.

이상하게도 2천 년 전에 당연히 먼저 복음을 받았어야 할 유대인들은 복음을 거부하고, 오히려 받지 않을 것 같던 이방인들에게는 복음의 문이 열렸고 복음을 받아들여, 오늘 대한민국 땅에 있는 저나 여러분 같은 이방인들마저 복음을 듣고 믿게 되었습니다. 그런데 저 유대인들은 아직까지도 대부분이 복음을 거부하고 있는데, 먼저 믿게 된 우리 이방 기독교인들은 어떻게 유대인들을 대해야 하겠습니까?

저들이 2천 년 동안이나 예수님을 거부하고 온 세계로 흩어져 유리방황하게 된 데에도, 먼저 이방인들이 복음을 받아 믿고 축복을 받으면 마지막에 저들도 복음을 받아 믿음으로 함께 예수님으로 말미암아 구원의 축복을 누리게 되는 하나님의 경륜이 있는 줄 믿고, 유대인의 구원을 위해 기도하고 힘써야 할 것입니다. 로마서 11장

25-26절을 보십시오.

> "형제들아 너희가 스스로 지혜 있다 하면서 이 신비를 너희가 모르기를 내가 원하지 아니하노니 이 신비는 이방인의 충만한 수가 들어오기까지 이스라엘의 더러는 우둔하게 된 것이라 그리하여 온 이스라엘이 구원을 받으리라."

이제는 때가 되어 유대인들이 계속 자기들의 땅으로 돌아오고, 이스라엘 나라에도 유대인 안에서 예수님을 믿는 메시아닉 주들이 2만여 명이나 된다고 하니, 이제는 그들에게 빚진 우리 이방 기독교회들이 2천 년 전에 그들 땅에 오셨던 메시야 예수님을 전해 주어야 할 것입니다.

성도 여러분, 만약 우리 이방 교회들이, 아니 우리 영세교회가 복음에 빚진 이스라엘 백성들에게 어떠한 방법으로든지 복음 전파할 전도자들을 보내지 않는다면, 그들이 어떻게 복음을 들을 수 있겠습니까? 어떻게 믿을 수 있겠습니까? 어떻게 주의 이름을 부를 수 있겠습니까?

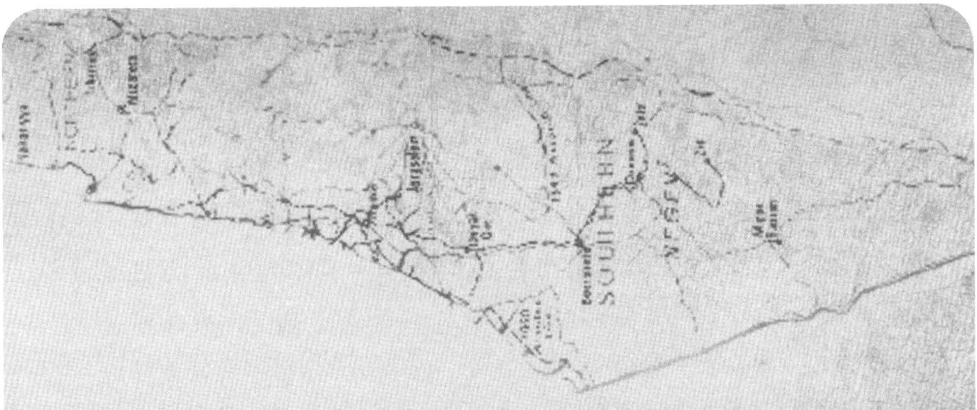

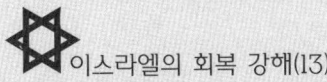
이스라엘의 회복 강해(13)
13. 복음에 대한 이스라엘의 거부

그러나 그들이 다 복음을 순종하지 아니하였도다 이사야가 이르되 주여 우리가 전한 것을 누가 믿었나이까 하였으니 그러므로 믿음은 들음에서 나며 들음은 그리스도의 말씀으로 말미암았느니라 그러나 내가 말하노니 그들이 듣지 아니하였느냐 그렇지 아니하니 그 소리가 온 땅에 퍼졌고 그 말씀이 땅 끝까지 이르렀도다 하였느니라 그러나 내가 말하노니 이스라엘이 알지 못하였느냐 먼저 모세가 이르되 내가 백성 아닌 자로써 너희를 시기하게 하며 미련한 백성으로써 너희를 노엽게 하리라 하였고 이사야는 매우 담대하여 내가 나를 찾지 아니한 자들에게 찾은 바 되고 내게 묻지 아니한 자들에게 나타났노라 말하였고 이스라엘에 대하여 이르되 순종하지 아니하고 거슬러 말하는 백성에게 내가 종일 내 손을 벌렸노라 하였느니라 (롬 10:16-21)

어제 아침 〈국민일보〉 "미션 라이프"면에서, 이스라엘의 슐람 목사의 인터뷰 기사를 보고 우리의 '이스라엘의 회복' 강해와 대부분 연결되기에 본문 들어가기 전에 소개하고자 합니다. 한·이성경연구소(KIBI) 초청으로 지난달(2010년 10월) 26-28일 세미나 및 집회를 인도한 요셉 슐람(64세, 예루살렘 네티미아 교회) 목사님이 이한에 앞서 30일 가진 인터뷰에서, 한국 교회를 향한 부탁은 절규에 가까웠다고 기자는 전하고 있습니다.

한국 교회여, 언어의 유희에 휘둘리지 마십시오. 세상이 우리를 보고 예수님을 느낄 수 있게 해야 합니다. 하나님의 말씀을 경홀히 여기지 마십시오. 교회 지도자라면 더더욱 하나님의 말씀에 집중하고 말이 아닌 삶으로 증거해야 합니다.

그가 인터뷰에서 한 말을 요약하면 다음과 같습니다.

이사야, 예레미야, 호세아 등 구약의 선지자는 물론 사도 바울, 베드로 등 사도들은 결코 하나님의 뜻을 자신의 생각으로 바꿔 말한 적이 없었다. 기독 교사들은 하나님의 메신저(전령)임을 잊어서는 안 된다. 하나님의 메시지를 가감 없이 전하는 것이 전령의 진정한 책무이다.

……한국 교회는 미국 및 유럽의 '쓰레기' 신학과 신앙을 받아들이고 그 쓰레기 가운데 아직도 헤엄치고 있는 것 같아 안타깝다. 불교도가 기독교인이 되는 건 그렇게 단순하지 않다. 개종은 육의 문제가 아니라 영의 문제이기 때문이다. 사랑의 하나님

을 온전히 경험할 때만이 예수 그리스도의 제자가 될 수 있고, 이 또한 지난(至難)한 과정이 요구된다. 무신론자나 타 종교인에게 복음을 전하기 원한다면 열린 마음을 갖고 교류부터 해야 한다. 세상을 정말 바꾸려면 예수님이 보여 주셨던 가장 강력한 무기인 사랑밖에 없다.

유대인들이 예수님을 믿지 않는 이유가 무엇이겠는가? 죽기까지 사람을 사랑하셨던 예수님과는 달리 많은 기독교인들은 예수님을 사랑한다 하면서도, 오히려 사랑받아야 할 유대인들을 핍박했기 때문이다. 1472년부터 1821년까지 스페인, 포르투갈 등 유럽 곳곳에서 기독교인들은 유대인들을 강제로 개종시키려 했고, 억지로 개종한 유대인들이 그들의 전통 관습을 고수한다면서 이단자로 내몰아 학살을 자행했다.

수많은 교회 지도자들도 유대인을 증오하는 데 앞장섰다. 그래서 나는 형제(유대인)들이 예수님을 메시야로 받아들이지 않고 기독교에 대해 적개심을 갖는 걸 (심정적으로) 이해할 수 있다. 이 때문에 내가 한 일이 있다고 확신한다. 예수님을 믿는 것이 유대인의 정체성을 포기하는 것을 의미하지 않는 것임을 전하는 것이 나의 사명이라고 생각한다. 한국인이 예수님을 믿는다고 한국인임을 포기하는 것이 아니지 않은가? 한국 기독교를 관찰해 보면, 예수님이 아직도 십자가에 매달려 있는 것 같다. 메시아닉 주의 입장에서 예수님은 하나님의 보좌 옆에 앉아 다시 오실 날을 준비하고 계시는데 말이다.

로마서를 통해 이방인을 전도하며, 이스라엘의 회복을 꿈꿨던 바울을 만나게 된다. 복음이 율법을 대체하지 않고, 오히려 율법을 굳게 세운다고 역설했던 바울은 '이방인의 충만한 수가 차면 그들이(이방인이) 이스라엘을 격동시켜(부끄럽게 하여) 주님께로 인도할 것이다'라고 한 것을 잊지 말라(롬 11:25-32). 그런 점에서 기독교인이라면 지난주 출석하는 교회의 목회자 설교를 잊어버리는 것과 같은 미국 맥도널드식 기억, 패스트푸드 신앙에서 벗어나야 한다.

요즘 이스라엘에서 흥미로운 일이 일어나고 있다. 메시아닉 주와 정통파 유대인 간에 대화가 시도되고 있다. 정통파 유대인들이 기독교인들을 핍박했지만 소득이 없음을 깨달은 것이 원인이다. 핍박이 오히려 상대를 더욱 세게 만든다는 것을 알게 되었다. 또한 메시아닉 주의 사회적 지위 향상의 가능성도 커지고 있다. 과거 메시아닉 주는 사회에서 하류 계층을 주로 형성했지만, 이제는 군 장교, 대학 교수, 비즈니스맨 등 그 영향력이 날로 향상되고 있다는 것이다.

요한계시록 7장과 14장에 언급되는 14만 4천 명은 무엇을 의미하는가? 성경에 나오는 숫자는 상징이며 일정한 패턴이 있다. 예를 들어 12는 이스라엘 열두 지파를 의미하고 12×12는 풍성함을 의미한다. 거기에 1,000을 곱한 것이 14만 4천으로서, 그것은 매우 충만한 상태를 가리킨다. 따라서 성경을 편식해서 읽으면 안 된다. 구약과 신약을 통전적으로 이해해야 한다. 이스라엘이 구원받을 것이라는 기록은 신약 외에도 율법서, 예언서 등에 무수히 나온다. 바울이 로마서 11장 26절에서 언급한 '온 이스라엘이 구원을 받을 것이라는 것'은 구약을 인용한 것이다. 반유대주의는 성경 어디에도 나와 있지 않다.

어떤 신학 이론을 따르면 유대인에게 부정적일 수 있지만, 바울서신서 등 성경을 따르면 유대인들을 결코 그렇게 보지 않을 것이다. 베드로후서 3장 14-18절은 당시 사람들이 바울의 가르침을 왜곡하고 있음을 기록하고 있다. 사실 바울의 글은 상당한 수준이다. 그는 산헤드린 공회의 지도자 가말리엘의 수제자였다. 그는 단어를 사용할 때 매우 주의를 기울였다. 이 때문에 베드로는 무지한 사람들이 바울의 글을 오해할 수 있다고 지적했다.

어떤 것들(바울의 편지들)은 이해하기 어려워 무식하고 굳세지 못한 자들이 다른 성경들처럼 억지로 해석하다가 스스로 파멸에 이르고 있는 것을 경고한 베드로의 지적을 잊어서는 안 된다. 바울의 서신에서 우리는 바울이 어느 경우에는 누구에게 말씀을 주는가에 유의해야 한다. 사실, 바울의 모든 글에는 패턴이 있는데, '우리는' 이라면 '유대인' 이고, '너희는' 했으면 그것은 '이방인' 을 의미한다. 에베소서 2장 11절을 보면 '너희', '이방' 이 정확하게 언급되어 있다.

이제 오늘 본문으로 넘어가겠습니다. 사도 바울은 앞 단락(롬 10:1-15)에서 유대인들이 예수 그리스도를 통한 쉽고 간단한 구원의 길을 거부함으로 구원을 얻지 못한 것을 언급하였습니다. 이어서 오늘 본문에서는 그렇게 그리스도를 거부한 유대인의 잘못에 대해 지적하고 있습니다.

지난 시간에도 살펴보았습니다만, 하나님께서는 이방인뿐만 아니라 유대인도 믿음으로 구원에 이르기를 바라셨으며, 그러한 복된 소식을 그들도 듣고 믿을 수 있도록 전파자들을 보내 주셨습니다(롬 10:14-15). 만일 하나님께서 그들에게 복음을 전해 주시지 않았다면, 비록 그들이 그리스도를 믿지 않았다 하더라도 믿지 않은 사실 자체에 대해서만큼은 그들을 비난할 수 없을 것입니다. 그러나 하나님은 그리스도를 저들의 혈통에서 나게 하셨을 뿐만 아니라 수많은 전도자들을 보내 주시어 예수님에 대해 증거하고 복음을 전하게 하셨습니다.

그럼에도 불구하고 대부분의 유대인들은 복음을 거부하며 그리스도를 배척했던 것입니다. 따라서 유대인들이 복음을 거부하여 구원에 이르지 못했던 것은 전적으로 그들 자신의 책임이었습니다. 따라서 그들은 결코 복음을 듣지 못했기 때문에 믿지 못했다고 핑계할 수 없는 것입니다. 하나님께서 인간 구원에 필요한 모든 계시를 그리스도의 복음에 담아 주셨다는 사실을 오히려 유대인들보다 훨씬 늦게 복음을 들은 이방인들이 먼저 인정하였으며, 이로써 복음에 대한 선민 유대인의 거부는 매우 불의한 것이 입증되는 것입니다.

이제 로마서 10장 16절을 보시기 바랍니다.

"그러나 그들이 다 복음을 순종하지 아니하였도다 이사야가 이르되 주여 우리가 전한 것을 누가 믿었나이까 하였으니."

사도 바울이 로마서를 기록할 당시는(주후 57년경) 이미 소아시아와 마케도니아 지방에 대한 1, 2, 3차 전도 여행을 마친 후였습니다(롬 15:19). 따라서 복음의 전 세계적 전파의(유대인과 이방인을 포함하는) 기틀이 이미 잡혔다고도 볼 수 있습니다(롬 10:11-15). 그러나 나타난 현실로는 대다수의 유대인들이 복음에 순종하지 않았던 것입니다. 물론 문자적으로 모든 유대인들이 불신앙하였던 것은 아니므로 여기서 '다'(판테스)라고 표현한 것은 대다수의 유대인들이 믿음을 갖지 못했다는 실제 면과 더불어, 그것이 '너무 안타까움'을 강조하기 위함이라고 하겠습니다.

"주여, 우리가 전한 것을 누가 믿었나이까" 이것은 이사야 53장 1절의 70인역의 인용입니다. 이 질문 속에는 '고난의 종 메시야에 대한 메시지를 과연 누가 믿을 것인가?'라는 의미가 담겨 있습니다. 과연 예수님의 공생애 사역 기간 동안 그가 유대인들에게 배척된 사실이, 그러한 예언이 사실로 성취되었음을 증명해 줍니다. 특히 요한복음 12장 38절이 예수님의 예루살렘 사역에서 이스라엘 백성들이 그를 메시야로 영접하지 않은 것을 설명하기 위해 이 절과 동일하게 이사야 53장 1절을 인용하고 있다는 사실도 이러한 점을 명확히 보여 줍니다.

하여간 오늘 본문 16절에서도 확실한 복음 전파에도 불구하고 유대인들이 불순종함을 안타까워하는 마음이 나타나고 있습니다.

이제는 로마서 10장 17절을 다 함께 읽겠습니다.

> "그러므로 믿음은 들음에서 나며 들음은 그리스도의 말씀으로 말미암았느니라."

유대인들이 복음을 듣고 믿기만 하면 구원을 받는데, 전파되는데도 듣지 않고 믿지 않아 구원에서 제외되니 너무 안타깝다는 것입니다.

이어서 18절에서 21절을 보시기 바랍니다. 17절에서 믿음은 그리스도의 말씀을 듣는 데서 비롯된다고 결정적인 진술을 한 후에, 사도 바울의 논지는 이스라엘이 그 가장 기본적인 행위도 하지 않았음을 통탄하는 질문으로 나아가는 것입니다. 한마디로 그들 유대인들은 복음을 듣고 알았음에도 불구하고 믿지 않았다는 것입니다. 그리스도의 말씀을 실제로 많이 들었다는 것을 증거하기 위해 바울은 18절에서 시편 19편 4절을 인용합니다.

이어서 19절에서 연이어 인용한 신명기 32장 21절과 20절에서 인용한 이사야 65장 2절을 통해, 그 모든 일은 또한 이스라엘로 시샘하게 하여 그들도 믿음에 이르도록 하시려는 하나님의 이스라엘에 대한 사랑임을 보여 주는 것입니다. 이렇게 하나님께서는 그들의 불신앙에도 불구하고 이스라엘에 대한 지속적인 관심을 가지고 계심을 보게 됩니다.

이제는 로마서 10장 21절을 다 같이 읽겠습니다.

> "이스라엘에 대하여 이르되 순종하지 아니하고 거슬러 말하는 백성에게 내가 종일 내 손을 벌렸노라 하였느니라."

이사야 65장 2절을 인용하여 '내가 내 손을 벌렸노라'라고 표현하였습니다. 무엇을 의미합니까? 유대인들이 그들을 구원하기를 간절히 원하시는 하나님의 심정을 전혀 이해하지 못하는 불의를 범하였음을 지적한 것입니다. 여기에서 보듯이 유대인들이 그리스도를 믿지 않는 것은 복음을 듣지 못했기 때문이 아니라, 또한 하나님께서 그들을 구원하지 않으려고 하셨음도 아니라, 오직 그들의 완악함 때문임이 분명히 입증됩니다.

한편 본문에서 우리는 바울이 그러한 유대인의 메시야에 대한 거부가 결국 예언의 성취임을 암시함으로써, 로마서 11장에서 다루게 될 그들의 철저한 배신에도 불구하고 무조건적인 하나님의 은혜로 때가 되면 이스라엘이 회복될 것이라는 예언을 전제하고 있음을 보게 됩니다.

여기서 우리는 자연히 '은혜의 불가항력'에 대해 잠시 생각하고 지나가지 않으면 안 될 것 같습니다. 강한 거스름의 반작용은 강한 은혜의 작용 때문이라는 것은 진리가 아니겠습니까? 그래서 지금 강하게 거스르는 자들은 당장은 아니더라도 순종할 때가 오게 되는 법입니다. 그러나 모두가 그렇게 되는 것은 아닙니다. 그것은 그들이 예정 밖의 유기된 자들이기 때문이 아니라, 은혜 자체는 불가항력적인 것이 틀림없지만 은혜가 은혜 되기 위해서는 강압적인 것이 되어서는 안 되기 때문입니다.

하나님께서는 전능하신 능력과 지혜로 사람들에게 '자유의지'를 주셨습니다. 그런데 하나님은 '자유의지'에 대해 이율배반적이 아니십니다. 하나님께서 부여하신 자유 기능은 그 은혜를 수용 또는 거절할 수 있을 만큼 완전해야만 하나님의 절대적인 주권을 증거하는 결과가 되는 것입니다.

사랑하는 성도 여러분, 성경 가운데 난해구 중의 하나인 오늘 본문을 통해 우리는 다음 세 가지의 교훈을 얻게 됩니다.

첫째는, 믿음이 들음에서 나는 것처럼 우리도 하나님의 말씀을 들음으로 믿음을 얻을 뿐 아니라, 그리스도 안에서 삶의 진정한 방법들을 터득할 수 있다는 것입니다. 그러므로 우리는 날마다 말씀 듣기를 게을리하지 말아야 할 것입니다(롬 2:13).

둘째는, 하나님께서 유대인의 구원을 위해 그 구원의 손길을 오래도록 벌리고 계신 것을 바라보며, 우리 이방인 교회들도 우리가 역사적으로 유대인들에게 준 상처 때문에 유대인들이 그리스도를 거부한다는 것과 이제는 그들도 믿어야 할 때가 다가오는 것을 생각하며 이스라엘의 영육의 회복의 역사를 위해 기도하고 힘써야 할 것입니다.

셋째는, 우리도 유대인의 구원을 위한 하나님의 마음을 기억하며 오늘날 그리스도를 거부하는 많은 사람들을 위해 기도하고 힘써야 한다는 것입니다. 즉, 하나님은 실로 한 사람이라도 남김 없이 다 회개하여 구원에 이르도록 하시기 위하여 길이 참으시는 분이심을 기억하며, 복음 전파하는 일에 전심전력해야 할 것입니다.

> "주의 약속은 어떤 이들이 더디다고 생각하는 것같이 더딘 것이 아니라 오직 주께서는 너희를 대하여 오래 참으사 아무도 멸망하지 아니하고 다 회개하기에 이르기를 원하시느니라"(벧후 3:9).

제4장

이스라엘의 회복

티베랴에서 춤추며 찬양하는 메시아닉 주

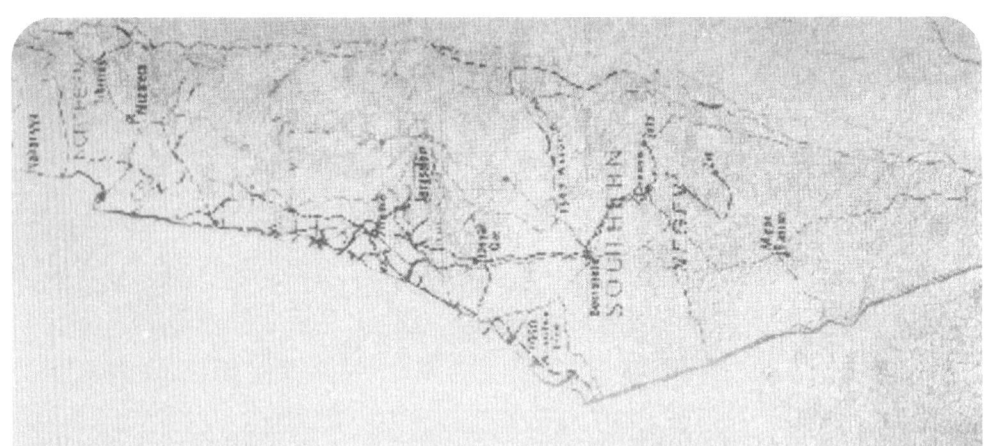

✡ 이스라엘의 회복 강해(14)
14. 이스라엘의 남은 자

그러므로 내가 말하노니 하나님이 자기 백성을 버리셨느냐 그럴 수 없느니라 나도 이스라엘인이요 아브라함의 씨에서 난 자요 베냐민 지파라 하나님이 그 미리 아신 자기 백성을 버리지 아니하셨나니 너희가 성경이 엘리야를 가리켜 말한 것을 알지 못하느냐 그가 이스라엘을 하나님께 고발하되 주여 그들이 주의 선지자들을 죽였으며 주의 제단들을 헐어 버렸고 나만 남았는데 내 목숨도 찾나이다 하니 그에게 하신 대답이 무엇이냐 내가 나를 위하여 바알에게 무릎을 꿇지 아니한 사람 칠천 명을 남겨 두었다 하셨으니 그런즉 이와 같이 지금도 은혜로 택하심을 따라 남은 자가 있느니라 만일 은혜로 된 것이면 행위로 말미암지 않음이니 그렇지 않으면 은혜가 은혜 되지 못하느니라 (롬 11:1-6)

로마서 9장, 10장, 11장은 이스라엘의 회복에 대한 말씀으로, 하나님의 구속사에 있어 특별한 의미가 있는 부분입니다. 우리가 9장, 10장에서도 여전히 동족 유대인이 메시야이신 예수님을 배척함으로 버림받은 상태에 놓여 있는 것을 안타깝게 생각하는 사도 바울의 고통과 근심을 살펴보았습니다만, 오늘 본문에도 사도의 그런 마음이 잘 나타나고 있습니다.

이스라엘이 여전히 교만과 불신앙으로 가득한 완악한 가운데 있으므로 거기에 대한 하나님의 심판을 내다보고 있습니다. 예수님도 세상에 계실 때 공생애 마지막 주간에 예루살렘 성을 바라보시며 우시며 말씀하셨습니다.

"예루살렘아 예루살렘아 선지자들을 죽이고 네게 파송된 자들을 돌로 치는 자여 암탉이 그 새끼를 날개 아래에 모음같이 내가 네 자녀를 모으려 한 일이 몇 번이더냐 그러나 너희가 원하지 아니하였도다"(마 23:37; 참고. 눅 19:42).

회개하지 않는 유대인들을 바라보시는 주님의 마음입니다. 사도 바울도 이스라엘이 장차 그들의 죄악 때문에 멸망하게 될 것을 생각하니 마음이 아팠습니다.

그러나 한편으로는 이스라엘에 대한 사랑과 믿음이 있었습니다. 사랑과 믿음은 언제나 함께 있습니다. 우리 교회에 네 교구 곧 믿음, 소망, 사랑, 충성 교구가 있는데, 이는 편의상 나눈 것이고 다 우리 교회 식구이며 또 믿음, 소망, 사랑, 충성은 다 예수님과의 관계에서 근본 자세를 의미하는 것으로 모두 연결되어 있습니다. 사랑이 있으면 믿는 바가 있고, 또한 믿어야 사랑하게 됩니다. 따라서 믿음과 사랑을 분리해서 생각하는 것은 잘못입니다. 뜨겁게 사랑하면 그 속 깊은 곳에는 믿음이 자리 잡고 있습니다.

그 믿음을 사도 바울에게서도 볼 수 있는데, 그는 완악하여 회개하지 않는 이스라엘을 보면서 그들의 멸망을 의식하지만, 그래도 그들을 향한 미래의 믿음만은 간직하고 있었습니다. 또한 그는 결코 자기중심적으로 이스라엘을 판단하지 않았습니다. 즉 자신이 일부 사람들에게 핍박받았다고 해서 그 감정으로 이스라엘 전체를 나쁘다, 망한다고 말하지 않았던 것입니다. 사실 우리가 가끔 범하는 잘못이지만, 내가 어느 집단 중에서 한두 사람에게 손해를 입었다고 그 집단 전체를 나쁘게 보고, 반대로 내게 이익이 있었다고 다 좋게 보아서는 안 된다는 것입니다. 내가 만난 사람은 극소수이기 때문입니다.

사도 바울은 지금 14년 동안 계속 핍박을 받았지만, 그래도 자기가 만난 사람은 극소수라고 생각합니다. 그리고 자기중심적으로 생각하지 않고 하나님 중심적으로, 하나님의 통찰력으로 그 백성 전체를 보는 것입니다. 이것이 사도의 귀중한 신앙 자세입니다. 사실, 우리가 사도 바울의 입장으로 이스라엘을 보면 그들은 망한 민족이요, 도저히 용서할 수 없는 민족으로 소망이 없어 보입니다.

그러나 바울은 자기 시선으로 이스라엘을 보지 않고 하나님의 시선으로 보았습니다. 즉 오래전에 하나님께서 이스라엘 백성에게 주신 그 조상과의 약속, 언약을 생각하는 것입니다.

본문 로마서 11장 1절을 보겠습니다.

"그러므로 내가 말하노니 하나님이 자기 백성을 버리셨느냐 그럴 수 없느니라."

하나님께서 절대로 동족을 버리지 않으실 것임을 그는 믿고 있었습니다. 아브라함의 하나님, 이삭의 하나님, 야곱의 하나님께서 이스라엘 백성들에게 약속하셨는데, 지금 불순종한다 해서 하나님께서 버리시겠느냐? 그렇지 않다는 것입니다. '수천 년 동안 은혜로 인도하신 하나님께서 이 시점에 와서 이 백성을 버리실 이유가 없다'고 그는 믿는 것입니다. 로마서 5장 10절에서도 사도 바울은 간증하고 있습니다. 자기가 하나님과 원수 되었을 때에도 사랑하신 하나님이신데, 그 개인적인 일을 제쳐두고라도 '오늘 왜 하나님께서 이스라엘을 사랑하시지 않겠느냐' 하는 것입니다.

또 한편으로 사도 바울은 보다 깊은 면, 신비로운 면을 보았습니다. 겉으로 볼 때는 소망 없는 것처럼 보이지만, 저 깊은 곳에서는 내가 알지 못하는 하나님의 뜻이 이루어지고 있음을 믿는 것입니다. 신앙이 무엇입니까? 비록 이성적으로 이해되지 않고, 머리로는 납득이 안 되어도 그대로 믿는 것이 신앙입니다. "불합리하기 때문에 오히려 믿을 만하다"라고 한 어느 초대 교부의 역설적인 말과 같습니다. 우리는 믿음으로 하나님의 신비로운 세계를 바라볼 수 있어야겠습니다.

더 나아가, 사도 바울은 아주 멀리 내다보았습니다. 그것은 '유대인들이 지금은 죄악에서 헤어나지 못하고 있지만, 언젠가는 반드시 돌아올 것이다'라고 기대하고 있는 것입니다. 하나님께서는 하나님을 전혀 모르던 이방 사람들도 예수님을 믿고 돌아오게 하시는

데, 원래 하나님의 선민인 이스라엘 사람들이 '지금은 뭔가 잘못되어서 완악하지만 먼 훗날에는 꼭 돌아오리라' 고 믿는 것입니다. 우리에게도 이렇게 먼 미래를 바라보는 원시안적인 신앙이 필요한 것입니다.

또한 사도 바울은 그것으로만 만족하지 않고 영감된 계시적 사례를 들었습니다. 즉 이스라엘 회복의 확신을 위해 성경적 증거를 드는 것입니다. 성경 66권 중에서 아브라함의 경험, 이삭의 경험, 야곱의 경험, 모세의 경험 등 어느 말씀에서든지 그 증거를 확실히 얻어서, 그들과 같은 믿음이 바로 내게도 있어야 하겠다는 자세입니다. 성경에 뿌리를 둔 성경적 신앙입니다. 사도 바울은 미래에 이스라엘 백성이 어떻게 구원을 받을 것인가에 대한 믿음의 증거로 엘리야 선지자를 예로 들고 있습니다(롬 11:2-5; 참고 왕상 19장).

여기에 엘리야의 고독한 시간이 나옵니다. 그가 갈멜 산에서 바알과 아세라 선지자 850명과 대결하여 승리하였지만, 악한 여자 이세벨이 굴하지 않고 하나님의 선지자들을 다 죽였습니다. 의기소침해진 엘리야는 두려움으로 혼자서 멀리 도망가서 한 로뎀 나무 아래에 앉아서 하나님께 죽기를 호소합니다.

"하나님, 이제 그만 살겠습니다. 내 영혼을 거두어 주세요. 다 죽고, 다 배반하고, 나만 남았습니다. 나 혼자 뭘 합니까?"

그 말은 무엇을 의미합니까? 하나님의 택하신 이스라엘은 이제 완전히 망해서 이제는 자신도, 하나님도 아무 할 일이 없는 절망 상황이라는 것입니다. 자기가 절체절명의 위기에 몰리니 이제는 하나님도 끝났다는 식입니다.

거기에 대해서 하나님께서 하신 대답이 무엇입니까? 본문 로마서 11장 4절을 보시기 바랍니다.

> "내가 나를 위하여 바알에게 무릎을 꿇지 아니한 사람 칠천 명을 남겨 두었다 하셨으니"(참고. 왕상 19:18).

그리고 이후에 엘리야가 할 일을 지시하십니다.

> "너는 네 길을 돌이켜 광야를 통하여 다메섹에 가서 이르거든 하사엘에게 기름을 부어 아람의 왕이 되게 하고 너는 또 님시의 아들 예후에게 기름을 부어 이스라엘의 왕이 되게 하고 또 아벨므홀라 사밧의 아들 엘리사에게 기름을 부어 너를 대신하여 선지자가 되게 하라"(왕상 19:15-16).

무엇을 의미합니까? 이스라엘의 역사는 하나님이 이끄시는 것으로서 하나님께서 남겨 두신 자가 7천 명이나 되고, 엘리야가 앞으로 해야 할 중요하고 많은 일이 남아 있다는 것입니다. 사도 바울은 소망이 없어 보이는 동족들을 바라보면서, 탈진한 엘리야에게 아직 7천 명이 남아 있다고 말씀하셨던 하나님의 음성을 자신에게 주시는 음성으로 듣고 있는 것입니다.

2천 년 후의 오늘 우리에게도 마찬가지입니다. 우리가 오늘 아무리 캄캄하게 느껴져도 하나님께서 우리와 함께하시고 보이지 않는 큰 뜻이 있으므로 하나님의 역사는 하나님 자신에 의해 계속되고 있음을 믿어야 할 것입니다. 성질이 급한 사람들이 무엇인가 자기

뜻대로 되지 않거나 상황이 악화되면 '하나님이 침묵하신다', '주무신다', 심지어 '돌아가셨다' 하면서 절망합니다.

그러나 사실은 그 침묵 속에 하나님의 깊은 음성이 있다는 것을 알아야 합니다. 그 침묵은 오히려 심판 직전에 있는 고요함으로 더 무서운 것이라는 사실을 깨달아야 합니다. 오늘 내가 볼 수 없고, 들을 수 없고, 이해할 수 없다며 다 끝난 것으로 속단하거나 절망하지 말아야 할 것입니다. 반드시 하나님께서 남겨 두신 자들이 있고, 하나님에 의해 더 크고 놀라운 역사가 전개될 것입니다.

이제 계속하여 본문 로마서 11장 5절에 보면 "그런즉 이와 같이 지금도 은혜로 택하심을 따라 남은 자가 있느니라"라고 말씀하고 있습니다.

그렇습니다. 하나님께서는 그의 선교적 역사를 위해 남겨 두셨고, 그의 의의 계시를 위해 남겨 두셨습니다. 그들을 은혜로 남겨 두신 것입니다. 사도 바울은 자신의 동족 이스라엘로부터 아주 극심한 고독감을 느낄 때, 그 옛날 위대한 선지자 엘리야에게 주어졌던 그 역사를 기억하면서, '내 눈에 보이지 않지만 하나님께서 남겨 두신 자들이 있고, 지금도 하나님께서는 역사하고 계신다'고 믿고 흔들리지 않았습니다.

성도 여러분, 혹시 지금 "나만 남았습니다. 이제 얼마 남지 않는 내 인생입니다" 하고 절망하는 상황은 아닙니까? 엘리야의 역사를 내게 주시는 말씀으로 받아들이고 내게도 역사하심을 믿으시기 바랍니다. 엘리사도 있고, 예후도 있고, 하사엘도 있고, 7천 명도 있습니다. 은혜로 택하심을 따라 남겨 두신 자가 있음은 하나님의 의요,

하나님의 긍휼입니다. 성경 말씀을 바로 오늘 여기, 나의 사건으로 적용하는 것이 구체적 신앙임을 잊지 마시기 바랍니다.

이제 6절에서 사도 바울은 다시 그의 신학적인 변론을 펴고 있는데, 이것은 로마서의 주제이기도 합니다.

> "만일 은혜로 된 것이면 행위로 말미암지 않음이니 그렇지 않으면 은혜가 은혜 되지 못하느니라."

여러분, 만약 우리가 행위로 택함 받았다면 그것은 은혜일 수가 없습니다. 은혜와 행위는 양자택일일 수가 없습니다. 행위는 은혜에 대항하는 것이 아니라 은혜 안에 있습니다.

그러므로 우리의 행위는 또 한 번 은혜입니다. 즉 우리가 섬기는 것, 봉사하는 것, 사랑하는 것, 수고하는 것, 희생하는 것, 순교하는 것, 그 모든 것이 다 은혜요 특권입니다. 은혜를 저버리면서 은혜에 대항하는 어떤 행위도 우리 안에 있어서는 안 되는 것입니다. 그래서 예수님을 제대로 믿는 사람이라면 마땅히 수고해도 감사하고, 손해 보아도 감사하고, 어떤 희생을 치러도 감사할 수밖에 없습니다. 추호라도 여기에 율법주의가 발동되어서는 안 되겠습니다.

은혜가 근본이요, 은혜가 우선적이요, 은혜가 본래적인 것입니다. 물론 수고하면 칭찬받을 수도 있습니다. 그러나 칭찬받기 위해 수고하면 은혜롭지 못합니다. 그리스도인은 시종일관 은혜로 살아야 합니다. 은혜로 사는 사람은 겸손합니다. 그리고 은혜의 열매로 선행을 이루면 하나님의 뜻을 많이 이루고 더 크게 이루는 것입니다.

유대인들이 전체적으로 구원받지 못하는 근본 이유가 여기에 있습니다. 구원이 오직 은혜로 되는데, 마치 율법의 행위로 되는 것처럼, 행위로 되는 것처럼 행위에 의지하기 때문입니다. 여기서 우리도 조심해야 합니다. 이스라엘도 율법과 행위로 구원받으려 했을 때 하나님께서 가차 없이 자르셨거늘, 하물며 우리 이방인들이겠습니까? 우리는 처음도 은혜요, 나중도 은혜여야 하겠습니다. 우리는 이스라엘의 남은 자가 되어서 유대인들이 구원받도록 도와주어야겠습니다.

성도 여러분, 하나님께서는 우리 이방인들이 구원받기를 원하시지만 동시에 이스라엘이 구원받기를 원하십니다. 이방인들의 구원과 이스라엘의 구원이 합쳐져서 구원의 완성이 오는 것입니다. 이런 주제가 우리에게 느낌은 오지 않고 감정적으로도 가까운 마음이 없을지라도 성경의 약속대로 이스라엘의 회복을 위해 기도하시기 바랍니다. 이스라엘의 영육의 회복을 위해 힘씁시다. 이스라엘과 함께 이방인 선교가 이루어질 때 하나님께서 우리에게 복을 주시고 구원의 역사를 완성시켜 주실 줄 믿습니다.

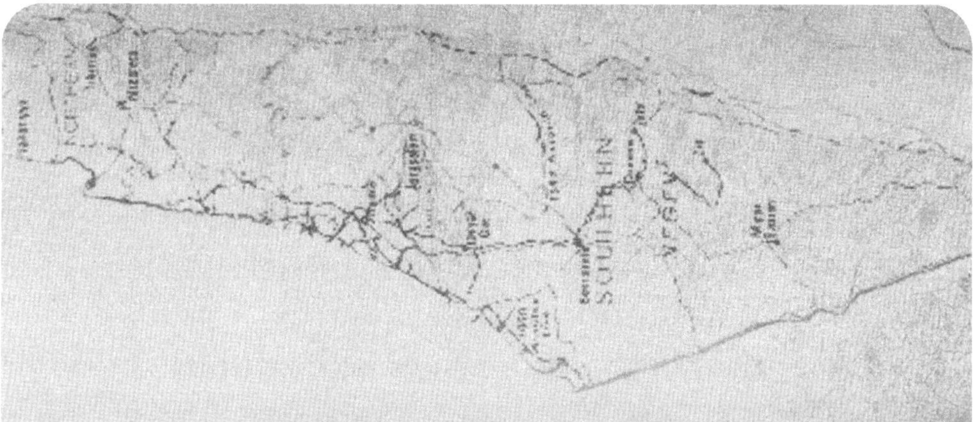

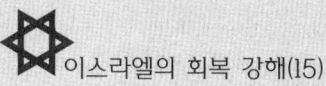이스라엘의 회복 강해(15)
15. 들을 귀 있는 자들이여

그런즉 어떠하냐 이스라엘이 구하는 그것을 얻지 못하고 오직 택하심을 입은 자가 얻었고 그 남은 자들은 우둔하여졌느니라 기록된 바 하나님이 오늘까지 그들에게 혼미한 심령과 보지 못할 눈과 듣지 못할 귀를 주셨다 함과 같으니라 또 다윗이 이르되 그들의 밥상이 올무와 덫과 거치는 것과 보응이 되게 하시옵고 그들의 눈은 흐려 보지 못하고 그들의 등은 항상 굽게 하옵소서 하였느니라 그러므로 내가 말하노니 그들이 넘어지기까지 실족하였느냐 그럴 수 없느니라 그들이 넘어짐으로 구원이 이방인에게 이르러 이스라엘로 시기 나게 함이니라 그들의 넘어짐이 세상의 풍성함이 되며 그들의 실패가 이방인의 풍성함이 되거든 하물며 그들의 충만함이리요 (롬 11:7-12)

샬롬!

우리나라는 지금부터 약 130여 년 전만 해도 기독교와는 거리가 먼 나라였습니다. 우리는 샤머니즘, 불교, 유교 문화권에서 살아온 사람들이었습니다. 그런데 하나님께서 130여 년 전에 서양으로부터 헌신적인 선교사들을 많이 보내 주시어 학교와 병원을 세우고 교회를 세워서 문화적으로, 의료적으로 발전하게 하시고, 구원의 역사와 부흥이 일어나게 하셨습니다. 처음 복음이 우리나라에 들어왔을 때 우리나라의 형편을 생생히 보여 주는 언더우드 선교사의 "뵈지 않는 조선의 마음"이라는 기도문이 있습니다.

뵈지 않는 조선의 마음

주여! 지금은 아무것도 보이지 않습니다.
주님, 메마르고 가난한 땅
나무 한 그루 시원하게 자라 오르지 못하는 땅에
저희들은 옮겨와 앉았습니다.

그 넓고 넓은 태평양을 건너왔는지
그 사실이 기적입니다.
주님께서 붙잡아 뚝 떨어뜨려 놓으신 듯한 이곳……
지금은 아무것도 보이지 않습니다.
보이는 것은 고집스럽게 얼룩진 어둠뿐입니다.

어둠과 가난과 인습에 묶여 있는 조선 사람뿐입니다.

그들은 왜 묶여 있는지도,
고통이라는 것도 모르고 있습니다.
고통을 고통인 줄 모르는 자에게
고통을 벗겨 주겠다고 하면
의심부터 하고 화부터 냅니다.

조선 남자들의 속셈이 보이지 않습니다.
이 나라 조정의 내심도 보이지 않습니다.
가마를 타고 다니는 여자들을
영영 볼 기회가 없으면 어쩌나 합니다.

조선의 마음이 보이지 않습니다.
그리고 저희가 해야 할 일이 보이지 않습니다.

그러나 주님, 순종하겠습니다.
겸손하게 순종할 때 주께서 일을 시작하시고
그 하시는 일을 우리의 영적인 눈이
볼 수 있는 날이 있을 줄 믿나이다.

"믿음은 바라는 것들의 실상이요
보이지 않는 것들의 증거니……"
라고 하신 말씀을 따라 조선인의 믿음의 앞날을
볼 수 있게 될 것을 믿습니다.

지금은 우리가 황무지 위에
맨손으로 서 있는 것 같사오나
지금은 우리가 서양 귀신, 양귀자라고
손가락질받고 있사오나
저희들이 우리 영혼과 하나인 것을 깨닫고,
하늘나라의 한 백성, 한 자녀임을 알고
눈물로 기뻐할 날이 있음을 믿나이다.

지금은 예배드릴 예배당도 없고 학교도 없고
그저 경계의 의심과 멸시와 천대함이 가득한 곳이지만
이곳이 머지않아
은총의 땅이 되리라는 것을 믿습니다.

주여! 오직 제 믿음을 붙잡아 주소서!

그렇습니다. 우리나라의 130여 년 전의 형편은 그렇게 어둡고 절망적이었던 것입니다. 그러나 복음이 전파되자 이렇게 엄청난 나라가 된 것입니다. 우리나라에서 예수님을 오래 믿은 가문이라고 해야 4-5대 정도인데, 그렇게 짧은 기간 동안 세계 역사상 유례 없는 교회 부흥과 나라 경제, 문화 발전을 이루게 된 것입니다. 이것이 믿어지십니까? 다 이스라엘에서 시작된 복음 때문입니다.

그런데 예수님께서 태어나신 이스라엘 땅은 어떻습니까? 약 3,800여 년 동안 하나님의 선민으로 살아온 이스라엘 나라는 어떻습니까? 복음을 받아들이지 않고 있으며, 늘 전쟁의 위협 속에 있고 무엇인가 형통치 못합니다. 우리나라와 이스라엘, 어떻게 보면 우리가 이스라엘 같고, 오히려 이스라엘이 이방같이 느껴집니다. 지금 예루살렘에 가보면 복음이 거의 없습니다. 예수님이 태어나신 곳에 예수님의 임재가 느껴지지 않습니다. 그곳은 관광지일 뿐입니다. 이제부터는 우리가 이스라엘에 간다면 성지 순례보다는 그 땅을 위해, 그 땅에서 기도하기 위해 가는 것이 되어야 합니다.

보십시오. 하나님의 섭리 가운데 이방인인 우리는 구원을 받았습니다. 교회 수도, 교인 수도, 선교사 수도 세계적입니다. 하지만 이스라엘은 그 면에서 영양실조에 걸렸습니다. 우리가 가서 수혈을 해주어야 합니다. 기도하고, 사람을 보내고, 선교비를 보내고, 협력 팀을 보내고, 봉사 팀을 보내야 합니다.

그러나 심각한 문제가 있습니다. 유대인과 이방 기독교인 사이에 갈등이 심하다는 것입니다. 유대인들은 그리스도인의 말을 저주스럽게 생각합니다. 그들은 '그리스도인'이라는 말을 사용하지 않습니다. 그들은 유대인 중에서 예수를 믿는 이들을 '예수님을 메시야로 믿는 사람'이라는 뜻으로 '메시아닉 주'(Messianic Jew)라는 말을 사용합니다.

그들은 자신들을 대량으로 학살한 사람들이 기독교인이라고 생각합니다. 오늘날까지 자신들을 전적으로 핍박한 사람들이 기독교라 생각하기에 감정적으로 기독교인들이 접근하기가 매우 어렵습니다. 특히 서양인들에게는 감정이 많습니다. 그러나 동양인에게는 별 감정이 없습니다. 따라서 동양인인 우리가, 기독교가 최고로 왕성한 우리 한국 교회가 가서 발을 씻어 주어야 합니다. 그리고 예수님을 계속적으로, 꾸준히 전해야 합니다. 그럴 때 결국 이스라엘이 회복될 줄로 믿습니다.

성도 여러분, 왜 이스라엘이 자기 땅으로 돌아와야 하고, 예수님을 영접해야 합니까? 하나님께서 포기하지 않으시기 때문입니다. 하용조 목사님의 말씀과 같이 우리가 아무리 어느 나라다, 어느 나라다 하면서 세계 선교를 외쳐도, 이스라엘이 구원받지 않고 회복되지 않으면 구원의 완성은, 이스라엘을 제외한 선교는 선교의 허무주의에 빠질 가능성이 높습니다.

따라서 우리 교회도 온누리 교회 등과 함께 선교의 완성인 예루살렘에 예수님의 깃발을 꽂는 데 진력해야 할 것입니다. 이방인의 선교와 이스라엘 선교가 하나가 될 때 주님께서 오실 것입니다. 역사가 완성되는 것입니다. 이런 의미에서 우리는 이제부터 이스라엘을 위해 기도해야 합니다. 선교사를 보내야 합니다. 다른 나라들은 다른 교회들이 선교사를 수없이 많이 보내고 있습니다. 우리 교회는 이제 이스라엘에 집중할 필요가 있습니다. 이스라엘의 한인 교회를 지원함으로, 또한 현지인 교회와 목회자와 협력함으로, 기타 여러 가지 방법으로 이스라엘의 회복을 도와야 할 것입니다.

이것은 이렇게 비유할 수 있습니다. 어떤 사람에게 나쁜 자식이 있습니다. 그 자식이 나쁜 짓을 해서 감옥에 갔습니다. 그런데 누군가가 감옥에 있는 자기 자식에게 잘해 줍니다. 그러면 그 사람의 마음이 어떻겠습니까? 비록 자기 자식이 못된 짓을 해서 감옥에 갔지만, 자기 자식에게 잘해 주는 사람을 축복해 주지 않겠습니까?

마찬가지입니다. 우리가 비록 멀리 떨어져 있고 아직 피부에 잘

와닿지 않아도 이스라엘의 회복을 위해 기도하면 하나님께서 복을 내려주십니다. 물론 이스라엘이 잘못은 했지만 그들은 특별히 하나님께서 택하신 백성이기 때문입니다. 그들이 구원을 받도록 도와주면 하나님께서 우리에게 복을 내려주십니다.

이제 본문 로마서 11장 7절을 봅니다.

> "그런즉 어떠하냐 이스라엘이 구하는 그것을 얻지 못하고 오직 택하심을 입은 자가 얻었고 그 남은 자들은 우둔하여졌느니라."

구원의 아이러니입니다. 이스라엘이 구한 것은 얻지 못하고 택하심을 입은 자가 얻게 된 것입니다. 여기서 제외된 사람은 다 우둔하여졌습니다. 이것이 참으로 이해하기 힘든 일입니다. 구원을 받을 사람은 구원받지 못하고, 구원을 받지 못할 사람들은 구원받았습니다. 저와 여러분은 구원을 받을 수 없는 민족으로 태어났지만 하나님께서 당신의 자녀로 만들어 주셨습니다. 신비하지 않습니까?

> "기록된 바 하나님이 오늘까지 그들에게 혼미한 심령과 보지 못할 눈과 듣지 못할 귀를 주셨다 함과 같으니라"(롬 11:8).

신명기 29장 4절, 이사야 29장 10절을 인용하여 왜 이스라엘이 메시야를 받아들이지 못했는가를 설명하고 있는 것입니다.

첫 번째 이유는 혼미한 정신 때문입니다. 두 번째 이유는 보지 못하는 눈 때문이요, 세 번째는 듣지 못하는 귀 때문입니다. 보여 주어도 보지 못하고, 들려주어도 듣지 못하고, 그토록 하려 했지만 마음을 멀리했다는 것입니다. 예수님을 오래 믿었어도 지금 은혜를 보지 못했으면 오히려 설교를 들을수록 마음이 완악해집니다. 이스라엘에게 특권이 많았지만 은혜를 받지 못하니까 메시야를 죽이기까지 강퍅해지지 않았습니까?

"또 다윗이 이르되 그들의 밥상이 올무와 덫과 거치는 것과 보응이 되게 하시옵고 그들의 눈은 흐려 보지 못하고 그들의 등은 항상 굽게 하옵소서 하였느니라"(롬 11:9-10).

우리는 하루 세 끼 식사를 합니다. 그렇게 먹으면 건강해집니다. 힘이 솟고 영양도 공급받습니다. 그런데 보여 주어도 보지 못하는 사람, 듣게 해도 듣지 못하는 사람, 정신이 혼미한 사람은 밥을 먹을수록 건강이 나빠집니다. 그와 마찬가지로 종교적인 형식에 얽매여 있는 사람, 교회관이 들락날락하는 사람은 밥상이 올무가 되고 덫이 되고 꺼리는 것이 되며 보응이 될 수밖에 없는 것입니다. 이번에 제가 깨닫고 보니 성경 중에 가장 신비로운 주제 중의 하나가 바로 '이스라엘'에 대한 것입니다.

페르시아의 프레드릭 황제가 신앙이 독실한 시종에게 물었습니다.

"그대는 매사에 '하나님, 하나님' 하는데, 하나님이 계시다면 그 구체적인 증거는 무엇이냐?"

그때 시종은 다음과 같이 간단히 대답했다고 합니다.

"폐하, 저 이스라엘입니다."

여러분, 왜 이스라엘의 실패가 모든 이방인들의 구원으로 연결

되었을까요? 이것이 무척 신비스러운 것입니다.

또 하나 유대인들은 지난 2천 년 동안 예수님을 메시야로 받아들이지 않았다는 것입니다. 유대인들은 인류 역사상 가장 큰 고난을 겪은 민족입니다. 제2차 세계대전 시 히틀러에 의해 600만 명이 학살을 당하는 등, 주후 70년 예루살렘 멸망 후 1,900년 동안 나라 없이 전 세계를 방황하며 살아왔습니다. 그러나 1948년에 고토(古土)에 다시 나라를 세웠으며, 계속해서 전 세계에 흩어졌던 이스라엘이 자기 나라로 돌아오고 있습니다. 뿐만 아니라 조롱과 핍박의 위협 속에서도 예수님을 메시야로 영접하는 사람들이 계속 늘어나고 있습니다. 신비하지 않습니까?

그런데 사탄은 우리의 눈을 가려서 그러한 이스라엘을 성경적인 관점으로 보지 못하게 하고 다만 정치, 군사, 경제, 문화, 역사적 관점으로만 보게 만들어, 이스라엘을 그저 외교와 경제를 맺는 여느 나라와 같은 나라로 만들어 버렸습니다. 정치가, 외교가들의 눈만이 아니라 교회, 평신도, 목사들의 눈까지 가려 버렸습니다. 그래서 구속사적으로 볼 때 땅 끝인 이스라엘에 선교해야 한다는 교회들은 거의 없습니다. 교단이나 한국 교회적으로 볼 때 오대양 육대주 웬만한 나라에는 다 선교사를 보내고 있지만, 이스라엘을 위해 기도하고 이스라엘을 위한 비전을 가지고 나아가는 교회는 동부이촌동의 온누리교회를 비롯한 극소수의 교회뿐입니다.

결국은 사탄이 이스라엘을 영적으로, 하나님의 축복의 통로의 민족으로(창 12:2-3) 보지 못하도록 했기 때문입니다.

사도 바울은 로마서 11장에서 이스라엘의 구원을 구원의 절정으로 말하고 있습니다. 로마서는 분명히 구원에 대한 책입니다.

로마서 1장에서 8장까지는 저와 여러분이 매우 좋아하는 주제입니다. 저는 대학원에서 이 부분을 중심으로 "로마서에 나타난 하나님의 의 고찰"이라는 제목으로 졸업 논문을 쓰기도 했습니다. 그 정도로 좋아했습니다. 목회를 해보니 성도들이 이 부분을 아주 좋아해 많이 읽고 많이 위로와 힘을 얻는 것을 보게 됩니다. 그러면 왜 우리가 이 부분을 좋아할까요? 모든 이방인의 구원, 개인의 구원을 취급하기 때문입니다.

반면에 9장부터 11장은 로마서 중에서 가장 배척받는 부분입니다. 12장부터 16장까지는 실천 편이라 하여 교리 편인 1장부터 8장까지보다는 덜하지만 그래서 함께 많은 사랑을 받습니다.

그러나 9장부터 11장까지는 가장 무관심한 부분이 되고 있습니다. 젊어서부터 목회의 길을 걷고 있는 제 자신도 그 부분을 그저 교리 편과 실천 편 사이의 삽화적 이야기, 사도 바울의 개인적 소망과 기대감 정도로 치부했으니까요. 그러나 금년 4월을 계기로 깨닫고 보니 구원의 절정이 바로 여기에 있는 것입니다.

보십시오. 1장부터 8장까지는 이방인의 구원, 개인의 구원을, 9장부터 11장까지는 이스라엘의 구원과 온 인류의 구원을 이야기하고 있습니다. 이제 마지막에 이스라엘이 구원받으면 온 인류가 구원받게 되는 것이 우리 하나님의 원대한 계획입니다. 따라서 이방인의 구원과 이스라엘의 구원, 이 두 가지가 들어맞아야 주님의 재림이 이루어지고 역사의 마지막, 즉 구원의 완성이 이루어집니다.

지금 이 세계에는 대략 1만 2천 종족, 약 22억 인구가 아직 복음을 듣지 못하고 있고, 중국만 해도 약 13억의 인구가 있습니다. 그리고 전도하는 동안 인구는 계속해서 늘어납니다. 그렇다면 몇백 년, 몇천 년이 간다 해도 지금같이 하나님의 관심의 초점인 이스라엘을 제외해 놓고 여기저기 편한 대로 산발적으로 선교한다 한들 구원이 완성되겠습니까?

이렇게 구속사에서 핵심 역할을 하도록 하나님께서 택해 주신 이스라엘에 대한 성경적 관점 없이, 되는 대로 선교하면 선교 허무주의에 빠질 수밖에 없습니다. 예수님께서 승천하시기 전에 선교 예언 명령을 하시면서 "땅 끝까지 이르러 내 증인이 되리라"(행 1:8)고 말씀하셨는데, '이스라엘'이 바로 그 땅 끝입니다. 끝을 맡아 놓으면 그 과정이 단축됩니다. 가속도가 붙습니다. 이것이 이스라엘에 대한 하나님의 궁극적인 계획이요 위대한 선교 전략입니다.

물론 이스라엘은 우리가 민족적으로, 문화적으로, 역사적으로, 지리적으로 매우 멀기 때문에, 또한 우리나라 경상북도 크기 만한 나라이기에 별로 중요한 나라가 아니라고 생각할 수 있습니다. 그러나 영적으로 보면 이스라엘은 모든 이방인, 전 인류와 같은 가치가 있는 민족이요 나라라는 것을 기억하시기 바랍니다.

분명히 말씀드리지만, 이스라엘의 회복과 이스라엘의 구원을 위해 남은 자로서 일하는 사람은 창세기 12장 2-3절에 약속된 복을 받아 누릴 것입니다. 이것은 하나님의 분명한 약속입니다. 그런 민족, 교회, 가정, 개인은 이스라엘의 하나님께 복을 받게 될 것입니다.

마지막으로 다시 한 번 말씀드립니다. 절대로 이스라엘의 구원 없이 이방인들만 구원받지 못합니다. 이것이 하나님의 변함없는 뜻입니다. 하나님께서는 이방인을 구원하기 위해서 선민으로 하여금 실족하게 하시고 실패하게 하셨습니다. 우리는 유대인들이 예수님을 십자가에 못 박아 죽게 한 민족이라 이 세상에서 가장 악하고, 그래서 2천 년 동안 전 세계에 흩어지게 되었고, 600만 명이 학살당했다고 습관적으로 쉽게 말할 수 있는지 모릅니다.

그러나 저는 이스라엘 사람들이 특별히 악한 것이 아니라고 생각합니다. 왜냐하면 만약 예수님이 우리나라로 오셨다면 우리도 유대인들과 똑같이 악하게 했을 것이기 때문입니다. 하나님께서 특별히 악하다고 할 수 없는 선민 이스라엘을 이방인의 구원을 위해 실족하고 실패하게 하셨는데, 그렇다면 하나님께서 그 이스라엘을 완전히 포기하시겠습니까? 아닙니다. 반드시 다시 찾으실 것입니다.

그것은 그리스도 예수 안에서 저나 여러분을 구속하신 하나님께서 저나 여러분을 절대 버리실 리가 없는 것과 똑같은 이치입니다. 그리스도 예수 안에서 택한 사람을 반드시 구원하시어 하나님의 자녀 삼으시는 것처럼, 아무리 실수하고 잘못했어도 원래 선민인 이스라엘을 마지막에 다시 회복하셔서 인류 역사의 완성이라는 대단원의 막을 내리게 하실 것입니다.

> "형제들아 너희가 스스로 지혜 있다 하면서 이 신비를 너희가 모르기를 내가 원하지 아니하노니 이 신비는 이방인의 충만한 수가 들어오기까지 이스라엘의 더러는 우둔하게 된 것이라 그리하여 온 이스라엘이 구원을 받으리라 기록된 바 구원자가 시온에서 오사 야곱에게서 경건하지 않은 것을 돌이키시겠고 내가 그들의 죄를 없이할 때에 그들에게 이루어질 내 언약이 이것이라 함과 같으니라"(롬 11:25-27).

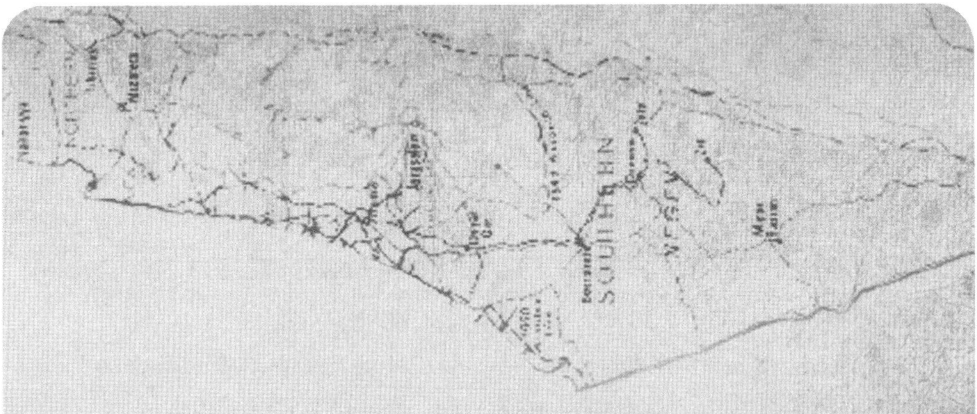

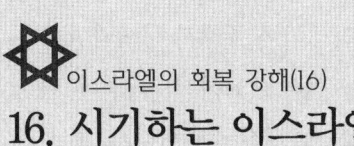

✡ 이스라엘의 회복 강해(16)
16. 시기하는 이스라엘

내가 이방인인 너희에게 말하노라 내가 이방인의 사도인 만큼 내 직분을 영광스럽게 여기노니 이는 혹 내 골육을 아무쪼록 시기하게 하여 그들 중에서 얼마를 구원하려 함이라 (롬 11:13-14)

칠전팔기(七顚八起)라는 말이 있습니다. '일곱 번 넘어지고 여덟 번 일어난다'는 뜻으로, 굽히지 아니하고 꾸준히 노력한다는 말입니다. 우리가 지금은 특별히 로마서 9장부터 11장까지를 통해 이스라엘의 회복에 대한 것을 공부하고 있는데, 이스라엘 민족은 그들 스스로가 노력해서라기보다는 하나님께서 아예 넘어지게 하시고 다시 일으켜 세우시는 민족이라는 것을 깨닫게 됩니다.

로마서 11장 11절을 보겠습니다.

> "그러므로 내가 말하노니 그들이 넘어지기까지 실족하였느냐 그럴 수 없느니라 그들이 넘어짐으로 구원이 이방인에게 이르러 이스라엘로 시기 나게 함이니라."

이스라엘이 2천 년 전에 그들의 땅에 오신 메시야이신 예수님을 배척함으로 넘어진 것은 사실입니다. 그들은 발을 잘못 디뎠습니다. 그래서 넘어졌습니다. 그러면 그 넘어진 것이 아주 망한 것입니까? 하나님께서 완전히 버리신 것입니까? 아닙니다. 그것은 일종의 도미노 현상과 같은 것이라 하겠습니다. 하나가 넘어지면 나머지도 줄줄이 다 무너지는 것을 도미노 현상이라고 하지 않습니까?

그렇습니다. 구속사 속에서 이스라엘이 실족해서 넘어지면서 이방인이라는 도미노를 친 것입니다. 그런데 오묘하게도 망하는 쪽으로 넘어진 것이 아니라 이방인 쪽으로 넘어진 것입니다. 그렇게 되어 뜻밖에 이방인들이 구원을 받게 된 것입니다. 따라서 만약 이스라엘의 실패가 없었다면 이방인의 구원도 기대할 수 없었던 것이 됩니다. 이런 이야기가 11절 중간에 나옵니다. 정말 이 도미노 현상처럼 저들 이스라엘의 실패로 말미암아 복음이 이방인들에게로 급속히 퍼져 가게 되었습니다.

보십시오. 초대 교회에 성령님께서 역사하시자 복음이 예루살렘으로, 유대로, 사마리아로, 소아시아로 전파되어 갑니다. 뿐만 아니라 지중해를 건너 빌립보로 건너갔습니다. 그리고 다시 우상과 철학의 도시 아덴으로, 상업의 중심지인 고린도로, 종교와 예술의 도시인 에베소로, 그리고 마지막에는 당시 세계의 수도인 로마에까지 침투하게 되었던 것입니다.

주후 313년 로마 제국이 기독교를 공인하자 온 유럽이 복음화의 계기를 이룹니다. 물론 그것은 바울을 비롯한 어떤 사람들이 특출해서가 아닙니다. 성령님께서 그렇게 2천 년 동안 역사하신 결과라고 할 수 있습니다.

그러면 어떻게 해서 우리 하나님을 전혀 모르던 우리 이방인들에게 복음이 전해지고 또 그에 따라 축복을 받게 되었습니까? 놀랍게도 그것은 이스라엘 민족이 실패하였기 때문입니다. 그래서 사도 바울은 그것을 신비한 일이라 말한 것입니다(롬 11:25).

물론 우리 한국에 130여 년 전에 복음을 전해 준 사람들은 대부분 이방인들이지만, 그러나 근원을 따지고 올라가 보면 사실은 유대인들이 우리에게 복음을 전해 준 것입니다. 생각해 보십시오. 예수님의 열두 제자가 유대인이요, 스데반, 빌립 집사가 유대인이요, 이방인의 사도로 부름 받은 바울, 신약성경의 반인 13권을 쓴 사람 바울이 유대인 아닙니까?

사도행전을 보면 사도 바울이 처음부터 이방인 전도를 한 것이 아니라는 것을 알 수 있습니다. 사실 처음에 바울은 가는 곳마다 먼저 유대인의 회당을 찾아갔습니다(행 13:5, 14, 14:1, 17:2, 19:8). 안식일에 회당에서 유대인들을 모아 놓고 예수님이 메시야라는 사실을 가르쳤습니다. 그러나 유대인들은 복음을 거부하고 바울을 핍박했습니다. 그렇게 되니 그 복음은 할 수 없이 옆에서 구경하던 이방인들에게로 간 것입니다.

그런데 복음이 이방인들에게 옮겨 가니, 마치 스펀지가 물을 빨아들이듯이 정신없이 복음을 받아들이는 것 아닙니까? 사도행전 13장 46절에 그 사실이 이렇게 표현되고 있습니다.

> "바울과 바나바가 담대히 말하여 이르되 하나님의 말씀을 마땅히 먼저 너희에게 전할 것이로되 너희가 그것을 버리고 영생을 얻기에 합당하지 않은 자로 자처하기로 우리가 이방인에게로 향하노라."

보십시오. 이스라엘의 실패는 오히려 수많은 이방인들에게 복음이 전해지는 계기를 이루게 되었습니다. 역설적이지만 바로 그것이 이스라엘의 실패 이유였습니다. 사도행전 13장 48절에 보면 이스라엘이 거부하여 넘어가게 된 복음을 이방인들이 어떻게 받아들였는가를 설명합니다.

> "이방인들이 듣고 기뻐하여 하나님의 말씀을 찬송하며 영생을 주시기로 작정된 자는 다 믿더라."

이어서 로마서 11장 12절을 봅니다.

"그들의 넘어짐이 세상의 풍성함이 되며 그들의 실패가 이방인의 풍성함이 되거든 하물며 그들의 충만함이리요."

현재 저 이스라엘이라는 나라는 정치나 외교나 경제나 문화 면에서는 우리보다 수준이 훨씬 높지만, 영적으로는 그 수준이 매우 낮습니다. 지금 막 생겨나기 시작한 소수의 교회들은 핍박에 시달리고 재정적으로도 열악한 상태에 있습니다. 그런 영적으로 사막 같은 이스라엘을 위해 우리 이방인 교회들이 눈물 흘리고, 헌금하고, 기도하고, 그들의 목회와 선교에 조용히 협력해 주면 그들을 택하신 하나님, 마지막 때에 이스라엘의 회복의 역사를 이루시는 하나님께서 얼마나 기뻐하시겠습니까? 분명히 약속하셨습니다. 선민 이스라엘을 돕는 자들에게는 하나님께서 복을 내려주십니다(창 12:3, 27:29, 28:14).

이스라엘의 실패로 이방인들이 구원을 받을 정도라면 그들의 충만함이 이루어지면 세상이 얼마나 충만해지겠습니까? 하나님의 약속이기에 역사의 마지막 때에는 그들이 놀랍게 일어나게 될 것입니다. 하나님의 역사(history, His story)가 완성되기 위하여 이스라엘이 반드시 회복되도록 되어 있습니다. 구멍 뚫린 병에 물을 가득 채우려면 무엇부터 해야 합니까? 하용조 목사님의 말씀대로 먼저 구멍을 막아야 합니다. 하나님의 구속사에서 병의 구멍 뚫린 부분에 해당되는 것이 바로 '이스라엘'입니다. 그것을 먼저 막아 버리면 이방인들이 감당할 수 없이 돌아오게 되어 있습니다.

지금 교회마다 하고 있는 방법으로 선교하면 제대로 감당을 못합니다. "오직 성령이 너희에게 임하시면……땅 끝까지 이르러 내 증인이 되리라"(행 1:8)고 말씀하신 대로 성령님의 바람에 편승해야 합니다. 그래서 주님께서 오실 때가 가까워지면 이방인의 충만한 숫자가 다 구원받게 되어 있습니다.

이제 로마서 11장 13-14절을 보겠습니다.
이는 '나는 이방인의 사도로서 이방인에게 최선을 다해 전도해야 할 사명이 있고, 이스라엘은 베드로와 요한이 있으니 더 이상 고민 않겠다' 는 뜻입니다. 하나님께서 자신에게 맡겨 주신 본래적인 사명을 재확인합니다.

> "내가 이방인인 너희에게 말하노라 내가 이방인의 사도인 만큼 내 직분을 영광스럽게 여기노니"(롬 11:13).

사실 사도 바울이 유대인의 회당을 찾아다니면서 전도했을 때, 유대인들이 그 복음을 잘 받아 주었다면 아마 바울은 이방인의 사도라는 간판을 버렸을지도 모릅니다. 그러나 어떤 의미에서는 그때 유대인들이 마치 약속이나 한 듯이 복음과 사도 바울을 거부했기에, 오히려 그가 이방인의 사도로서의 자기 위치를 지킬 수 있었는지도 모릅니다. 그래서 그는 본문 13절에서 하나님께서 이방인의 사도로 세우신 것을 영광으로 고백하고 있는 것 같습니다.

또한 갈라디아서 1장 15-16절에서는, 하나님께서 모태로부터 자기를 이방의 사도로 택정하셨다고까지 고백하고 있습니다. 그는 자기가 길리기아 다소에서 태어나서 가말리엘 문하에서 공부한 그 모두가 이방인의 사도가 되기 위해 하나님께서 준비시키신 것이 분명하다고 믿고 있습니다. 그 이외에 자기에게 주어진 은사, 재능, 개성, 여건, 과거의 모든 경험과 사건 등이 오늘 이방인의 사도로서의 영광스러운 직분을 감당케 하기 위하여 하나님께서 준비하신 것이라고 믿고 있습니다. 그는 이제 근본적으로 이방인의 사도로 태어난 것이라고 확실히 자기 위치와 정체성을 이해하고서 동족 이스라엘에 대한 고민을 일단 해결하는 것입니다. 이스라엘에 대한 집착에서 떠나 이방인과 유대인의 관계를 생각하는 것입니다.

> "이는 혹 내 골육을 아무쪼록 시기하게 하여 그들 중에서 얼마를 구원하려 함이라"(롬 11:14).

시기하게 하기 위해서라고 말합니다. 자기가 이방인의 사도로 이방 세계에 가서 복음을 전하여 그들이 믿고 잘되는 것을 보고, 동족으로 하여금 시기가 일어나 그중에 얼마라도 믿게 하기 위해서 이방인의 사도로 택해 주셨다는 것입니다.

그렇습니다. 이방인들이 사도 바울을 통해 이스라엘을 모태로 하여 형성된 복음을 믿고 선민 이스라엘보다 더 복 받고 잘사는 것을 보면 이스라엘 사람들도 무엇인가 느끼게 될 거라는 것입니다. 즉 "아, 우리가 핍박한 예수를 저들이 먼저 믿고 축복을 받았어. 믿는 데에는 우리가 전문인데……" 하고 시기, 질투하면서 그들도 복음으로 돌아오게 될 거라고 내다보는 것입니다.

요즈음 와서 많은 이스라엘 사람들이 자기 땅으로 돌아오는 '알리야' 운동이 일어나고 있고, 더 나아가 유대교의 틀을 유지하면서 예수님을 영접하며 살아가는 메시아닉 주들이 점점 늘어나고 있습니다. 현재 이스라엘 사람들 중에 기독교 신학자와 목사들이 많이 생겨나고 있습니다. 이것은 사도 바울을 통해 계시된 대로 역사의 마지막이 가까워지고 있는 것을 시사해 준다고 하겠습니다.

하나님께 모태로부터 이방인의 사도로 택정함을 받은 사도 바울은 이제 고린도의 객사에서 성경의 약속된 말씀 가운데서 이스라엘의 회복을 계시한 말씀들을 새롭게 묵상하며, 이제 이방인들이 잘 믿고 영육간에 복 받는 것을 동족이 보고 예수님을 믿고 서로 화해하게 되면서 주님을 함께 맞이할 그날을 바라보며 로마서 9장에서 11장을 기록했습니다.

사랑하는 성도 여러분, 구속사에서 하나님의 구원 사역이 유대인에게서 이방인에게로 옮겨 간 이유가 무엇입니까? 하나님께서 유대인들을 아주 버리셔서가 아니라, 유대인들이 자기들이 배척한 예수님을 이방인들이 믿고 너무 잘되는 것을 보고 질투하여 예수님을 메시야로 영접하도록 이끄시는 하나님의 섭리 때문입니다.

따라서 저나 여러분에게 선민보다 먼저 믿게 하셔서 선민보다 엄청난 복을 받게 하셨는데, 앞으로 저 이스라엘 사람들 중에 얼마라도 우리에게 질투가 나서 예수님을 영접할 만큼 우리 자신이 먼저 예수님을 잘 믿도록 힘써야 하겠고, 또한 저들을 위해 눈물로 기도할 수 있기 바랍니다.

✡ 이스라엘의 회복 강해(17)
17. 이방 그리스도인들아, 겸손하라

그들을 버리는 것이 세상의 화목이 되거든 그 받아들이는 것이 죽은 자 가운데서 살아나는 것이 아니면 무엇이리요 제사하는 처음 익은 곡식 가루가 거룩한즉 떡덩이도 그러하고 뿌리가 거룩한즉 가지도 그러하니라 또한 가지 얼마가 꺾이었는데 돌감람나무인 네가 그들 중에 접붙임이 되어 참감람나무 뿌리의 진액을 함께 받는 자가 되었은즉 그 가지들을 향하여 자랑하지 말라 자랑할지라도 네가 뿌리를 보전하는 것이 아니요 뿌리가 너를 보전하는 것이니라 그러면 네 말이 가지들이 꺾인 것은 나로 접붙임을 받게 하려 함이라 하리니 옳도다 그들은 믿지 아니하므로 꺾이고 너는 믿으므로 섰느니라 높은 마음을 품지 말고 도리어 두려워하라 하나님이 원 가지들도 아끼지 아니하셨은즉 너도 아끼지 아니하시리라 (롬 11:15-21)

저는 작년 4월 '이스라엘의 회복'에 대한 계시를 깨닫기 전까지만 해도 사도 바울의 서신에 나오는 '이방인과 유대인'에 대한 개념에 대해 별 감각이 없었던 것이 사실입니다.

가령, 에베소서 2장 11-12절의 말씀 "그러므로 생각하라 너희는 그때에 육체로는 이방인이요 손으로 육체에 행한 할례를 받은 무리라 칭하는 자들로부터 할례를 받지 않은 무리라 칭함을 받는 자들이라 그때에 너희는 그리스도 밖에 있었고 이스라엘 나라 밖의 사람이라 약속의 언약들에 대하여는 외인이요 세상에서 소망이 없고 하나님도 없는 자이더니"에서, '너희는'으로 지칭되는 이방인의 비참한 신세와 운명이 바로 우리, 나 자신을 의미하는데도 그것을 깨닫지 못했습니다.

그저 그것은 아직도 예수님을 안 믿고 영적으로 어두운 데서 살아가는 불신자들을 가리키는 말로 간주하며 지내왔던 것이 사실입니다. 에베소서 2장에 나오는 모든 '너희는'이라는 단어가 예수님을 믿기 전에 그 운명이 비참했던 우리들, 이방인의 모습이었다는 것을 미처 깨닫지 못했습니다. 우리는 다만 예수님의 십자가 때문에 선민 유대인과 한가족이 될 수 있었을 뿐, 원래 과거의 영적인 처지는 아주 비참했던 이방인들이었음을 잊지 말아야 하겠습니다.

지난 주간에 생각한 로마서 11장 13-14절을 보면 이방인 교인들을 향한 사도 바울의 당부의 서론이 나옵니다. 사도 바울은 이방인의 사도였습니다. 그런데 그 당시 이방인이 유대인을 생각하는 것과 선택된 백성인 유대인이 이방인을 생각하는 것은 천지 차이였습니다. 사실 우리는 이스라엘 사람들을 생각할 때 별로 큰 갈등을 느끼지 않습니다. 그러나 유대인들은 선택받은 자신들이 이방인들과 교제하는 것, 더구나 그들을 위해 희생하고 죽는 것은 있을 수 없는 일이라고 생각했습니다. 왜냐하면 이방인들은 개나 돼지 같은 존재들이라는 생각을 가졌기 때문입니다.

그런데도 사도 바울은 자신이 이방인들을 위해 사도가 되었고, 그것을 수치가 아닌 영광으로 생각한다고 간증합니다. 그러면서 사도 바울은 먼저 예수 믿고 구원받은 이방 그리스도인들과 교회에 부탁하고 싶은 것이 있다고 하였습니다. 그것은 하나님의 오묘한 섭리 때문에 이스라엘이 실패하고 복음을 거부했지만 이스라엘을 위해 기도해 달라는 것이었습니다. 그것은 이스라엘 사람들이 몇몇이라도 시기가 일어나 예수님을 영접하도록 해달라는 부탁이었습니다. 그것이 사도의 마음이요, 나아가 하나님의 마음이었습니다.

그러면서 구원사에서 이스라엘과 이방인의 관계에 있어 이스라엘이 먼저이기에 이방인 그리스도인들이 유대인들 앞에서 높은 마음을 품지 말 것을 부탁합니다. 로마서 11장 15절을 보시기 바랍니다.

"그들을 버리는 것이 세상의 화목이 되거든 그 받아들이는 것이 죽은 자 가운데서 살아나는 것이 아니면 무엇이리요."

사도 바울의 주장은 간단합니다. 하나님께서 선민을 일시 버리시는 것이 이방인들에게 축복이 되었다면, 그들을 영접하실 때는 부활의 축복이 되지 않겠느냐는 것입니다.

저는 이 시간 우리 성도들의 개인적인 실패가 하나님께서 주시는 축복의 통로가 되기를 축원합니다. 결코 개인적인 실수와 실패,

아픔과 슬픔 때문에 절망하며 좌절하지 마시기 바랍니다. 이스라엘의 실패가 이방인에게 구원이 되었을진대, 여러분의 실패와 좌절이 내가 처한 곳에 있는 사람들에게 하나님께서 복을 주시는 기회가 될 수도 있기 때문입니다.

따라서 오늘 우리도 지금 당장 무엇인가 빨리 안 된다고 해서 섭섭해하거나 낙심하지 말아야 합니다. 오히려 좌절의 과정을 거침으로 보다 효과적으로 어려운 일이 이루어질 수 있습니다. 정(正)에 대하여 반(反)이 있고, 반이 있으면 합(合)이 있습니다. 그러므로 정 앞에 반이 있다고 해서 낙망하거나 원망할 것 없이 합을 믿으면 되겠습니다.

사도 바울이 해피엔딩을 기다리는 것도 하나님의 약속 안에서 무한한 잠재적 가능성을 바라보기 때문입니다.

이상의 내용을 실증하는 두 가지 예를 바울은 성경 속에서 찾아 증거하고 있습니다. 첫째는 본문 로마서 11장 16절입니다.

> "제사하는 처음 익은 곡식 가루가 거룩한즉 떡덩이도 그러하고 뿌리가 거룩한즉 가지도 그러하니라."

첫 번째 예증은 이스라엘이 가나안 땅에 들어가서 맨 처음 곡식을 거둬들인 후에 하나님께서 그들에게 "너희의 처음 익은 곡식 가루 떡을 거제로 타작마당의 거제같이 들어 드리라"(민 15:20)고 말씀하신 데서 취했습니다. 이 제사는 매년 추수 때마다 행해졌습니다. 처음 익은 곡식 가루로 만든 떡은 하나님께 드려짐으로써 성스럽고 거룩하여졌습니다.

바울의 설명대로 첫 곡식의 일부분을 제단에 놓고 불사르는데, 제단에 놓인 곡식 가루는 물론 바쳐지지 않은 곡식 가루도 모두 거룩해진다는 뜻입니다. 또한 하반절에 기록된 나무는 성전 뜰에 심어진 나무를 말하는데, 이 나무는 비록 작아도 성전 뜰에 심어져 있으므로 크든 작든 뿌리가 거룩하니 나무도 거룩하다는 말입니다.

이 두 가지 차원에서 바울이 설명하고자 하는 바가 무엇입니까? 이스라엘 사람들이 현재는 믿지 않고 있고 구원 밖에 있지만, 그들의 조상은 이미 하나님께 바쳐진 거룩한 조상이라는 것입니다. 따라서 그 조상의 후손들이기에 이미 구별되어 바쳐진 거룩한 백성이라는 것입니다. 이방인과는 근본적으로 종자가 다르다는 뜻입니다. 하나님께서 분명히 '축복의 통로가 되리라' 하셨기에(창 12:2-3), 그런 의미로 신앙적인 본래성에 의해 그들의 미래를 바라보는 것입니다.

뿌리도 마찬가지입니다. 이스라엘 사람들은 신앙적인 뿌리를 가진 사람들입니다. 그들의 뿌리는 아브라함이요, 이삭이요, 야곱이요, 모세로서, 지금 그들의 저 깊숙한 곳에는 신앙이 흐르고 있는 것을 사도 바울은 바라보는 것입니다. 누구나 자기 스스로 홀로 된 사람은 없습니다. 혹시 홀로 돈을 번 사람은 있을 수 있지만 자기 됨은 홀로 될 수 없는 것입니다. 오래전부터 주어졌고, 조상으로부터 주어졌습니다. 즉, 뿌리의 영향으로 오늘 우리의 존재가 형성되었다는 말입니다. 이스라엘은 하나님의 선민으로서 아주 귀한 조상의 뿌리를 가진 자의 후손이기에 바울은 낙심치 않는다는 것입니다.

이제는 바울이 다른 차원에서 감람나무의 예를 들고 있습니다.

로마서 11장 17절을 보십시오.

"또한 가지 얼마가 꺾이었는데 돌감람나무인 네가 그들 중에 접붙임이 되어 참감람나무 뿌리의 진액을 함께 받는 자가 되었은즉."

그러면 이스라엘은 신앙의 뿌리가 있는데, 뿌리가 없는 이방인들이 어떻게 해서 믿게 되었느냐에 대해 설명하고 있습니다.

사실 영적인 면에서 이방인들에게 뿌리가 있다면 우상숭배뿐입니다. 신앙적 뿌리라는 것이 중요합니다. 예수님을 믿을 때 보면 아무래도 미신이 뿌리째 뽑히지 않아 휘청거리는 것을 보게 됩니다. 그런 우상의 뿌리를 가진 이방 사람들이 본래 붙어 있던 뿌리에서 끊어져서 다른 좋은 나무에 접붙여졌습니다. 오늘 본문대로 하면 종자가 나쁜 돌감람나무에서 끊어져서 좋은 참감람나무 줄기에 접붙여져 그 뿌리에서 진액을 받는 가지로 바뀌었다는 것입니다.

즉 이방인들은 그들의 뿌리에서 예수님을 믿는 뿌리로 옮겨졌습니다. 이제 우리도 본래 우리의 전통 중에서 부정적인 것에서는 벗어나야겠습니다. 불교, 유교, 샤머니즘 등 불신앙적이고 미신적인 정신적 뿌리를 과감히 끊어 버리고 성경적 뿌리에 완전히 접붙여져야 할 것입니다.

그런데 우리 기독교가 도저히 부인할 수 없는 사실은 기독교가 유대주의적인 뿌리를 가졌다는 사실입니다. 그렇습니다. 이스라엘 사람들이 자랑하는 아브라함에게 우리 기독교의 뿌리가 있습니다. 기독교는 교리적으로나 신앙적으로나, 역사적으로나 학문적으로나 유대주의가 그 확실한 뿌리입니다.

보십시오. 믿음으로 의롭다 함을 얻는 일, 유일하신 하나님을 믿는 일, 십자가의 구속 사역을 제사성으로 이해하는 것, 약속을 믿는 일들이 다 이스라엘에서 나왔습니다. 또한 선민 사상 역시 이스라엘의 선민 사상을 기독교적으로 재해석해 놓은 것입니다. 심지어 우리가 기다리는 예수님의 재림 사상도 그 옛날 메시야를 기다리던 대망 사상이 기독교적으로 재해석된 것입니다.

그리고 회당이 변하여 교회가 되었고, 안식일이 변하여 주일이 되었고, 유월절이 변하여 부활절이 되었습니다. 기독교는 이렇게 철저하게 이스라엘에 뿌리를 두었습니다. 그러므로 이방인인 우리는 본래에 있던 뿌리를 끊어 이스라엘 사람들의 그 전통에 접붙여져서 거기서 진액을 받아야겠습니다. 여기에 기독교가 있는 것입니다.

따라서 사도 바울은 여기서 하나의 경우를 말씀하고 있습니다.

> "그 가지들을 향하여 자랑하지 말라 자랑할지라도 네가 뿌리를 보전하는 것이 아니요 뿌리가 너를 보전하는 것이니라"(롬 11:18).

첫째, 자랑하지 말라는 것입니다.

왜 그래야 하는 것입니까? 본래 우리는 진노의 자녀요 예수 밖의 사람들인데, 이제 귀중한 수천 년의 이스라엘 전통과 역사의 뿌리에 연결을 받아 믿음의 사람들이 되었으니 결코 자랑할 것이 없는 것입니다. 은혜로 거저 받았기 때문입니다. 그래서 본문 로마서 11장 20절에서는 이렇게 말씀합니다.

> "옳도다 그들은 믿지 아니하므로 꺾이고 너는 믿으므로 섰느니라 높은 마음을 품지 말고 도리어 두려워하라."

높은 마음을 품지 말라고 당부합니다. 생각해 보십시오. 무자격한 가운데 양자가 되었는데, 본래의 아들처럼 자랑할 수 있겠습니까? 사실 가만히 생각하면 원래 무당 따라다니며 무서워 떨던 우리가 예수님을 믿고 사랑 외에는 매일 것이 없는 자유인이 되었으니, 자랑하지 말라는 것입니다.

둘째, 두려워하지 말라는 것입니다. 21절을 읽어 봅니다.

> "하나님이 원 가지들도 아끼지 아니하셨은즉 너도 아끼지 아니하시리라."

보십시오. 원 가지도 필요하면 아끼지 아니하고 끊어 버리십니다. 왜냐하면 돌감람나무 가지를 원 감람나무에 접붙이기 위해서는 원 감람나무 가지 하나를 꺾어야 했습니다. 그런데 꺾이는 가지는 믿지 아니하므로 꺾인다고 말씀하고 있습니다. 신앙의 열매를 맺지 아니하면 원 감람나무 가지라도 잘라내고 다른 가지 하나를 붙여 열매 맺게 하시는 하나님이시기에, 접붙인 가지 정도야 말라 버리면 가차 없이 잘라 버릴 것이니 조심하라는 것입니다.

다시 한 번 이 내용을 정리해 봅니다. 여러분, 이스라엘의 실패가 전적으로 이스라엘의 잘못 때문입니까? 아닙니다. 그것의 영적인 의미는 19절에 있습니다. 이스라엘이 잘못한 것은 사실입니다. 그러나 어떤 의미에서 그들은 우리 이방인들이 구원을 얻게 하기 위하여 희생된 것입니다. 어떤 의미에서 온 인류의 구원의 희생양이 되신 예수님의 그림자 역할을 했다고 보아야 할 것입니다. 즉 예수님께서 온 인류를 구원하시기 위해 하나님의 어린 양이 되셨는데(요 1:36), 이스라엘은 이방인들이 그 예수님을 믿게 하기 위해 희생양이 된 것이라고 하겠습니다.

따라서 우리는 이방인으로서 "이스라엘이 학살을 당하고 전 세계로 방황하게 된 것은 그들이 메시야를 죽였기 때문이다"라고 말해서는 안 되겠습니다. 그렇게 오만하게 함부로 말해서는 안 됩니다. 그 말은 이스라엘 사람들이 예수님을 믿고 나서 회개할 때 쓰는 말입니다. 우리 이방인들로서는 "우리가 예수님을 믿도록 하기 위해 이스라엘 백성들이 희생당했다"라고 말해야 하겠습니다. 고맙게 생각하고 미안하게 생각해야 합니다.

냉정하게 생각해 봅시다. 사실 600만 명이 가스실에서 학살당할 만큼의 죄가 어디 있단 말입니까? 2천 년 동안 전 세계를 유리방황할 만큼 큰 죄가 어디 있습니까? 그들이 이런 큰 고난을 당해야 할 이유가 어디 있습니까? 이것을 무엇으로 설명할 수 있겠습니까? 그것은 오직 하나, 이방인의 충만한 숫자가 아직 채워지지 않았기 때문입니다. 저들은 지금 예수님을 믿는 이방인의 충만한 숫자가 채워지기까지 기다리고 있는 것입니다(롬 11:25).

이방인들이 돌아오고 이스라엘이 돌아오면 역사가 완성됩니다. 오늘도 이방인의 충만한 숫자가 돌아오기까지 이스라엘은 우리를 대신하여 고통을 겪으면서 기다리고 있습니다. 이것이 이스라엘입니다. 따라서 저는 여러분이 이스라엘을 많은 여러 나라 중의 한 나라로 보지 않기를 원합니다. 이스라엘을 영적으로 이해하십시오. 인류의 구원을 위하여 하나님께서 남겨 두실 마지막 카드라는 것을 잊지 마시기 바랍니다.

마지막으로 오늘 본문 로마서 11장 20-21절을 보시기 바랍니다.

"옳도다 그들은 믿지 아니하므로 꺾이고 너는 믿으므로 섰느니라 높은 마음을 품지 말고 도리어 두려워하라 하나님이 원 가지들도 아끼지 아니하셨은즉 너도 아끼지 아니하시리라."

우리 이방인들 때문에 희생당한 원 가지인 이스라엘 사람들에게 감사하게, 또 미안하게 생각하며 겸손해야 하겠습니다. 그리고 우리가 예수님을 잘 믿어 복을 받아 누리고 저들도 시기가 나서 예수님을 영접할 수 있도록 해야 할 것입니다. 물론 그들이 자기 나라로 돌아와 살도록, 남은 자가 다 구원받도록 눈물로 기도해야 할 것입니다.

이스라엘의 회복 강해(18)
18. 이스라엘이 접붙여질 때

그러므로 하나님의 인자하심과 준엄하심을 보라 넘어지는 자들에게는 준엄하심이 있으니 너희가 만일 하나님의 인자하심에 머물러 있으면 그 인자가 너희에게 있으리라 그렇지 않으면 너도 찍히는 바 되리라 그들도 믿지 아니하는 데 머무르지 아니하면 접붙임을 받으리니 이는 그들을 접붙이실 능력이 하나님께 있음이라 네가 원 돌감람나무에서 찍힘을 받고 본성을 거슬러 좋은 감람나무에 접붙임을 받았으니 원 가지인 이 사람들이야 얼마나 더 자기 감람나무에 접붙이심을 받으랴 형제들아 너희가 스스로 지혜 있다 하면서 이 신비를 너희가 모르기를 내가 원하지 아니하노니 이 신비는 이방인의 충만한 수가 들어오기까지 이스라엘의 더러는 우둔하게 된 것이라 그리하여 온 이스라엘이 구원을 받으리라 기록된 바 구원자가 시온에서 오사 야곱에게서 경건하지 않은 것을 돌이키시겠고 내가 그들의 죄를 없이할 때에 그들에게 이루어질 내 언약이 이것이라 함과 같으니라 복음으로 하면 그들이 너희로 말미암아 원수 된 자요 택하심으로 하면 조상들로 말미암아 사랑을 입은 자라 하나님의 은사와 부르심에는 후회하심이 없느니라 너희가 전에는 하나님께 순종하지 아니하더니 이스라엘이 순종하지 아니함으로 이제 긍휼을 입었는지라 이와 같이 이 사람들이 순종하지 아니하니 이는 너희에게 베푸시는 긍휼로 이제 그들도 긍휼을 얻게 하려 하심이라 하나님이 모든 사람을 순종하지 아니하는 가운데 가두어 두심은 모든 사람에게 긍휼을 베풀려 하심이로다 (롬 11:22-32)

사도 바울은 로마서 9-11장에서 이스라엘의 구원문제를 말씀하면서 그것을 배경으로 우리에게도 구원의 도리를 말씀하고 있습니다. 그는 회개하지 않는 이스라엘 백성들이지만 그 민족에 대한 사랑을 계속 고백하면서 소망적인 생각을 버리지 않았습니다. 그는 자기가 동족으로부터 박해받아 죽을 뻔했던 개인적인 사정은 생각하지 않았습니다. 사실 개인적인 감정을 가지고는 하나님의 진리를 바로 생각할 수가 없기 때문입니다. 그점이 참으로 중요한 것입니다.

내가 당한 손해, 상처, 경험 등을 먼저 생각하면서 거기에 집착하면 진정 보아야 할 하나님의 세계를 볼 수 없습니다. 물론 사도 바울도 자기의 개인적인 문제를 극복하려고 무던히 애썼고, 인간적인 측면에서 볼 때 전혀 문제를 갖고 있지 않았던 것은 아닙니다. 그에게도 조국 이스라엘을 소망적으로만 볼 수 없었던 문제는 여전히 남아 있었습니다. 그러나 그는 자기 개인의 시선으로 보지 않고 하나님께서 이루시는 뜻을 먼저 알려고 노력했습니다. 어느 문제이든 어느 각도에서 보느냐에 따라 크게 다르기 때문입니다.

사도 바울은 오늘 본문에서도 계속 하나님의 뜻하시는 바를 깊이 헤아리면서 이스라엘을 보며 총괄적으로 말씀하고 있습니다. 로마서 11장 22-23절을 보시기 바랍니다.

"그러므로 하나님의 인자하심과 준엄하심을 보라 넘어지는 자들에게는 준엄하심이 있으니 너희가 만일 하나님의 인자하심에 머물러 있으면 그 인자가 너희에게 있으리라 그렇지 않으면 너도 찍히는 바 되리라 그들도 믿지 아니하는 데 머무르지 아니하면 접붙임을 받으리니

> 이는 그들을 접붙이실 능력이 하나님께 있음이라."

이스라엘 백성들이 이 마지막 때에 예수님을 영접하면 넉넉히 접붙이심을 얻게 될 것입니다. 즉 하나님께서 이 마지막 때에 이스라엘을 다시 회복시키실 줄로 믿습니다. 다시 건져 주실 줄로 믿습니다. 전 세계에 흩어졌던 그들을 다 불러 모아 주시고 이방인들과 함께 구원을 받아 '한 새 사람'(엡 2:15)으로 만들어 주실 줄로 믿습니다. 그 일을 저와 여러분이 도와야 할 것입니다. 이스라엘을 위하여 기도하는 것은 우리의 구원과 밀접한 관련이 있습니다. 이스라엘의 평안을 믿는 자는 하나님께서 복을 주실 것입니다. 시편 122편 6절을 보십시오.

> "예루살렘을 위하여 평안을 구하라 예루살렘을 사랑하는 자는 형통하리로다."

이스라엘의 회복 없이 세계의 회복이 없고, 이 역사의 완성이 없는 법입니다. 예레미야 31장 10절에 이런 말씀이 있습니다.

> "이방들이여 너희는 여호와의 말씀을 듣고 먼 섬에 전파하여 이르기를 이스라엘을 흩으신 자가 그를 모으시고 목자가 그 양 떼에게 행함같이 지키시리로다."

하나님께서 자기 백성을 흩으셨습니다. 하지만 마지막 시대에 다시 그들을 모으십니다. 하나님께서 그들을 지키신다고 되어 있습니다. 이것이 성경의 예언입니다. 역사는 성경의 예언대로 이루어 질 것입니다. 로마서 11장 24절을 보시기 바랍니다.

> "네가 원 돌감람나무에서 찍힘을 받고 본성을 거슬러 좋은 감람나무에 접붙임을 받았으니 원 가지인 이 사람들이야 얼마나 더 자기 감람나무에 접붙이심을 받으랴."

진정한 구원은 개인에서 시작되어 민족 구원을 넘어서서 온 인류의 구원으로 대단원의 막을 내립니다. 이방인의 구원은 이스라엘을 통해서, 이스라엘의 구원은 이방을 통해서 얻게 하십니다. 이것이 온 인류를 구원하시는 하나님의 놀라운 계획이요 전략입니다. 여기까지가 지난 주간 후반부에 드린 말씀입니다.

오늘 본문 로마서 11장 25절을 보시기 바랍니다.

> "형제들아 너희가 스스로 지혜 있다 하면서 이 신비를 너희가 모르기를 내가 원하지 아니하노니 이 신비는 이방인의 충만한 수가 들어오기까지 이스라엘의 더러는 우둔하게 된 것이라."

여기서 '신비'란 영어로는 mystery로서 신비롭다는 뜻입니다. 하나님께 속한 일들은 인간에게는 전부가 신비롭습니다. 즉 인간에게는 신비로운 것이 하나님에게는 당연한 것이며, 인간에게는 아주 우연한 것이 하나님께는 아주 필연적인 것입니다. 그러므로 인간에게 신비가 있을 뿐이지 하나님께도 신비가 있는 것이 아닙니다.

또한, 이 신비는 오직 믿음으로만 이해할 수 있으므로 신비로운 하나님의 세계에 대해서는 항상 겸손해야 합니다. 지금 이해되지 않는다고 그것 자체를 부정해서는 안 될 것입니다. 교만한 사람들은 자기가 못하면 남도 못한다고 일축해 버립니다. 내가 못하고 경험하지 못했다고 다른 사람에게까지 적용해서는 안 됩니다. 그러므로 우리는 하나님의 세계에 대해서 이해가 되지 않는 부분은 언제나 신비롭게 남겨 두어야 합니다. 지금 당장 '그렇다, 아니다'로 판단치 말고 비밀한 세계를 그대로 두고 그 신비를 조금씩 깨닫고 이해해 나가도록 해야 할 것입니다.

근본적으로 하나님의 비밀은 무엇일까요? 골로새서 1장 27절 하반절에서 사도 바울은 선언합니다.

> "이 비밀은 너희 안에 계신 그리스도니 곧 영광의 소망이니라."

저와 여러분, 그리고 이 땅의 이방인들, 또 저 유대인들에게 공통적인 영광의 소망, 비밀이 있는데, 그것은 다름 아닌 성도 안에 계신 그리스도이십니다. 그리스도를 아는 천국의 비밀을 깨달은 자입니다.

자, 이제 본문을 보십시오. 사도 바울은 이 영광의 소망, 하나님의 비밀이신 그리스도와 관련하여 또 하나의 신비를 깨닫습니다. 즉 이스라엘의 완악함과 이스라엘의 실패는 엄청난 비밀임을 깨달은 것입니다.

아까 읽은 25절의 내용입니다. 이방인의 충만한 숫자가 들어오기까지 이스라엘의 더러는 우둔하게 될 것입니다. 무엇을 의미합니까? 하나님께서는 이방인들에게 복음을 주시기 위하여 문을 열어 놓으셨고, 이방인들의 구원의 문을 열어 주기 위하여 이스라엘의 구원의 문을 닫으셨습니다. 그 결과 이스라엘은 복음을 거부하게 되었고 메시야를 십자가에 못 박아 죽였습니다. 2천 년이 지난 지금까지도 전체적으로 예수님을 거부합니다. 왜 그럴까요? 그들이 강퍅한 면도 있지만 이방인의 충만한 숫자가 채워지기 위함입니다.

지렛대로 물건을 들기 위해서는 지렛대 아래에 무엇인가 있어야 하지 않습니까? 이를테면 구원사에 있어 이스라엘이 그 역할을 한 것입니다. 이방인을 움직이기 위해서 이스라엘이 그 역할을 한 것입니다. 하나님께서는 이방인을 구원하신다는 것입니다. 하나님께서는 이방인들을 버리지 않으시고, 선택받은 이스라엘만 구원을 받게 하지도 않으시며 모든 열방을 구원하기를 원하시는 것입니다. 지금도 하나님께서는 여러분 개인만 아니라 여러분의 가정, 일가친척까지 구원하기를 원하십니다.

생각해 보세요. 만약에 이스라엘이 실패하지 않았다면 우리는 구원받지 못했을 것입니다. 따라서 이스라엘의 실패는 우리의 구원과 깊은 관계가 있는 것 아니겠습니까? 이스라엘이 우리를 위하여 희생을 했다면 이제는 우리가 이스라엘을 위하여 희생할 차례입니다.

그러면 하나님께서는 이방인의 구원을 위하여 선민 이스라엘을 영원히 희생시키셨습니까? 절대로 아닙니다. 하나님께서는 이스라엘을 반드시 다시 찾으시고 회복시키십니다.

이제 로마서 11장 26-27절을 봅니다.

"그리하여 온 이스라엘이 구원을 받으리라 기록된 바 구원자가 시온에서 오사 야곱에게서 경건하지 않은 것을 돌이키시겠고 내가 그들의 죄를 없이할 때에 그들에게 이루어질 내 언약이 이것이라 함과 같으니라."

자, 보세요. 선민 이스라엘은 이방인을 위하여 희생을 당했지만 하나님께서 선민 이스라엘을 아주 버리신 것이 아닙니다. 이방인을 구원하신 하나님께서 이스라엘을 구원하지 않으시겠습니까? 이방인을 사랑하셨다면 왜 선민 이스라엘을 사랑하지 않으시겠습니까? 우리는 성경의 예언들, 특별히 로마서 9장부터 11장에 계시되는 신비로 인해 이스라엘이 마지막 때에 구원될 것을 확신해야 할 것입니다. 바로 지금이 그 시작점이라는 것을 깨달으시기를 바랍니다.

이스라엘이 지난 2천 년 동안에는 큰 바위처럼 조금도 움직이지 않았습니다. 그런데 최근 들어 성령님의 역사로 움직이기 시작했습니다. 유대인들은 복음과의 관계에서는 하나님과 원수가 되었습니다. 이방인의 구원을 위하여 하나님께서 그렇게 정하셨기 때문입니다. 그러나 하나님께서는 이스라엘을 아예 버리신 것이 아니었습니다. 본문 로마서 11장 28절을 보세요.

"복음으로 하면 그들이 너희로 말미암아 원수 된 자요 택하심으로 하면 조상들로 말미암아 사랑을 입은 자라."

그들이 비록 복음을 거부했고 메시야를 죽임으로 복음과 원수 된 관계에 있었지만 그것은 이방인의 구원을 위해 그렇게 사용된 것일 뿐, 여전히 그들은 조상들로 인해 사랑을 입은 자들입니다. 절대로 하나님께서 포기하신 자들이 아닙니다. 하나님께서는 그들을 끝까지 사랑하시고 회복되기를 원하시는 것입니다. 이제는 로마서 11장 29-30절을 봅니다.

> "하나님의 은사와 부르심에는 후회하심이 없느니라 너희가 전에는 하나님께 순종하지 아니하더니 이스라엘이 순종하지 아니함으로 이제 긍휼을 입었는지라."

사도 바울이 복음으로 동족 유대인의 마음을 두드렸지만 아무도 마음을 열지 않았습니다. 그 결과 복음이 이방인에게로 갔습니다. 이방인에게 복음을 전하면서 사도 바울은 계속 눈물을 흘리게 됩니다. 왜냐하면 이방인은 구원을 받는데 막상 선민인 동족 유대인들은 구원을 받지 못하기 때문입니다. 그런데 그 가운데에서 이방인의 사도 바울은 하나님의 깊은 신비를 깨닫게 된 것입니다. 그것은 하나님을 모르던 이방인들을 구원하시기 위한 하나님의 섭리가 있다는 것입니다.

성도 여러분, 하나님의 사랑이 얼마나 급합니까? 자기 자식을 죽이면서까지 남의 자식을 사랑하는 분이십니다. 이런 하나님의 사랑을 깨닫고 실천한 여성도의 이야기를 들어 보시기 바랍니다.

우리나라 검찰청에서 검사로 일하다가 하나님의 부르심을 받고 신학을 해서 목사가 되어 지금 미국 롱비치에서 목회하는 목사님의 간증입니다.

해남에서 살던 중 남편이 세상을 떠나 혼자서 힘들게 두 어린 아들을 기르며 신실하게 신앙생활을 하는 부인이 있었습니다. 어느 날 아침에 두 형제가 죽창으로 전쟁놀이를 하다가 말을 타고 산책하는 그 지역 유지의 말의 눈을 찌르게 되어 말이 놀라서 발작함으로 그 유지가 땅에 떨어져 세상을 떠나게 되었습니다. 판사는 두 아이를 법정에 세우고 심문하였습니다.

"애들아, 한 사람이 죽었으니 너희 중 한 사람만 사형을 당하면 된다. 누구의 죽창이 말의 눈을 찔렀느냐?"

그 질문에 두 형제는 서로 자기 죽창에 말의 눈이 찔린 것이라고 주장했습니다. 하는 수 없이 판사는 그 어머니를 불러서 물었습니다.

"부인, 한 사람이 죽었으니 한 아이만 사형을 당하면 되는데, 부인의 두 아들이 서로 자기 죽창에 말의 눈이 찔린 것이라고 하니 참 어려운 일이오. 내가 두 형제를 다 사형에 처할 수 없으니 부인이 한 아들을 정해 주시오. 어느 아들을 사형에 처할까요?"

잠시 생각하던 부인은 떨리는 음성으로 말했습니다. "판사님, 작은아들을 사형에 처해 주시기 바랍니다." 이에 판사는 "부인, 왜 작은아들입니까?" 하고 물었고, 이에 그 부인은 조용한 목소리로 이렇게 대답했습니다.

"큰아들은 제 남편의 전처의 아들입니다. 작은아들은 전처가 세상을 떠난 후 제가 시집을 가서 낳은 아들입니다. 그러니 작은아들을 죽게 해야지요."

"아니, 부인! 부인 몸으로 낳은 아들이 더 귀하지 않소?"

"네, 물론 귀하기야 제 몸으로 낳은 아들이 더 귀하지요. 그러나 저는 그리스도인입니다. 교회에서 가르침을 받는 제가 어찌 큰아들을 죽게 할 수 있겠습니까? 그렇게 하면 세상 사람들과 다를 바가 무엇이며, 어찌 하나님께서 영광을 받으시겠습니까? 그러하니 작은 아들을 사형에 처해 주시기 바랍니다."

부인의 말에 큰 충격을 받은 판사는 흥분하여 말했습니다.

"내 평생 판사 노릇 하면서 이런 일은 처음이오. 이렇게 감동받기가 처음이오. 이제 나는 판사의 권위로 판결을 하겠소. 두 아들 다 무죄석방이오."

그뿐 아니라 판사는 그 재판 후 지방 유지들과 지인들을 다 모아 그 부인의 아름다운 이야기를 전한 다음, "교회가 그렇게 귀한 곳이니 우리 모두 성금을 모아 그 교회를 잘 지어드립시다" 하고 설득했습니다. 그래서 결국 불신 유지들이 뜻과 돈을 모아 그 부인이 나가는 교회의 예배당을 새롭게, 아름답게 지어드렸다고 합니다.

마지막으로 로마서 11장 31-32절을 봅니다.

> "이와 같이 이 사람들이 순종하지 아니하니 이는 너희에게 베푸시는 긍휼로 이제 그들도 긍휼을 얻게 하려 하심이라 하나님이 모든 사람을 순종하지 아니하는 가운데 가두어 두심은 모든 사람에게 긍휼을 베풀려 하심이로다."

우선 좁게 생각할 때 구원의 완성은 여러분만의 구원이 아닙니다. 여러분을 구원하신 것은 여러분의 가정 전체를 구원하라는 뜻입니다. 또한 여러분 주변에 예수님을 믿지 않는 가족이 있다고 생각해 봅시다. 하나님께서 왜 나를 택해 그 가족에게 가게 하셨을까요? "주 예수님을 믿으세요. 당신과 당신의 가정이 구원을 받게 될 것입니다"라고 증거케 하기 위해서입니다(행 16:31). 그런 사명 때문입니다. 왜 대한민국 전체에 엄청난 복을 주셨습니까? 가서 모든 족속으로 제자를 삼게 하기 위해서입니다(마 28:18-20).

성도 여러분, 하나님께서는 모든 이방인들이 돌아오기를 바라십니다. 그뿐만 아니라 마지막 때에 선민 이스라엘이 돌아오기를 원하십니다. 마지막 때에 하나님의 지혜와 능력에 의해 원 가지인 이스라엘이 이방인보다 더 자기 감람나무에 접붙임을 받게 될 줄로 믿습니다.

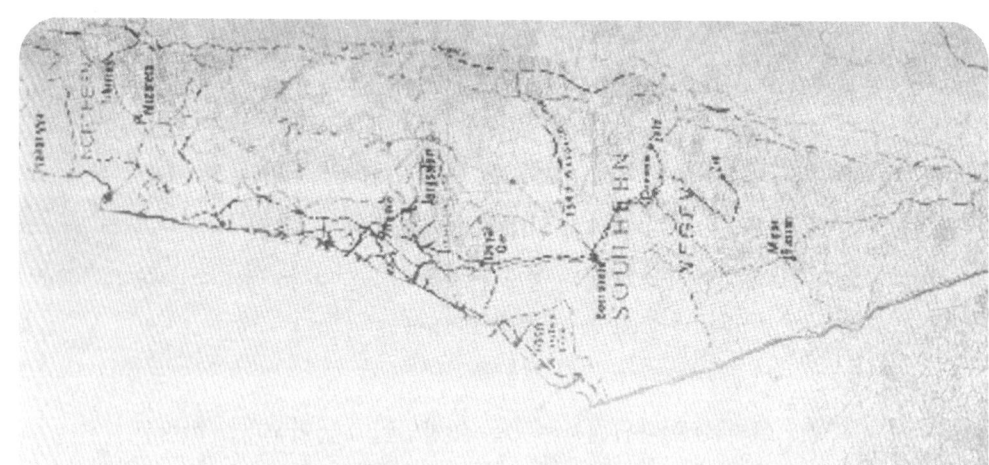

✡ 이스라엘의 회복 강해(19)
19. 하나님의 마음

깊도다 하나님의 지혜와 지식의 풍성함이여, 그의 판단은 헤아리지 못할 것이며 그의 길은 찾지 못할 것이로다 누가 주의 마음을 알았느냐 누가 그의 모사가 되었느냐 누가 주께 먼저 드려서 갚으심을 받겠느냐 이는 만물이 주에게서 나오고 주로 말미암고 주에게로 돌아감이라 그에게 영광이 세세에 있을지어다 아멘 (롬 11:33-36)

김구 선생의 어머니는 아들이 어릴 때부터 아들이 무엇인가 잘못하면 회초리로 종아리를 때렸습니다. 청년이 되어서도 마찬가지였습니다. 물론 거기에 대해서 어릴 때에는 아프기도 하고 해서 어머니를 많이 원망했습니다.

어느덧 김구 선생이 나이가 30이 넘게 되었는데, 어느 날 어머니 보기에 아들이 잘못되었다 싶어 또 종아리를 걷게 하곤 종아리를 때립니다. 그런데 아들이 여태껏 그런 일이 없었는데 흐느껴 웁니다. 놀란 어머니가 "야, 이놈아, 지금까지는 그런 적이 없었는데 아파서 우냐? 부끄러워서 울어야지, 억울해서 우는 거냐?" 묻습니다. 그때 김구 선생은 더욱 눈물을 흘리며 말합니다. "어머니, 지금까지는 어머니가 저의 종아리를 때리시는데 힘이 느껴졌는데, 이제는 어머니 기운이 많이 없는지 조금도 아프지가 않아요. 그래서 제 마음이 아파서 웁니다"라고 했다는 일화가 있습니다.

우리 믿음의 성숙이 이와 같은 때 일어난다고 생각합니다. 우리가 믿음이 성숙하지 못할 때에는 하나님의 사랑의 징계에 대해서 원망스런 생각만 가득합니다. 그러나 믿음이 깊어지면 오히려 그 징계가 감사하게 느껴지는 법입니다.

사실 우리가 사랑을 깨닫는 만큼 감사해야 하는 것 아닙니까? 믿는다는 것이 무엇입니까? 신앙의 눈으로 보고, 신앙으로 인식하면서 하나님의 무한한 사랑을 다 깨달을 수 없지만 조금씩 조금씩 깨달아 나가는 것이라고 생각합니다. 그리고 감사하고 찬양하는 것이나 신앙에 깊이 들어가 있다는 것은 그만큼 하나님의 사랑을 많이 깨달았다는 뜻이고, 신앙이 깊지 못하다는 것은 아직도 하나님에 대한 감사보다는 원망과 요구조건이 많다는 것입니다.

하나님의 사랑도, 하나님의 지혜도 우리가 다 측량할 수 없는 것입니다. 우리 인간의 지혜가 뛰어난 것 같지만 곰보다 더 못한 것 같습니다. TV에서 보신 것처럼, 서울대공원을 탈출한 조그만 말레이 곰 한 마리도 수많은 사람들을 동원해 이런 저런 방법을 사용하여 체포하려 했지만 잡지 못하다가 오늘 10일 만에 겨우 잡았습니다(2010. 12. 15).

오늘 본문 로마서 11장 33절을 봅시다.

> "깊도다 하나님의 지혜와 지식의 풍성함이여, 그의 판단은 헤아리지 못할 것이며 그의 길은 찾지 못할 것이로다."

사도 바울은 매우 논리적인 사람입니다. 기본적으로 지적이며 체계적인 사람입니다. 그래서 지금까지는 여기서 인내심을 가지고 감격을 제어하며 구원을 하나씩 설명했습니다. 먼저 개인의 구원을 설명했습니다. 그러다가 벽에 부딪쳤습니다. 왜 하나님께서는 이방인들은 구원하시면서 눈동자처럼 사랑하시는 선민 이스라엘은 실패하게 하셨는가? 이 구원의 딜레마 앞에서 그는 고민합니다.

이윽고 사도 바울은 성경을 다시 읽고 다시 기도하면서 놀랍게 깨닫게 됩니다. 하나님이 선민을 버리신 것은 이스라엘만 아니고 모든 이방인들이 구원을 얻게 하기 위한 것임을 알게 되었습니다. 그러나 동족 이스라엘도 시기가 나서 돌아와서 유대인과 이방인이 '한 새 사람'을 이루게 되고 주님께서 다시 오시게 됨으로 구원이 완성됨을 깨닫게 되었습니다. 그러자 사도 바울은 더 이상 말을 할 수도, 글을 쓸 수도 없었습니다.

"오, 하나님, 당신의 사랑이 이렇게 넓고 깊습니다!"

그는 드디어 하나님의 마음을 알게 된 것입니다.

이렇게 보면 신앙이란, 하나님의 마음을 아는 것이라 하겠습니다. 그래서 하나님의 마음을 알지 못하면 구원받았다고 말하기가 어려운 것입니다. 사랑을 깨닫지 못하면 내가 구원받았다고 말하기가 어려운 것입니다.

하나님께서 이스라엘을 버리신 것은 미워서가 아니라 이방인을 사랑하시기 때문에 이스라엘을 희생 제물로 쓰셨고, 이방인의 수가 차기까지 더러는 우둔하게 하신 것입니다. 이스라엘이 실패해서 이방인들이 축복받았다면 선민 이스라엘이 하나님 앞으로 돌아오면 그 축복이 얼마나 크겠습니까?

성도 여러분, 하나님의 사랑이 이스라엘의 실패를 통하여 나타났습니다. 하나님께서는 인류를 사랑하셔서 독생자 예수 그리스도를 희생시키신 것입니다. 그리고 온 이방인들을 구원하시기 위해 선민 이스라엘을 희생시키신 것입니다. 그렇다면 하나님의 마음이 얼마나 아프시겠습니까? 예수님께서 십자가상에서 "엘리 엘리 라마 사박다니"라고 하셨을 때, 하나님의 마음이 얼마나 아프셨겠습니까? 2천 년 동안 유대인의 흩어짐과 유리방황과 대학살을 보면서 하나님의 심정이 어떠셨겠습니까?

그들은 단순히 유대인이었기 때문에 학살을 당하고 고문을 당하고 고통을 당했습니다. 도대체 그들이 그렇게 되어야 했던 이유가 무엇입니까? 물론 우리도 역사 속에서 많은 고난을 받았습니다. 그러나 그 기간은 오래 잡아야 100년이 채 되지 않습니다. 그것을 가지고도 우리는 한(恨)이 많다고 말합니다. 그런데 보세요. 저 이스라엘 사람들은 무려 2천 년 동안 세계 각지에 흩어져 엄청난 고난을 겪었습니다. 그 이유는 그들이 우리들보다 더 특별한 죄가 있어서가 아니라 구속사적인 면에서 볼 때 저나 여러분 같은 이 세상에 있는 이방인들 때문입니다. 이스라엘의 고난은 이방인을 구원하기 위한 하나님의 깊은 섭리입니다. 그리고 유대인인 바울은 애국 애족의 사람이었지만, 이 이방인의 구원 역사 때문에 이방인을 위한 사도로 부름을 받았습니다(갈 1:15-16; 롬 11:13; 행 9:15; 엡 3:1-2).

이제 바울은 로마서 9장에서 11장까지 이스라엘의 회복에 대해 깊게 논하고 이제는 거기에 대한 결론을 내리면서 다음과 같은 세 가지 질문을 하고 있습니다. 대답도 포함되어 있는 이 세 가지 질문들은 내용적으로는 일종의 감탄사이기도 합니다.

첫 번째 질문은 로마서 11장 34절에 있습니다.

"누가 주의 마음을 알았느냐?"

그렇습니다. 이방인들이나 유대인들이나 모두 선민 이스라엘로 하여금 이방인의 구원을 위하여 복음을 거부하게 하시고 이방인들이 예수님을 영접하게 하여 주 예수 안에서 하나님의 나라를 이루도록 하기 위하여 이스라엘로 하여금 이방인의 충만한 수가 차기까지 우둔하게 하신 하나님의 마음을 누가 알겠느냐 하는 것입니다.

그런데 여기서 '마음'이라는 말은 감정의 처소가 아니라 이해의 처소, 즉 지식을 말하는 것입니다. 하나님의 마음은 하나님의 뜻하시는 바요, 그 아시는 바 된 지식입니다. 하나님께서 뜻이 있어서 행하시는 일을 이방인들은 물론 유대인들도 모르고 따라왔습니다. 이제야 깨닫고, 그리고 찬양한다는 것입니다.

그렇습니다. 우리가 하나님의 그 계획, 그 깊은 섭리, 그 사랑의 역사, 그것들은 미리부터 알았더라면 원망하지 않고 살았을 것입니다.

옛날에 "청년찬송가"가 있었는데, 그 찬송가 속에 "그때는 알리라"라는 찬송이 있었습니다. 가사를 소개하면 대략 다음과 같습니다.

"내가 왜 오늘 고독하게 살아야 하는지 그때는 알리라. 내가 왜 오늘 눈물을 흘리며 살아야 하는지 그때는 알리라."

그렇습니다. 사실 '내가 왜 이렇게 외롭게 살아야 하고 고통을 당해야 하는지' 지금은 잘 모릅니다. 그러나 나중에 가면, 더구나 주님 앞에 가면 그때는 분명히 알게 될 것입니다. '주의 마음을 누가 알겠느냐' 하고 나중에야 진작 몰랐음에 안타까워하게 될 것입니다.

요셉과 그 형제들의 이야기를 잘 알고 계십니다. 요셉은 형들로 인하여 17년 동안이나 어려운 고생을 했지만, 형들을 만났을 때 진심으로 위로했습니다. 무엇이라고 위로했습니까?

"하나님께서 우리 동족을 구원하시기 위해서 먼저 나를 애굽으로 보내셨고, 그리고 총리대신으로 만드셨습니다. 그러니 형님들은 나를 팔았다고 너무 괴로워하지 마시기 바랍니다."(창 45:5-8)

좀 힘들기는 했지만 하나님께서 그러한 과정을 통해서 먼저 보내셨다고 말하고 있습니다.

여러분, 그런 하나님의 마음을 그 당시는 누가 알았겠습니까? 예수님의 말씀대로 이제는 모르지만 후에는 하나님의 섭리를 알게 됩니다(요 13:7하). 따라서 우리는 남은 여생을 그런 간증으로 늘 감사하며 찬양하며 순종하며 살아가야 할 것입니다.

두 번째 질문은 34절 하반절입니다.

"누가 그의 모사가 되었느냐?"

여기서 모사란 충고자(adviser, counselor)라는 말입니다. 누가 하나님의 어드바이저나 카운슬러가 되겠느냐는 말입니다. 이방인의 구원을 위하여 이스라엘로 메시야를 배척하게 하시고, 이방인들이 예수님을 잘 믿어 마지막에는 선민 이스라엘 사람들도 믿게 되어 주 예수 안에서 한 새 사람이 되어 하나님께 영광 돌리는 이 하나님의 역사를, 하나님께서 인간에게 물어서 하신 것이 아니라는 것입니다. 하나님께서 다 계획하시고 추진하시고 결론을 내리신다는 것입니다.

여러분, 하나님의 역사 중에서 인간에게 물어서 하신 일이 하나라도 있습니까? 때론 인간의 지혜로 무엇이 되는 것 같아도, 모든 것은 다 하나님께서 계획하시고 만드시고 역사하시는 것입니다. 우리들이 기도할 때 흔히 "하나님, 이렇게 해주세요. 저렇게 해주세요"라고 기도하는데, 정말 그대로 된다면 그것을 다 감당할 수 있겠습니까? 만약 오늘 하나님께서 나타나셔서 내가 네게 무엇이든지 해줄 것이니 구해 보라 하신다면 우리는 무엇을 요구해야 하겠습니까?

어린이 동화에 재미있으면서도 무엇인가 생각하게 하는 이야기가 있습니다. 옛날에 어느 임금님이 금을 아주 좋아했습니다. 그의 소원은 자기가 손으로 만지는 것은 모두 다 금이 되었으면 하는 것이었습니다. 마침내 그의 소원이 이루어졌습니다. 그의 손이 닿는 것은 모조리 금이 되어 좋아하는 중에 그가 사랑하는 딸도 머리를 쓰다듬자 그만 금으로 변해 버렸다고 합니다. 그런 비극이 또 어디 있습니까? 우리가 금이 생기면 얼마나 생겨야 하겠으며, 돈을 벌면 얼마나 벌어야 좋겠습니까?

누가 하나님의 모사가 되겠습니까? 누가 감히 하나님의 상담자가 될 수 있느냐 말입니다. 우리는 다만 세계의 역사에 대해서 이렇게 저렇게 기도하다가도 결론은 "내 주여 뜻대로 하시옵소서" 하며 하나님의 지혜와 지식의 풍성한 은혜를 찬양하며 살아가야 할 것입니다.

세 번째 질문은 35절을 봅니다.

"누가 주께 먼저 드려서 갚으심을 받겠느냐?"

대단히 도덕적이면서도 종교적인 질문입니다. 우리들 중에는 내가 선한 일을 해서 복받고, 내가 십일조를 잘해서 하나님께서 사업을 잘되게 하신다고 생각하는 사람들이 많습니다. 물론 나쁜 일을 하는 것보다는 선한 일을 하는 것이 좋고, 십일조 안 하는 것보다는 하는 것이 좋습니다. 그러나 하나님께서는 먼저 마음, 믿음, 자세가 더 중요한 것임을 알아야 하겠습니다. 그래서 하나님께서 내게 은혜

주셨기에 작은 일이라도 할 수 있고, 하나님께서 내게 복을 주셨으므로 부족하지만 십일조도 드릴 수 있다는 그런 마음과 자세가 필요합니다.

한번 생각해 봅시다. 내가 오늘 이 시간까지 살아온 것이 내 의와 내 덕으로 산 것입니까? 우리 가운데 누가 하나님께 먼저 드렸습니까? 누가 먼저 하나님께 드려서 그 갚음으로 살아가느냐 말입니다. 아무도 없습니다. 근본적으로 은혜였고, 처음부터 은혜였습니다. 먼저 하나님께 바쳐서 그 보상으로 살아가는 사람은 이 세상에 단 한 사람도 없습니다. '내가 한 일은 죄된 일뿐이고, 나는 바친 것도 없는데 하나님께서 너무 넘치게 주셨구나.' 그렇게 깨달아야 합니다. 이런 마음이 곧 신앙의 간증입니다.

그렇습니다. 그리스도인의 선행은 당연한 일로서 절대 공로가 아닙니다. 근본적으로 은혜로 하나님께서 먼저 사랑하셨고, 창조적으로 사랑하셨고, 효과적으로 사랑하셨습니다. 그래서 우리는 살아갑니다. 그러므로 우리들은 이 놀라운 은혜를 알고 찬양하고, 믿고 찬양하고, 깨달으면서 감사하고 간증하며 사는 것입니다.

"누가 주께 먼저 드려서 갚으심을 받겠느냐?"

이제 사도 바울은 로마서의 교리편에 이은 이스라엘의 회복에 대한 말씀인 9-11장의 총결론을 마지막 송영으로 하나님께 대한 찬양으로 끝맺고 있습니다.

"이는 만물이 주에게서 나오고 주로 말미암고 주에게로 돌아감이라 그에게 영광이 세세에 있을지어다"(롬 11:36).

사도 바울은 온 세상에 있는 인생들과 만물들이 하나님께 찬양을 드려야 할 이유를 36절 상반절에서 세 가지 전치사를 사용하여 고백합니다.

첫째로, '주에게서' (from)입니다.
구원은 하나님께로부터 나옵니다. 결코 인간으로부터 나오는 것이 아닙니다. 값없이 하나님께로부터 나오는 것입니다. 우리는 하나님께로부터 구원을 받아야 합니다. 삼라만상은 모두 하나님께로부터 온 것입니다. 모든 피조물이 다 하나님께로부터 온 것입니다. 물론 구원도 하나님께로부터 온 것입니다.

둘째로, '주로 말미암고' (through)입니다.
만물의 유지자가 하나님이시라는 것입니다. 말씀으로 6일간 창조된 만물이 유지되는 것도 하나님 때문입니다. 저와 여러분의 육체의 생명이 유지되는 것도 하나님 때문입니다. 저와 여러분이 구원의 과정을 잘 밟아 나가는 것도 하나님 때문입니다. 세상에 악인이 많은 것 같아도 아주 망하지 않는 것도 하나님께서 세상을 유지하고 보존시키시기 때문입니다. 이스라엘이 메시야를 배척했어도, 복음이 이방인들에게로 가서 이방인들이 잘되어 유대인들이 시기가 나서 주님께로 돌아오는 것도 하나님께서 구속사를 이끌고 계시기 때문입니다.

셋째로, '주에게로' (to)입니다.
만물의 심판자가 하나님이시라는 것입니다. 인간, 만물, 역사의 결론은 하나님께 돌아가는 것, 즉 하나님 앞에 서게 되는 것입니다.

어느 사람이 이런 간증을 했습니다.

"저는 예수님을 믿고 나서 세 가지를 알게 되었습니다. 제가 하나님께로부터 이 세상에 온 것을 알았습니다. 또한 저는 하나님과 함께 이 세상에서 살아간다는 것을 알게 되었습니다. 그리고 저는 결국 하나님께로 돌아가는 복된 존재라는 것을 알게 되었습니다."

여러분, 그분은 우리 인간이 꼭 알아야 할 세 가지를 잘 알고 살아가는 분이 아니겠습니까?

그렇습니다. 우리는 하나님께로부터 와서 하나님으로 말미암아 이 세상에서 하나님을 위해 열심히 살고, 마지막에는 하나님께서 부르시면 하나님께로 돌아가는 존재입니다. 바로 이것이 구원의 의미입니다. 이방인도 그렇고, 유대인도 그렇고, 저도 여러분도 다 마찬가지입니다. 사도 바울은 생각이 여기에 미치자 다음과 같이 결론을 내립니다. 36절 끝부분을 보시기 바랍니다.

"그에게 영광이 세세에 있을지어다 아멘."

아, 하나님의 지혜와 지식, 하나님의 판단, 하나님의 길, 놀라워라!
아, 하나님의 깊은 사랑, 놀라워라!
아, 하나님의 깊은 은혜, 망극하여라!
아, 하나님의 깊은 섭리, 놀라워라!
나 같은 죄인 구원하신 그 은혜, 놀라워라!
여기까지 인도하신 섭리, 오묘하여라!
인류의 역사를 오묘하게 주관하시고, 섭리하시는 하나님, 위대하셔라!
　모든 영광을 하나님께 돌립니다!
　영광의 하나님께서 나 같은 죄인까지도 써주셔서 감사하고 행복합니다.
　하나님께 영광이 세세에 있을지어다.
　할렐루야! 아멘! 아멘! 아멘!

제5장

이스라엘의 회복과 우리의 역할

아비 미즈라히 목사와 함께

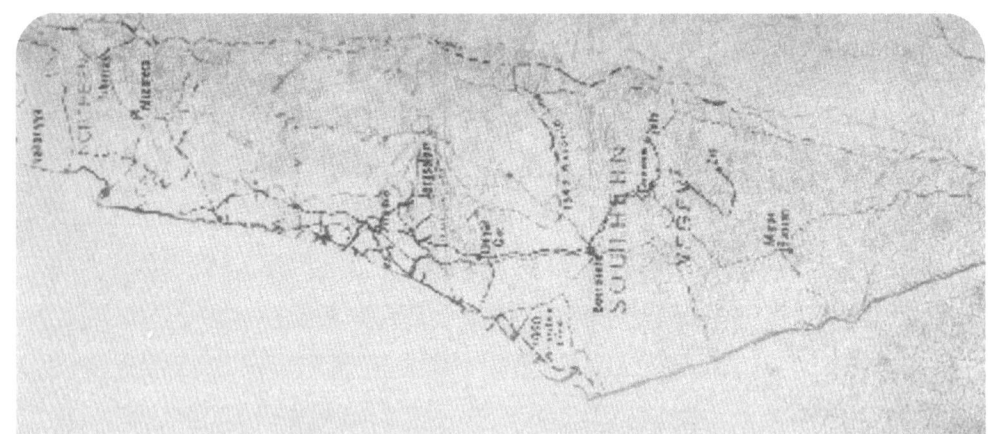

✡ 이스라엘의 회복 강해(20)
20. 열방을 위해 하나님의 원수가 된 민족

해 뜨는 곳에서든지 지는 곳에서든지 나밖에 다른 이가 없는 줄을 알게 하리라 나는 여호와라 다른 이가 없느니라 나는 빛도 짓고 어둠도 창조하며 나는 평안도 짓고 환난도 창조하나니 나는 여호와라 이 모든 일들을 행하는 자니라 하였노라 (사 45:6-7)

샬롬!

현재 우리 한국의 TV 드라마 작가 중에 최고의 작가는 누구일까요? 제 생각에는 김수현 씨가 아닌가 생각합니다. 요즘 TV 드라마를 거의 보지 않습니다만, 그전에 보면 그녀의 작품에는 특색이 있습니다. 스토리 전개가 빠르고 역동적입니다. 앞을 예측하기가 힘들고, 상황이 반전과 역전이 거듭되어 시청자들을 빠져들게 하는 것 같습니다.

그런데 세계 역사상 최고의 드라마인 구속(救贖)의 드라마 작가 겸 연출가 겸 감독이 계신데 누구인지 아십니까? 네, 여호와 하나님이십니다. 오늘 본문 이사야 45장 6-7절을 함께 읽겠습니다.

> "해 뜨는 곳에서든지 지는 곳에서든지 나밖에 다른 이가 없는 줄을 알게 하리라 나는 여호와 다른 이가 없느니라 나는 빛도 짓고 어둠도 창조하며 나는 평안도 짓고 환난도 창조하나니 나는 여호와라 이 모든 일들을 행하는 자니라 하였노라."

성도 여러분, 우리는 하나님의 계시의 빛에 의해 점점 더 강하게 인도함을 받는 살아 계신 하나님의 자녀들로서, 하나님의 절대적인 주권 앞에서 주님으로 기뻐하며 하나님께 경배합니다. 축복의 빛과 시련의 어둠 모두 하나님의 자비하신 손길을 통하여 오는 것입니다. 그것은 진실이요 사실입니다. 우리가 살아가면서 겪는 실패와 실망은 하나님의 전체적 목적 안에서 궁극적인 선을 이루기 위하여 작용하는 것입니다(롬 8:28-29).

뿐만 아니라 그것들은 종종 하나님의 무한하신 지혜에 의해 계획되고 설계된 것이기도 합니다(롬 11:33). 그러므로 우리는 이스라엘의 실패와 그 넘어짐의 배후에는 어떤 이유와 목적이 있다는 사실을 이해할 필요가 있습니다. 모세가 이스라엘 민족을 요단 강 동쪽 평원에 모아 놓고 언약의 말씀을 반복하여 언급했을 때, 그는 약속의 땅에서의 삶을 준비시키는 교훈을 주면서 마지막으로 이렇게 말합니다.

> "모세가 온 이스라엘을 소집하고 그들에게 이르되 여호와께서 애굽 땅에서 너희의 목전에 바로와 그의 모든 신하와 그의 온 땅에 행하신 모든 일을 너희가 보았나니 곧 그 큰 시험과 이적과 큰 기사를 네 눈으로 보았느니라 그러나 깨닫는 마음과 보는 눈과 듣는 귀는 오늘 여호와께서 너희에게 주지 아니하셨느니라"(신 29:2-4).

이 말씀에는 모세가 성령님의 감동에 따라 이스라엘 민족에 대한 하나님의 역사의 비밀스러운 차원을 표현하고 있습니다. 여기에서 우리는 하나님께서 이스라엘 백성들을 애굽의 포로 상태로부터 이적과 기사로 인도하시기는 했지만, 그들에게 자신의 목적에 대한 충분한 계시를 허락해 주지 않으셨다는 것을 알 수 있습니다.

만군의 하나님 자신이 한 민족을 다른 민족의 억압의 손으로부터 충격적이고 드라마틱한 방법으로 구출해 내셨습니다. 재앙이 나타나고 하늘과 땅을 뒤흔드는 영적 전쟁이 벌어졌습니다. 그러나 하나님께서는 여전히 그 모든 것 가운데서 자기 백성을 눈멀고 귀먹은 상태로 가두어 두셨습니다. 왜 그렇게 하셨을까요?

이사야 선지자도 그와 비슷한 상황에 대해 말하고 있습니다. 그의 입술이 정결하게 되고 자기 세대를 향하신 하나님의 목적을 위하여 그의 삶이 새로운 기름 부음을 받으며 사명을 받았을 때 이런 말씀을 받게 되었습니다.

> "여호와께서 이르시되 가서 이 백성에게 이르기를 너희가 듣기는 들어도 깨닫지 못할 것이요 보기는 보아도 알지 못하리라 하여 이 백성의 마음을 둔하게 하며 그들의 귀가 막히고 그들의 눈이 감기게 하라 염려하건대 그들이 눈으로 보고 귀로 듣고 마음으로 깨닫고 다시 돌아와 고침을 받을까 하노라 하시기로"(사 6:9-10).

성도 여러분, 우리가 어떻게 이러한 비밀을 이해할 수 있을까요? 이 옛 언약 아래 있는 가장 위대한 선지자 중 하나에게 하나님께서 기름 부으신 것은 무엇을 위해서입니까? 자기 백성을 귀먹게 하고 눈멀게 하기 위함이 아닙니까? 이해가 안 되지 않습니까? 하나님께서 도대체 어떤 분이시기에 선택하신 백성들을 노예 상태에서 구출하셔서 오랜 기간 동안 연단하시고 약속의 땅으로 이끌어 왕과 제사장, 선지자들을 주어 인도하셨으면서도, 여전히 자신의 존재 목적에 대해서는 무지하게 하시고 눈멀게 하셨습니까?

즉 수세기에 걸쳐 초자연적이고 기적적인 사건들을 통해 한 민족을 이루시고 보호하시고 보존하셨으면서도, 아직도 하나님과 그분의 길을 충분히 이해하지 못하고 받아들이지 못하도록 그들을 가두어 두시는 목적은 도대체 무엇이겠습니까?

예수님 자신이 이 이사야 선지자의 예언을 인용하시면서(마 13:14) 이 말씀의 실재를 자기 세대들에게도 적용하고 계십니다.

사실 이스라엘의 비극적 상황의 조건은 선지자들의 시대나 예수님께서 여인의 몸에서 태어나셨던 시대를 포함하는 모든 시대가 마찬가지였습니다. 비록 이스라엘이 하나님의 성실함과 의로움 안에서 하나님과 동행하지 않은 것에 대해서는 자기의 책임을 분명히 짊어져야 하기는 했습니다. 그러나 동시에 절대 주권 밑에서 하나님께서는 그들의 보지 못함과 강퍅한 마음을 인내하시고 허락하셨고, 심지어 계획하시기까지 하셨습니다. 선지자의 말을 빌리면 그 모든 것은 '그들이 눈으로 보고, 귀로 듣고, 마음으로 깨달아 다시 돌아와서 고침을 받지 않도록' 하시기 위함이었다는 것입니다.

참 기가 막히는 일입니다. 이해가 불가능한 일입니다. 또한 신비한 일이 아닐 수 없습니다. 선지자의 이 말, 예수님께서 인용하신 이 말씀은 도저히 이해할 수 없는 말이지만 그래도 이 말은 사실이었습니다.

하나님께서 과연 친히 선택하신 백성이 회개하고 치유받지 못하도록 죄의 자각과 은혜 주시기를 거절하실 수도 있다는 것일까요? 그렇다면 이 이해할 수 없는 계획 뒤에 있는 숨은 목적은 무엇이겠습니까?

물론 수많은 대답이 있을 수 있지만 우리가 지나간 시간에 공부한 대로 사도 바울이 옛 이스라엘에 대하여 선포할 때 하나님의 말씀은 우리에게 단 한 가지 분명한 해답을 주고 있습니다.

"그들이 넘어짐으로 구원이 이방인에게 이르러"(롬 11:11).

사실 바울은 이스라엘의 실패를 하나님의 관점에서 바라보고 이스라엘의 비극을 세상의 이방 민족들을 위한 엄청난 축복과 연결시키고 있는 것입니다. 그 축복은 메시야의 중보로 하나님과 화목하게 되는 것입니다.

사도 바울은 로마서 11장에서 "복음으로 하면 그들이(유대인-편저자 주) 너희로(이방 민족들-편저자 주) 말미암아 원수 된 자요 택하심으로 하면 조상들로 말미암아 사랑을 입은 자라"(롬 11:28)라고 덧붙이고 있습니다. 그러므로 우리 하나님께서는 당신의 지혜와 자각 안에서 다른 민족들을 위하여 한 민족이 복음의 원수가 되는 것을 허락하셨던 것입니다. 이성적으로는 이해되지 않는 계획입니다. 그러나 최종적으로 볼 때 그러한 계획은 이 세상을 구원하시기 위한 그분의 계획을 성취할 수 있는 최선의 방법이었던 것입니다.

진실로 성령님의 감동과 도우심이 없다면 우리는 결코 이 신비를 이해할 수 없었을 것입니다. 결국 이스라엘 민족은 하나님의 주권 안에서 대속제물이 된 민족이었던 것입니다. 즉 다른 민족들과 또 그들 자신을 위해 거의 희생적으로 버림당한 백성들이었습니다. 물론 오직 주 예수님만이 세상 죄를 속죄하기 위하여 희생을 당하신 하나님의 어린 양으로서의 직분을 가지고 세상의 죄를 속하실 수 있지만(요 1:29), 성경은 또한 이방 민족들로 하여금 주 예수님을 믿게 할 한 민족으로 이스라엘을 선택하셨고, 그에 따라 희생을 치르는 원리를 명확하게 증거하고 있습니다.

그런데 이사야 43장 3-4절을 보면, 이사야 선지자는 하나님의 의와 주권을 입증하면서 아주 역동적인 것으로 표현하면서도, 다음과 같은 하나님의 약속으로 희생을 치르게 되는 선민 이스라엘을 위로하고 있습니다.

> "대저 나는 여호와 네 하나님이요 이스라엘의 거룩한 이요 네 구원자임이라 내가 애굽을 너의 속량물로, 구스와 스바를 너를 대신하여 주었노라 네가 내 눈에 보배롭고 존귀하며 내가 너를 사랑하였은즉 내가 네 대신 사람들을 내어주며 백성들이 네 생명을 대신하리니"(사 43:3-4).

우리는 민족적 차원에서뿐만 아니라 개인적인 측면에서도 이 원리가 적용되는 것을 발견합니다. 가령 잠언 21장 18절에서는 우리에게 이렇게 교훈하고 있습니다.

> "악인은 의인의 속전이 되고 사악한 자는 정직한 자의 대신이 되느니라."

하나님의 의로운 역사에는 한쪽을 받아들이기 위해서 다른 쪽을 포기하는 경우도 있음이 확실합니다. 우리도 '이스라엘의 회복'을 전한 사도 바울의 고백에서 교훈을 얻어야 하겠습니다.

> "나는 이제 너희를 위하여 받는 괴로움을 기뻐하고 그리스도의 남은 고난을 그의 몸 된 교회를 위하여 내 육체에 채우노라"(골 1:24).

확실히 사도 바울은 예수 그리스도의 고난과 대속이 이방인과 유대인, 온 세상 전체를 구속하기에 충분할 만큼 완전하다는 것을 잘 알고 있습니다. 그럼에도 불구하고 그는 그리스도의 고난에 참여할 필요가 있다고 알고 있었습니다. 즉 모든 그리스도인들에게는 각 세대마다 하나님의 아들의 고난과 죽으심을 증거하는 몫의 한 부분에 참여할 특권과 명예가 주어져 있고, 그것을 통해 그리스도인들이 세상을 위한 그리스도의 대사로서의 사명을 수행할 수 있다는 것을 잘 알고 있었습니다.

여러분, 이런 사실에 비추어 볼 때 우리는 하나의 민족 전체가 다른 민족들을 위하여 속량물로 지명되는 거룩한 드라마를 더욱 잘 이해할 수 있게 됩니다. 우리가 지나간 로마서 9-11장 강해 시에 살펴본 대로, 바울은 이스라엘이 다른 민족들을 위하여 하나님께는 원수가 되었을 뿐 아니라(롬 11:28), 심지어 다른 이방 민족들은 "이스라엘이 순종하지 아니함으로 이제 긍휼을 입었는지라"(롬 11:30)라고 선언하고 있습니다.

그리스도 안에서 전 세계의 모든 이방 민족들이 하나님의 자비를 힘입기 위해서는, 먼저 이스라엘이 메시야를 거부하고 관계를 단절해야만 했습니다. 그 결과 이스라엘은 메시야를 열방에 내어주게 되었습니다. 그 결과 하나님의 제사장으로서의 중보적 사명과 열방에게 하나님을 나타내 보이는 사명을 통하여 온 세계의 나라들을 섬기도록 부름 받았던 이스라엘은 이방을 위하여 자기의 민족적 활력과 생명을 잃어버리게 되었고, 이로써 섬김의 극치를 이루게 되었습니다. 이스라엘에서 태어난 하나님의 씨앗이 열방의 토양에 뿌려지고 뿌리를 내리며 꽃을 피우기 위해서 반드시 그것이 필요했던 것입니다.

그렇다면 이처럼 우리 이방들을 위해 하나님의 선택과 경륜으로 대속적 제물의 민족이 되어 역사 속에서 고난과 고초를 겪은 이스라엘 백성들을 우리는 어떻게 생각하며, 그들을 어떻게 대해야 하겠습니까? 지극히 감사한 마음, 겸손한 마음, 미안함 마음을 가지고 그들의 영혼을 위하여, 또한 고토로 돌아옴을 위하여, 그들이 자기 땅에 오셨던 메시야 예수님을 영접하여 함께 은혜를 누리도록 기도하며 힘써야 할 것입니다.

미국 국립 묘지에는 이런 푯말이 붙어 있습니다.

"우리 미합중국은 조국의 부름을 받고 생면부지의 나라, 일면식도 없는 그들의 자유를 지켜 주기 위해 분연히 나섰던 자랑스러운 우리의 아들딸들에게 깊은 경의를 표현합니다." – 미국 국민 일동

60년 전 6·25 때 미국은 우리나라에 178만 9명 가량이 참전하여 3만 3,642명이 전사한 바 있고, 벤프리트 장군의 아들도 전사하였습니다. 아이젠하워 대통령과 클라크 유엔군 사령관도 아들을 바쳤습니다. 또한 워커 중장이 아들과 함께 참전했다가 목숨을 잃었고, 제24사단장 딘 소장이 포로가 된 바 있습니다. 과연 6·25 때 15개 나라와 함께 미국의 참전과 희생이 없었더라면, 오늘 우리나라의 발전상이 있었겠으며, 저나 여러분이 여기 있었겠습니까? 여러 나라와 함께 특히 미국 장병들이 대신한 희생으로 우리의 현재가 있음을 기억하며 감사하며 보은해야 할 것입니다.

그렇다면 어떻게 보면 더 깊은 하나님의 구속의 역사를 위해, 우리 이방인들의 구원을 위해 대속적 제물이 된 민족 이스라엘에 대해서 우리는 더 큰 감사와 구체적 응답을 해야 마땅하다고 믿습니다. 하나님께서 그의 종 에스겔 선지자를 통해 주전 6세기에 이렇게 말씀하셨습니다.

> "너는 또 말하기를 주 여호와의 말씀에 내가 너희를 만민 가운데에서 모으며 너희를 흩은 여러 나라 가운데에서 모아 내고 이스라엘 땅을 너희에게 주리라 하셨다 하라"(겔 11:17).

독일 기독교 마리아 자매회의 설립자 마더 바실레아 슐링크는 하나님과 유대인들 앞에서 마음속에서부터 깊이 뉘우치고 회개해야 함을 외치며, 수십 년간 독일이 범한 홀로코스트의 무서운 죄악을 동일시하며 중보 기도를 해왔습니다. 그녀는 《이스라엘, 나의 택한 백성》이라는 저서에서, '하나님의 눈동자'인 이스라엘 백성을 상하게 한 것은 바로 하나님, 그분에게 상처를 준 것임을 깨달은 눈물 어린 울부짖음과 고백들을 담고 있습니다.

> 우리는 부흥을 위해 기도하지만 부흥은 오지 않았다. 우리의 죄를 모르기 때문에 우리는 사죄를 구하지 않는다. 그러므로 우리의 죄악은 여전히 짓누르는 무게로 우리 위에 머물러 있는 것이다. 저주가 그리스도인 공동체에 놓여 있는데, 이것은 바로 이스라엘을 향해 회개하지 않는 죄에서 온다.
> 하지만 교회가 자기 영광을 구하며, 이스라엘을 위한 모든 은

혜와 약속을 빼앗아 자신이 취하고, 하나님의 구속사에서 이스라엘을 제하여 버림으로써 겸손과 형제애적인 태도를 버리게 하는 데 사탄은 성공했다. 그러한 오만이 기초가 되어, 유대인에 대한 증오를 부추기는 주당들이 기독교회에서 확고해질 수 있었다.

성경에 의하면 이스라엘의 귀환은 두 단계로 이루어져 있다. 우리는 에스겔이 먼저 마른 뼈들이 모이는 것, 다른 말로 하면, 이스라엘 땅으로의 물리적인 귀환에 대해 말하고 있는 것을 안다(겔 37장). 그다음에 두 번째 단계가 있는데, 이때에는 하나님의 영이 그 마른 뼈들에 들어가야만 한다. 물리적인 귀환은 그 백성이 영적으로 하나님께 돌아갈 때 절정이 될 것이다(롬 11장).

유대인들은 언제나 그렇게 불렸듯이, 세계사 시계의 시침이다. 더욱이 우리가 유대인들에 대해 가지고 있는 관계는 우리가 맺고 있는 진정한 관계의 지표로서, 그것이 사랑의 관계인지 보여 주는 것이다. 우리가 예수님을 사랑한다면 주님이 사랑하고 항상 사랑할, 그리고 열국의 중심이요 축복이 되는 사람들을 사랑할 것이다. 하나님의 말씀은 영원까지 간다.

✡ 이스라엘의 회복 강해(21)
21. 이스라엘이 경배할 때까지

그러므로 너희가 회개하고 돌이켜 너희 죄 없이함을 받으라 이같이 하면 새롭게 되는 날이 주 앞으로부터 이를 것이요 또 주께서 너희를 위하여 예정하신 그리스도 곧 예수를 보내시리니 하나님이 영원 전부터 거룩한 선지자들의 입을 통하여 말씀하신 바 만물을 회복하실 때까지는 하늘이 마땅히 그를 받아 두리라 (행 3:19-21)

하나님께서 정하신 때에 대하여 우리가 종말을 향해 다가가고 있다는 사실을 생각할 때 우리는 지난날 기독교의 전 세대들을 통해 계속 불타올랐던 소망이 무엇이었는지를 잘 알게 됩니다. 교회사를 공부해 보면, 어느 시대에나 자기들이 마지막 시대에 살고 있다고 확신했던 급진적이고 예언자적인 소수의 남은 자들이 항상 있었습니다. 그러한 성도들은 자기 세대의 '악한 자들'을 적그리스도로 해석했고, 자기들이 나름대로 겪는 고통을 대환란이라고 여겼으며, 주님의 재림을 직접 목격하기를 간절히 기대했습니다.

그러나 지나고 볼 때 그러한 지난 세대 성도들의 생각은 틀린 것이었습니다. 그들은 교리적 오류를 지닌 채 죽어 갔습니다. 문제가 있는 신앙인 것은 분명합니다. 그러나 그들에게 옳은 면도 있었습니다. 그것은 마지막 때와 주님의 재림을 준비해야 한다는 종말론적 믿음 자체는 필요한 것이었다는 것입니다. 사실 그런 마지막 때와 주님의 재림에 대한 믿음과 소망이 세대를 거쳐 오늘까지 이어져 내려올 수 있었던 것은 바로 그들의 열심과 예언적인 열정 때문이었습니다.

그러면 오늘 우리는 어떻습니까? 모든 상황을 검토해 볼 때 과연 우리는 우리가 마지막 시대에 살고 있다고 확신할 수 있을까요? 우리 역시 이전 세대의 열정적인 성도들같이 우리 시대의 예언적 징표를 오해하고 지나치게 해석할 수도 있지 않을까요? 아마 그럴 수도 있을 것입니다. 그러나 우리는 이전 세대들이 전혀 보지 못했던 어떤 것들을 목격하고 있다는 것을 알아야 하겠습니다.

무엇보다도 우리는 2천년 전에 멸망해 전 세계로 흩어졌던 이스라엘이 국가로 부활하고 회복된 것을 보고 있으며, 역사적으로 당한 핍박 때문에 반기독교적인 자세와 태도가 강한 유대인들 세계 속에서 예수님을 영접하는 사람들이 계속해서 늘어나고 있고 목사들, 장로들도 계속해서 생기고 있는 것을 보게 됩니다. 이것은 우리 세대에 너무도 중요한 징표임에 틀림없습니다. 그렇다면 이런 질문이 제기될 수 있다는 것입니다. "그러면 지금이 정말 최종적인 이스라엘의 회복의 때인가?"

하나님의 전체 계획 안에서 지금 우리가 어떤 연대기적인 위치에 있는가를 알기 위해서 성경을 찾아볼 때, 우리는 이 주제와 연관된 시간 개념을 제공하고 있는 '……때까지' 라는 단어를 포함해서 많은 예언의 말씀을 발견하게 됩니다. 가령 사도 베드로가 예루살렘에 모인 무리에게 증거할 때 외친 말씀 중에서 '때까지'를 발견할 수 있습니다. 오늘 본문 사도행전 3장 19-21절을 보시기 바랍니다.

> "그러므로 너희가 회개하고 돌이켜 너희 죄 없이함을 받으라 이같이 하면 새롭게 되는 날이 주 앞으로부터 이를 것이요 또 주께서 너희를 위하여 예정하신 그리스도 곧 예수를 보내시리니 하나님이 영원 전부터 거룩한 선지자들의 입을 통하여 말씀하신 바 만물을 회복하실 때까지는 하늘이 마땅히 그를 받아 두리라."

여기서 사도 베드로의 말을 잘 살펴보면 몇 가지 중요한 사건들을 발견할 수 있습니다.

첫째, 그는 유대인들이 회개하고 주님께로 돌아오면 그들이 새롭게 되는 날이 올 것이라고 확언하고 있습니다.

둘째, 메시야이신 예수님을 그들을 위하여 예정되어 있는 분이라고 선포하고 있습니다.

셋째, 그는 옛 예언자들이 말한 모든 것이 회복될 시기가 될 때까지는 하늘이 하나님이신 예수님을 붙들어 두고 있어 예수님께서 지금 즉시 땅으로 내려오시지 못하는 것이라고 말하고 있습니다. 다른 번역에 의하면 '지금 당장 오시지 못하도록 예수님을 하늘이 간직하고 있어야 한다'고 강조하고 있습니다.

그러므로 우리는 주님의 재림, 즉 이 시대의 끝은 회복의 때가 되어야 이루어지는 것임을 알게 됩니다. 그렇다면 우리는 이렇게 질문할 수도 있을 것입니다.

"선지자들이 회복될 것이라고 예언했던 것들은 무엇을 말하는가? 미래에 대한 그들의 예언적 비전이 강조하고 있는 것은 무엇인가?"

구약의 선지자들이 선포했던 회복의 메시지를 간단히 살펴봅시다. 그들의 모든 예언적 기대는 거의 마지막 때의 이스라엘의 회복을 초점으로 하고 있음을 분명히 합니다. 즉 그들은 모두 이스라엘 민족이 고토로 다시 돌아올 것이고, 그들의 마음이 다시 하나님께로 향할 것이며, 예루살렘 거리에서 예배가 회복될 것이고, 땅 자체가 충만하게 열매 맺도록 회복될 것이라고 선포했습니다.

실로 이스라엘이 하나님의 회복과 치유의 역사를 충분히 경험할 때까지 예수님은 자기의 신부와 기업을 위하여 다시 오실 수가 없는 것입니다. 그래서 이 시간 성경에 나타난 예수님의 재림의 시기에 대한 언급을 '언제까지는 예수님의 재림이 이루어지지 않는다'는 부정적인 표현으로 찾아보겠습니다. 다섯 가지 내용으로 살펴봅니다.

첫째, 이스라엘의 땅이 충분히 황폐해질 때까지는 예수님의 재림이 이루어지지 않습니다.

이사야 선지자가 성전 안에서 거룩한 하나님의 임재를 접했을 때 그의 삶은 제2의 전환점을 맞이하게 되었습니다. 그때 그는 독특한 사명과 함께 이런 말씀을 받았습니다.

> "이 백성의 마음을 둔하게 하며 그들의 귀가 막히고 그들의 눈이 감기게 하라 염려하건대 그들이 눈으로 보고 귀로 듣고 마음으로 깨닫고 다시 돌아와 고침을 받을까 하노라 하시기로"(사 6:10).

정말 이 말씀은 달리는 제대로 해석될 수 없는 말씀입니다. 다만 열방을 위하여 이스라엘을 버리신 하나님의 목적의 빛 안에서만 이해될 수 있는 이상한 부르심입니다. 단지 하나님의 부르심의 예언의 중요성을 이해했던 이사야 선지자는 "주여 어느 때까지니이까"(사 6:11)라고 되묻습니다.

그때 그는 하나님의 행동에 대해 '왜 그렇게 하십니까?' 라고 묻지 않고, 다만 하나님의 구속의 은혜가 열방을 계속 휩쓰는 동안 이스라엘은 얼마나 오랫동안 치유되지 않은 채 그냥 '뒷전'에 놓여 있을 것인지에 대해 묻고 있습니다. 거기에 대해 하나님께서는 조용히 대답하셨습니다.

> "내가 이르되 주여 어느 때까지니이까 하였더니 주께서 대답하시되 성읍들은 황폐하여 주민이 없으며 가옥들에는 사람이 없고 이 토지는 황폐하게 되며 여호와께서 사람들을 멀리 옮기셔서 이 땅 가운데에 황

폐한 곳이 많을 때까지니라"(사 6:11-12).

'하나님께서 그들을 다시 회복하실 때까지 얼마나 오래 기다려야 합니까?' 거기에 대한 하나님의 대답은 '이스라엘의 땅이 나의 심판을 충분히 받을 때까지'였습니다. 그런데 이 '……때까지'의 시간은 이제 다 채워져 가고 있습니다. 왜냐하면 이스라엘 땅이 수천 년 동안 완전히 황폐해졌고 짓밟혔던 것을 역사가 증명하고 있기 때문입니다.

그 땅을 침략해 들어온 정복자들은 계속해서 보물들을 탈취해 갔고, 그 땅은 사랑받지 못하고, 경작도 되지 못하며, 돌봄을 받지 못하는 가운데 그 생명력을 잃어 갔습니다. 이스라엘의 소수의 사람들이 20세기 초에 그 약속의 땅에 처음 발을 디뎠을 때, 그곳은 습지와 말라리아와 폐허로 가득 차 있었다고 기록되어 있습니다. 과거의 영광과 풍성함은 전혀 남아 있지 않았습니다. 그런데 이제는 그 황폐한 땅이 서서히 사람들이 살 만한 땅으로 바뀌어 가고 있습니다.

둘째, 예루살렘이 해방될 때까지는 예수님의 재림이 이루어지지 않습니다.

주 예수님께서는 곧 닥쳐올 멸망을 미리 예견하시고 거주민들에게 도망치라고 경고하시면서 이렇게 말씀을 마치셨습니다.

"그들이 칼날에 죽임을 당하며 모든 이방에 사로잡혀 가겠고 예루살렘은 이방인의 때가 차기까지 이방인들에게 밟히리라"(눅 21:24).

이것이 우리가 상고할 또 하나의 '……때까지' 입니다.

예수님께서는 예루살렘의 임박한 파멸과 미래의 회복을 동시에 말씀하셨습니다. 주님은 강력한 예언적 선포를 통해 이스라엘이 포로로 잡혀갈 것이며, 예루살렘이 오랫동안 이방인들의 통치 아래 있게 될 것이라고 말씀하셨습니다. 그러면 그 기간은 정확하게 얼마 동안입니까? 수치와 포로와 속박의 깃발이 언제 제거될 것인가에 대한 질문에 대해서 주님은 '이방인의 때가 차기까지'라고 친히 대답하셨습니다.

그런데 보십시오. 지금 예루살렘은 더 이상 이방인들에게 짓밟히고 있지 않습니다. 많은 학자들이 이 '……때까지'는 1967년 6월, 6일 전쟁 당시 이스라엘의 신속한 공격에 의해 예루살렘의 구시가지가 탈환되었을 때 성취되었다고 말합니다. 사실 신비한 것은 그 전쟁 기간 동안 이스라엘로서는 예루살렘을 탈환할 계획이 전혀 없었습니다. 다만 요르단과의 접경인 동부 국경선을 평화롭게 지키기를 원했습니다. 그런데 요르단의 후세인 왕이 먼저 공격을 해왔고, 이에 이스라엘이 대응하면서 며칠 내로 이스라엘은 유대와 사마리아와 예루살렘 전 시가지를 탈환할 수 있었습니다.

이것이 단순히 두 나라 간의 전쟁 사건과 그 결과인 것 같지만 그렇지 않다고 봅니다. 그날은 구속사에서, 하늘에서도 중대한 변화의 획이 그어지는 날이었습니다. 예루살렘은 그날을 계기로 예수님께서 '이방인의 때'라고 하셨던 그 예언의 때를 벗어나게 되었던 것입니다.

물론 하나님께서는 여전히 이 세상의 모든 민족에게 관심을 가지고 계십니다. 하나님께서 모든 종족과 방언과 민족과 나라에서 추수의 역사를 진행하고 계신 것도 사실이라는 것을 깨달아야 하겠습니다. 그러나 동시에 예루살렘이 거의 2천 년이 지난 후에 다시 탈환되었을 때, 이스라엘의 회복은 한 발자국 더 앞으로 성큼 다가간 것이라는 것을 알아야겠습니다. 이렇게 해서 '······때까지' 의 시간은 거의 채워졌다고 보는 것입니다.

셋째, 이스라엘 민족이 경배할 때까지는 예수님의 재림이 이루어지지 않습니다.

예수님께서 자녀들을 당신 품 안에 모으려고 하셨던 엄청난 갈망과 사랑 때문에 눈물을 흘리시며 예루살렘에 대해 거듭 예언하신 적이 있습니다. 그들의 불신앙과 거절을 대하시면서 주님은 이렇게 울면서 외치셨습니다.

"내가 너희에게 이르노니 이제부터 너희는 찬송하리로다 주의 이름으로 오시는 이여 할 때까지 나를 보지 못하리라"(마 23:39).

이때 성령님으로 충만하신 예수님께서는 이제부터 수세기 동안 유대인들이 당할 고난과 배척을 이미 다 알고 계셨던 것입니다. 주님은 이스라엘이 지나가야 할 긴 죽음의 계곡을 이미 보고 계셨지만 또한 그 계곡의 끝도 보셨습니다. 그래서 주님은 그들이 진정한 믿음과 감사의 마음으로 주님을 향할 때까지는 주님을 볼 수 없을 것이라고 선포하셨습니다. 그러나 이 '······때까지' 의 시간은 지금 우리 시대에 채워지고 있는 것입니다.

언젠가 이스라엘 전체가 하나님을 제대로 알 때가 오겠지만 이미 그 기적이 시작되고 있음을 보고 있습니다. 이스라엘 땅 전역에 자생적인 그리스도인의 모임이 이미 수십 개나 존재하고 있습니다. 그들의 이름은 메시아닉 주입니다. 그들은 이미 "찬송하리로다 주의 이름으로 오시는 이여!"라고 외치며 예언의 증인으로 서 있습니다.

제가 김종철 감독이 제작한 "회복"이라는 다큐멘터리 영화를 보니까, 그 귀한 이스라엘 지체들은 두 손을 높이 들고 뜨거운 가슴으로 오늘날 온 민족을 추수할 때가 다가오고 있음을 증거하고 있었습니다. 그리하여 '언제까지 이스라엘이 눈이 멀어 있을 것입니까?'의 질문에서 '……때까지'는 바로 오늘날 거의 다 채워져 가고 있다고 하겠습니다.

넷째, 이방인의 수가 충만할 때까지는 예수님의 재림이 이루어지지 않습니다.

우리가 이미 공부한 로마서 9-11장 부분 가운데에서, 사도 바울은 이스라엘의 부르심과 넘어짐과 회복의 신비를 설명하면서 이렇게 말하고 있습니다.

> "형제들아 너희가 스스로 지혜 있다 하면서 이 신비를 너희가 모르기를 내가 원하지 아니하노니 이 신비는 이방인의 충만한 수가 들어오기까지 이스라엘의 더러는 우둔하게 된 것이라"(롬 11:25).

바로 여기에 또 하나의 '……때까지'가 있습니다. 여기서 사도 바울은 이스라엘 중 일부가 우둔해졌을 뿐이고, 이러한 우둔함은 이방인의 수가 충만해질 때까지만 지속될 것이라고 강조해서 밝히고 있습니다. 따라서 우리는 그 이방인의 충만한 수가 무엇이며, 이미 우리에게 이 일이 이루어졌는지 묻지 않을 수 없습니다. 이스라엘의 부분적인 우둔함이 제거될 때가 바로 지금일까요?

첫째, 이스라엘을 치유하고 구속하실 하나님의 계획은 곧 추수의 양과 관련 있다는 것을 믿습니다. 하나님께서는 생명책과 펜을 갖고 계셔서 구속된 자들의 이름을 기록하십니다. 그리고 그 충만한 수가 다 차면 하나님께서 다시 한 번 이스라엘에게 관심을 쏟으시고 초점을 맞추실 것입니다.

둘째, 이방 민족들의 충만함이란 불경건한 자들의 죄악의 잔이 채워지는 것과 관련 있음이 분명합니다. 하나님께서 조상 아브라함에게 그의 자손들이 애굽에서 약속의 땅으로 돌아오는 것과 관련하여 이렇게 말씀하신 적이 있습니다.

"네 자손은 사 대 만에 이 땅으로 돌아오리니 이는 아모리 족속의 죄악이 아직 가득 차지 아니함이니라 하시더니"(창 15:16).

다시 말해서, 아모리 족속의 죄악과 사악함이 아직 충만함에 달하지 않았기에 심판이 아직 시행될 수 없었던 것입니다. 이와 마찬가지로 이 세계의 종말에는 크신 자비로 오래 참으신 하나님께서도 "이제 더 이상 안 된다!"라고 말씀하실 때가 올 것입니다. 죄악의 잔이 가득 차고 열방이 그 충만함에 이르게 되면 심판은 더 이상 지연될 수 없습니다.

셋째, 이방인의 충만함이란 하나님의 성령이 교회에 충만해진다는 복된 약속을 의미하기도 합니다. 예언된 대로 성도들의 성숙과 그리스도의 신부의 완성은 경건한 자들이 성령으로 충만해지고 주 예수의 형상을 입는 것을 특징으로 하게 되는 것입니다. 그러므로 지구상의 모든 열방으로부터 불러냄을 받은 주님의 교회는 반드시 충만함에 이르러야 하며, 이 충만함이 없이는 이스라엘의 충만함도 이루어질 수 없는 것입니다. 그런데 세계 도처에서 실로 이방인 교회들과 성도들의 충만함이 이루어져 가고 있기에 '……때까지'가 이루어져 가고 있는 것입니다.

마지막으로, 유대인과 이방인이 주 예수 안에서 '한 새 사람'(엡 2:15)을 이루기까지는 예수님께서 재림하시지 않을 것입니다.

가장 의미가 깊은 '……때까지'는 선지자 미가의 예언에 언급되어 있습니다. 여기에는 성육신하신 하나님의 아들의 강림에 대한 예언적 계시가 펼쳐 보여지고 있으며, 메시야의 영원한 영광이 드러나고 있습니다.

> "그러므로 여인이 해산하기까지 그들을 붙여 두시겠고 그 후에는 그의 형제 가운데에 남은 자가 이스라엘 자손에게로 돌아오리니"(미 5:3).

사실상 이스라엘은 유대인과 이방인이 주 예수 안에서 한 새 사람을 이루어 함께 한 아버지 하나님께로 연합할 때까지는 버려진 채로 남아 있을 것입니다. 그런데 이방인 교회들 가운데 '이스라엘의 회복'에 대한 신비를 깨닫고 이스라엘의 영육의 회복을 위해 기도하고 힘쓰며, 교회가 역사적으로 이스라엘 민족에게 범한 죄를 회개하는 운동이 일어나고 있습니다. 또한 이스라엘 내에 메시아닉 주 교회들에서도 자신들이 교만하고 완악했던 것을 회개하며 이방인 그리스도인들을 형제로 받아들이는 일들이 서서히 일어나고 있습니다. 이런 일들로 보아서 이 '……때까지'의 예언이 이루어져 가고 있는 줄로 믿습니다.

성도 여러분, 성경 속에서 다섯 가지로 살펴본 대로 하나님께서 이스라엘을 회복시키실 때가 이제는 시작된 것을 믿고, 더욱 자신과 교회의 회복, 그리고 이스라엘의 회복을 위해 함께 기도하면서 주님께서 마지막 시대에 이루시는 일을 목도하며 작은 몫을 잘 담당할 수 있기를 바랍니다.

✡ 이스라엘의 회복 강해(22)
22. 팔레스타인, 누구의 땅인가?

그는 그의 언약 곧 천 대에 걸쳐 명령하신 말씀을 영원히 기억하셨으니 이것은 아브라함과 맺은 언약이고 이삭에게 하신 맹세이며 야곱에게 세우신 율례 곧 이스라엘에게 하신 영원한 언약이라 이르시기를 내가 가나안 땅을 네게 주어 너희에게 할당된 소유가 되게 하리라 하셨도다 (시 105:8-11)

오늘 우리는 현대 국제 정치에서 가장 논쟁적인 문제를 다루게 되었습니다. 이 지구상의 조그마한 지역으로 역사적인 변화에 따라 가나안 땅, 이스라엘 땅, 성지, 팔레스타인 등 여러 가지 이름으로 알려진 땅에 대한 것입니다. 이 지역을 현재는 한 부분을 이스라엘이 차지하고 있고, 나머지는 주변 아랍 4개국(레바논, 시리아, 요르단, 이집트)이 차지하고 있습니다.

그들 아랍 국가들은 중동에 있는 다른 아랍 국가들과 함께 이스라엘에 대해 적개심을 품고 있습니다. 그들은 현재 이스라엘이 차지하고 있는 지역에서의 이스라엘의 영토권을 인정하지 않는 것은 물론이고, 원래 이스라엘 땅이라고 할 수 있는 지역에 대해서도 단호하게 그러한 주장을 거부하고 있습니다.

이스라엘과 주변 아랍 국가들은 그 땅의 역사에 대해 서로 다른 견해와 입장을 가지고 영토권을 주장하거나 반박하는 것을 지속하고 있습니다. 그러나 물론 그 모든 주장들에 대해 관련된 당사자들이 모두 받아들일 수 있는 어떤 절대적이며 권위 있는 해결책을 제시해 줄 수 있는 세상적인 법정은 없습니다.

그래서 우리는 오늘 이 문제를 이 세상에서 가장 높고 완전한 권위를 지닌 '성경'이라는 법정에 상소하고자 합니다. 진정으로 성경의 권위를 인정하는 사람이라면 그가 어느 민족, 어느 종족의 사람이라고 해도 그 땅에 대한 소유권은 분명하고 명백해질 것입니다. 그런데 이스라엘 땅과 다른 나라 땅에 대한 절대적이며 양도할 수 없는 소유권을 결정해 주는 성경 구절이 하나 있습니다.

"땅과 거기에 충만한 것과 세계와 그 가운데에 사는 자들은 다 여호와의 것이로다"(시 24:1).

우리 하나님께서는 창조자의 권리를 바탕으로 온 지구와 그 안에 있는 모든 것을 소유하고 계십니다. 그러므로 지구의 어느 부분이든지 하나님께서 나누시면 그에 따라 소유권이 결정되기에 충분한 조건이 됩니다. 그런데 하나님께서 지구 전체에서 특별한 소유권을 주장하시는 지역이 있습니다. 그곳은 바로 이스라엘 땅입니다.

하나님께서 성경의 여러 구절에서 그곳을 '내 땅'이라고 부르고 계십니다. 이제 이방 나라들이 그 땅과 이스라엘 민족에 대해 하나님의 뜻에 반대되는 어떤 일을 촉구하고 있는 상황에 대해 설명하는 두 구절을 살펴봅시다.

첫 번째 구절은, 세계 종말에 곡(Gog)과 마곡(Magog)의 북방 연맹이 이스라엘을 침입할 것을 예언하는 에스겔의 한 부분입니다. 보십시오. 하나님께서 친히 말씀하십니다.

"구름이 땅을 덮음같이 내 백성 이스라엘을 치러 오리라 곡아 끝날에 내가 너를 이끌어다가 내 땅을 치게 하리니 이는 내가 너로 말미암아 이방 사람의 눈앞에서 내 거룩함을 나타내어 그들이 다 나를 알게 하려 함이라"(겔 38:16).

두 번째 구절은 요엘서에서 볼 수 있습니다. 또다시 하나님께서 말씀하십니다.

"내가 만국을 모아 데리고 여호사밧 골짜기에 내려가서 내 백성 곧 내 기업인 이스라엘을 위하여 거기에서 그들을 심문하리니 이는 그들이 이스라엘을 나라들 가운데에 흩어 버리고 나의 땅을 나누었음이며"(욜 3:2).

이 두 구절들에서 하나님께서는 이스라엘에 대해 '내 백성' 이라고 세 차례 말씀하시고, 그들의 땅에 대해서는 두 번 '내 땅' 이라고 말씀하셨습니다. 이렇게 볼 때, 하나님께서는 이방 나라들에 의해 그 땅의 온전함이 도전받고 땅이 나누어지는 것에 대해 무엇보다 단호하게 심판하시겠다고 강조하고 계십니다.

이스라엘 땅의 절대 소유자로서 하나님은 자신의 주권적인 선택에 의해 그 땅을 특별한 백성에게 주셨습니다. 즉 아브라함과 그의 후손들에게 주셨습니다. 창세기에서 하나님께서는 이와 같은 주권적 결정을 아브라함에게 보여 주셨습니다.

"내가 내 언약을 나와 너 및 네 대대 후손 사이에 세워서 영원한 언약을 삼고 너와 네 후손의 하나님이 되리라 내가 너와 네 후손에게 네가 거류하는 이 땅 곧 가나안 온 땅을 주어 영원한 기업이 되게 하고 나는 그들의 하나님이 되리라"(창 17:7-8).

보십시오. 하나님께서는 강한 어조로 분명하게 말씀하십니다. '그 땅 전체를 아브라함과 그 후손에게 영원한 소유가 되게 할 것이다.' 그 이후로 창세기의 역사를 보면 그 땅을 가진 아브라함의 후손들은 이삭과 야곱으로 이어집니다. 하나님께서 이삭에게 주신 약속이 창세기 26장에 나옵니다.

"이 땅에 거류하면 내가 너와 함께 있어 네게 복을 주고 내가 이 모든 땅을 너와 네 자손에게 주리라 내가 네 아버지 아브라함에게 맹세한 것을 이루어 네 자손을 하늘의 별과 같이 번성하게 하며 이 모든 땅을 네 자손에게 주리니 네 자손으로 말미암아 천하 만민이 복을 받으리라"(창 26:3-4).

위 구절에서 하나님께서는 두 번이나 '이 모든 땅'이라는 말을 사용하고 계시는 것을 봅니다. '땅들'이라는 복수 형태를 취하는 것은 완전한 기업을 구성하는 여러 지역을 포함시키겠다는 약속입니다.
또한 창세기 35장에서 야곱에게 그 땅을 주시겠다고 하나님께서 약속하고 계십니다.

"하나님이 그에게 이르시되 나는 전능한 하나님이라 생육하며 번성하라 한 백성과 백성들의 총회가 네게서 나오고 왕들이 네 허리에서 나오리라 내가 아브라함과 이삭에게 준 땅을 네게 주고 내가 네 후손에게도 그 땅을 주리라 하시고"(창 35:11-12).

이상 창세기의 세 구절을 조합해 보면, 그 땅을 약속받은 후손의 계보가 분명해집니다. 처음에는 아브라함에게, 그리고 이삭과 야곱, 더 나아가 야곱의 후손들에게 약속하신 것입니다. 야곱으로부터 이어지는 그 민족의 집단적 이름이 바로 '이스라엘'입니다. 위의 구절들 뒤에 창세기에 나타난 가나안 또는 이스라엘에 대한 계시적인 말씀이 본문 시편 105편의 짧은 구절에 요약되어 있습니다.
시편 기자는 이 구절을 통해서 하나님께서는 이 지구상의 모든 구석구석에 대한 판단, 즉 하나님의 주권적 결정을 시행하신다고 말씀하고 있습니다.

> "그는 여호와 우리 하나님이시라 그의 판단이 온 땅에 있도다"(시 105:7).

시편 기자는 이와 같이 전체적인 주제를 소개하고 나서 다음과 같은 말씀을 통해 가나안에 대한 하나님의 구체적인 판단 또는 결정을 계속 선포하고 있습니다.

오늘 본문을 보시기 바랍니다.

> "그는 그의 언약 곧 천 대에 걸쳐 명령하신 말씀을 영원히 기억하셨으니 이것은 아브라함과 맺은 언약이고 이삭에게 하신 맹세이며 야곱에게 세우신 율례 곧 이스라엘에게 하신 영원한 언약이라 이르시기를 내가 가나안 땅을 네게 주어 너희에게 할당된 소유가 되게 하리라 하셨도다"(시 105:8-11).

시편 기자는 여기에서 두 가지 사항을 강조하고 있습니다. 첫째, 이스라엘 땅을 받은 후손의 족보에 대해 분명히 하고 있습니다. 그것은 아브라함에서 이삭으로, 야곱으로, 그리고 이스라엘로 이어집니다.

둘째, 아브라함과 그 후손들에 대한 하나님의 약속이 신성하며 변함없는 것임을 강조하기 위해 다양한 언어를 사용하고 있습니다. 그는 하나님께서 직접 맺으신 '언약', '명령하신 말씀', '하신 맹세', '세우신 율례', 그리고 마지막으로 '영원한 언약' 이라고 말하고 있습니다. 언약, 말씀, 맹세, 율례, 영원한 언약, 이 모두 하나님의 변함없는 약속을 나타내는 얼마나 능력 있는 단어입니까? 이런 말씀보다 더 위대하고 강한 어조로 말씀하시는 성경 구절은 없다고 생각합니다.

이 모든 것을 통해 강조하시는 것은 가나안 땅의 소유권에 대한 것입니다. 오늘 본문 시편 105편의 위 구절 이외에 이스라엘 땅에 대한 소유권을 가장 빈번하게 강조하고 있는 곳은, 마지막 때에 이스라엘의 회복에 대해 언급하고 있는 예언의 구절들입니다. 즉 이스라엘 땅에 대한 이스라엘의 권리에 대한 성경적인 강조가 점점 희미해지는 것이 아니라, 시간이 흐를수록 점점 더 강화되고 있습니다.

> "여호와의 말씀이니라 보라 내가 내 백성 이스라엘과 유다의 포로를 돌아가게 할 날이 오리니 내가 그들을 그 조상들에게 준 땅으로 돌아오게 할 것이니 그들이 그 땅을 차지하리라 여호와께서 말씀하시니라"(렘 30:3).

여기에서 하나님께서 먼저 '내 백성 이스라엘과 유다' 에 대해 말씀하시고, 그다음으로 '내가 그 조상들에게 준 땅' 을 말씀하시는데, 이 조건을 만족시키는 것은 오로지 '그 땅' 하나뿐입니다.

다음으로 에스겔 36장에 있는 두 구절을 비교해 봅시다.

> "인자야 이스라엘 족속이 그들의 고국 땅에 거주할 때에 그들의 행

위로 그 땅을 더럽혔나니 나 보기에 그 행위가 월경 중에 있는 여인의 부정함과 같았느니라"(겔 36:17).

이스라엘이 처음 그 땅을 차지하여 살고, 첫 번째 포로 생활을 하기 전에 그들이 비록 그 땅을 더럽혔지만 하나님께서는 그곳을 '고국 땅'이라 부르고 계십니다.

"내가 너희를 여러 나라 가운데에서 인도하여 내고 여러 민족 가운데에서 모아 데리고 고국 땅에 들어가서"(겔 36:24).

하나님께서는 더 나아가 이스라엘을 그들의 땅으로 데려오신다고 약속하신 마지막 때에, 여전히 그곳을 '고국 땅'이라 부르고 계십니다. 하나님의 시각에서는 그 땅의 소유권이 한 번도 바뀐 적이 없으며 앞으로도 그렇지 않을 것입니다. 하나님께서 영원한 언약을 통해서 아브라함과 그 후손들에게 그 땅을 주셨습니다.

마지막으로 아모스를 살펴봅시다.

"내가 그들을 그들의 땅에 심으리니 그들이 내가 준 땅에서 다시 뽑히지 아니하리라 네 하나님 여호와의 말씀이니라"(암 9:15).

여기에서 다시 한 번 마지막 때에 이스라엘의 회복이 '그들의 땅'에서 이루어질 것에 대해 말씀하고 계십니다. 거기다가 하나님께서는 그들이 그 땅에서 다시 뽑히지 않을 것을 약속하고 계십니다. 약 3천 년 전에 주어진 이 약속은 오늘날 아랍 국가들의 점점 강해지는 힘이나 이스라엘을 파멸시키려는 결의로 인해 영향을 받거나 변형되지 않을 것입니다. 오히려 여러 가지 문제들과 이스라엘에 대한 극렬한 반대 세력의 존재가, 왜 하나님께서 멀리 앞을 내다보시면서 이스라엘 땅에 이스라엘의 절대적인 권리를 처음부터 힘주어 강조하셨는지를 이해할 수 있도록 하고 있습니다.

성도 여러분, 왜 하나님께서는 그분의 말씀 가운데에서 이 작은 땅의 소유권에 대해 그렇게 자주 강조하시면서 언급하고 계실까요? 무엇보다 가장 중요한 이유는 하나님께서는 언약을 지키시는 분이시고, 그것을 온 세상이 알기 원하시기 때문입니다. 그러나 신명기에서 모세가 말한 또 다른 중요한 원칙이 있다고 봅니다.

> "지극히 높으신 자가 민족들에게 기업을 주실 때에, 인종을 나누실 때에 이스라엘 자손의 수효대로 백성들의 경계를 정하셨도다"(신 32:8).

하나님께서는 각 민족이 계획 없이 아무 곳에서나 살도록 하지 않으셨습니다. 각 종족별로 살 장소를 정해 주셨습니다. 그러면 하나님께서 각 민족들이 거할 곳을 정해 주실 때 어디에서부터 시작하셨을까요? 모세는 이스라엘에게 주신 땅을 기준으로 시작하셨다고 말하고 있습니다. 먼저 이스라엘 몫의 땅을 정하셨고, 그러고 나서 이스라엘과 관련지어 다른 민족과 땅을 나누셨습니다. 그리고 이스라엘에게 주어진 땅의 면적은 하나님께서 생각하시는 이스라엘 인구가 궁극적으로 어느 정도의 넓이가 될 것인가에 따라 결정

되었습니다.

신약에서는 사도 바울이 아덴 사람들에게 행한 그의 설교를 통해서 이와 같은 하나님의 뜻을 확인하고 있습니다.

> "인류의 모든 족속을 한 혈통으로 만드사 온 땅에 살게 하시고 그들의 연대를 정하시며 거주의 경계를 한정하셨으니"(행 17:26).

이 말씀을 통해서 하나님께서 각 민족이 어디에서 살 것인지만이 아니라, 언제 거기에서 살 것인지도 결정하셨음을 알 수 있습니다. 그러나 다른 민족에 대한 하나님의 계획이 시작되는 곳은 이스라엘과 이스라엘에게 준 땅에서부터입니다.

여러분, 이것이 암시하는 것을 이해하기 위해 일상생활에서의 간단한 비유를 한 가지 생각해 봅시다. 우리가 와이셔츠를 입는다고 생각해 봅시다. 와이셔츠는 단추가 8개가 있는데 실수를 해서 첫 번째 단추를 두 번째 구멍에 끼우면 결과가 어떻게 되겠습니까? 다음 모든 단추가 잘못 채워질 것이고, 결국 마지막에는 단추만 하나 남게 될 것입니다.

이와 비근한 예를 지구상에 있는 나라들에게 적용해 봅시다. 만약 이 지구상에서 이스라엘이 제자리를 찾지 못한다면 지구상에 있는 다른 모든 나라들도 뭔가 잘못된 결과가 이어지게 되는 것입니다. 이스라엘에 대한 이와 같은 하나님의 말씀은 다른 모든 나라 사람들의 실제적이면서 핵심적인 적응을 요구하고 있는 것입니다.

이스라엘을 위한 하나님의 계획을 생각할 때, 다른 나라의 사람으로서 뒤로 한 걸음 물러나 구경하는 것처럼 "이스라엘의 운명은 우리와 관계없다"라고 말할 수 없습니다. 왜냐하면 다른 모든 나라의 운명은 이스라엘이 자기 땅에서 제자리를 잡는 것에 달려 있기 때문입니다. 즉 이스라엘이 하나님께서 주신 그들의 땅에서 완전한 기업을 찾을 때까지 다른 국가들은 절대로 하나님께서 그들을 위해 예비하신 축복을 누릴 수 없기 때문입니다.

이스라엘의 회복의 과정은 심각한 혼란과 고난을 동반하고 있습니다. 사실 1948년을 전후하여 이스라엘이 국가로서 수립되는 기간 동안 수많은 유대인들이 예루살렘에서 수난과 고난, 위험을 겪었습니다. 사실 그들은 어떤 특별한 죄를 지은 것이 아니었습니다. 그런데 당시 예루살렘에 살던 사람들은 유대인이건, 아랍인이건 모든 사람들이 고난을 당했습니다.

그런데 그런 모든 일련의 고난의 사건들은 성경 속에 나타난 하나님의 계획에 비추어 볼 때, 그 모든 과정을 통해 하나님께서 이스라엘을 제자리에 두시고 하나님과 올바른 관계를 회복시키기 위하여 무한한 지혜를 통해서 역사하고 계셨던 것입니다.

그렇습니다. 하나님께서 지금 중동에서 하고 계시는 모든 일에는 이와 같은 목적이 있습니다. 틀림없이 더 많은 고통과 큰 변화들이 있을 것입니다. 그러나 하나님께서는 그 과정 속에서 예언의 말씀을 통해 나타내신 대로 그분의 영원한 목적을 지속적으로 이루어 가고 계십니다. 이러한 확신이 있기 때문에 혼돈의 와중에서도 유대인이나 경건한 그리스도인들이 기본적으로 평온한 마음을 가질 수 있다고 믿습니다.

우리는 유대인도 아랍인도 아니지만, 그렇다고 이 문제에 대해 방관하거나 무관심해서는 안 될 것입니다. 다른 모든 사람들처럼 우리도 다음 사실을 직시해야만 할 것입니다. 어떤 사실을 말입니까? 하나님께서는 이 지구에서, 특별히 중동에서 이스라엘을 위하여 미리 예비하신 계획을 이루기 위하여 일하고 계시다는 사실과, 궁극적으로 다른 모든 나라들의 운명이 이스라엘을 향한 하나님의 계획이 성취되는 것에 연결되어 있다는 사실을 말입니다.

이스라엘 연구 전문가 데릭 프린스는 여러 해 동안 중동의 상황에 대해 기도하고 또 그 상황을 하나님의 말씀에 비추어 묵상하면서, 신약의 짤막한 말씀으로부터 위로와 함께 나아갈 방향을 발견하였다고 간증하였습니다.

"오직 하나님의 뜻을 행하는 자는 영원히 거하느니라"(요일 2:17).

여기에 온전하며 영원한 평안에 대한 분명한 약속이 있습니다. 그 약속을 보장받기 위해 우리는 두 가지 단계가 필요하다고 믿습니다. 하나는, 무엇보다도 성경에 나타난 하나님의 뜻을 깨달아야 할 것입니다. 또 하나는 우리의 개인적인 생활과 우리 주변에서 일어나고 있는 역사적 사건들 속에서 우리 자신이 굳은 의지로 성경에 나타난 하나님의 뜻과 연합해야 할 줄로 믿습니다.

만약 우리가 그렇게 하나님의 뜻에 순종해 간다면 우리의 삶은 신실하시며 거부할 수 없는 강한 힘을 가지신 하나님의 성품을 닮아 가게 되는 것입니다. 그러면 그러한 성품을 통해 우리는 날마다 우리 주변 세계에서 우리에게 도전해 오는 혼란과 세계의 언론들에서 외치고 있는 참혹한 사건들을 두려워하지 않게 될 것입니다. 또한 아랍 정치인들 또한 이스라엘 지도자들의 무책임한 말과 행동에 크게 영향 받지 않게 될 것입니다.

성도 여러분, 우리가 지금 참으로 복잡한 세계 정세 속에서 때로 혼돈과 불안을 느끼지만 한 가지 분명한 사실이 있다고 믿습니다. 그것은 우리 하나님께서는 이스라엘과 다른 모든 나라에 대하여 성경을 통해 말씀하신 예비된 계획을 이루어 가신다는 것입니다.

만약 우리가 하나님의 뜻이 어떤 것인가 하는 문제에 부딪혔을 때, 우리가 내려야 할 결정은 결코 우리의 피부 색깔이나 우리의 종교에 따라 다를 수 없다고 봅니다. 우리가 유대인이건 아랍인이건, 또는 아시아인이건 아프리카인이건, 기타 어느 나라 사람이든지 간에, 우리 모두는 하나님의 분명한 뜻에 대항하는 어떤 계획이나 편견도 받아들여서는 안 될 것입니다. 오직 하나님께서 현재적으로 이루시고자 하는 일을 찾아내고 또한 감당해야 할 것입니다.

물론 하나님의 계획의 자세한 내용은 우리 개개인마다 다른 것처럼 나라에 따라 다를 수밖에 없습니다. 따라서 세계적으로 볼 때 모두에게 동일한 역할이 주어진 것은 아닙니다. 오늘 살펴본 것처럼, 하나님께서는 각 나라에게 구체적인 장소와 사명을 주셨습니다. 모든 나라가 주어진 장소를 찾게 되고 주어진 사명을 이루어 낼 때에 이 세상에 비로소 화해와 평화가 올 것입니다.

이제 마지막으로 이스라엘의 '국가'를 소개해 드리겠는데, 제가 그 가사를 음미해 볼 때 팔레스타인이 하나님께서 이스라엘에게 약속하신 땅이 아니라면 나올 수 없는 그런 가사임을 느끼게 되었습니다.

하티크바: 그 희망

이 가슴 안에, 영원히, 이 가슴과 함께
하나의 유대 영혼이 흐느끼고 있네
저 동쪽의 경계 끝에서, 저 앞을 향하여
하나의 눈동자가 응시하네. 시온을 향하는……
우리의 희망은 아직 사라지지 않았고
그 희망은 2천 년을 살았으며
바로 우리의 땅에서 자유로운 하나의 국가를 이루기 위하여
예루살렘이여, 시온의 땅이여……
바로 우리의 땅에서 자유로운 하나의 국가를 이루기 위하여
예루살렘이여, 시온의 땅이여…….

성도 여러분, 선민 이스라엘 나라가 하나님께서 영원히 주신 땅 지구의 팔레스타인에서 제대로 정착할 때, 세상의 나라와 민족이 제자리를 잡게 될 때 비로소 이 세상에는 하나님의 평화가 임하게 될 것입니다.

이스라엘의 회복 강해(23)
23. 수건이 벗겨지는 이스라엘

우리가 이 같은 소망이 있으므로 담대히 말하노니 우리는 모세가 이스라엘 자손들에게 장차 없어질 것의 결국을 주목하지 못하게 하려고 수건을 그 얼굴에 쓴 것같이 아니하노라 그러나 그들의 마음이 완고하여 오늘까지도 구약을 읽을 때에 그 수건이 벗겨지지 아니하고 있으니 그 수건은 그리스도 안에서 없어질 것이라 오늘까지 모세의 글을 읽을 때에 수건이 그 마음을 덮었도다 그러나 언제든지 주께로 돌아가면 그 수건이 벗겨지리라 (고후 3:12-16)

여러분, 이따금 이런 생각을 해보신 적 없습니까? '어떻게 하나님의 선민이라고 하는 이스라엘 사람들은 예수님이 자기 땅에 오셨는데도 메시야로 영접지 않고 거부하고 십자가에 못 박았으며, 2천 년이 지난 오늘날에도 대부분의 백성들이 예수님을 거부하고 있는가? 반대로 영적인 세계에서는 이방인에 속하는 우리나라의 경우에는 거의 5분의 1이나 되는 사람들이 예수님을 구주로 믿고 복을 받아 누리고 나누고 있는가?' 그 이유가 무엇이라고 생각하십니까?

우리가 그동안 이스라엘의 회복 강해를 통해 여러 차례 이야기를 나눈 대로, 이스라엘 백성들이 특별히 우리 이방인들보다 잘못해서라기보다는 하나님의 신비한 섭리 때문에 그렇게 된 것입니다. 오늘 본문 고린도후서 3장 14절을 보시기 바랍니다.

"그러나 그들의 마음이 완고하여 오늘까지도 구약을 읽을 때에 그 수건이 벗겨지지 아니하고 있으니."

아주 독특한 수건이 옛날부터 이스라엘 민족의 눈을 가리고 있기 때문입니다. 그 수건은 하나님의 깊은 목적 때문에 그들의 영적인 눈 위에 주권적으로 놓여 있는 것입니다. 그러면 그 수건은 영원히 그들의 눈을 가릴 것입니까? 아닙니다. 14절 하반절을 마저 보시기 바랍니다.

"그 수건은 그리스도 안에서 없어질 것이라."

또한 16절도 보십시오.

"그러나 언제든지 주께로 돌아가면 그 수건이 벗겨지리라."

그렇습니다. 하나님의 약속은 명백하고 의심의 여지가 없습니다. 때가 되면 이스라엘 백성을 덮었던 그 수건은 분명히 벗겨질 것입니다.

이스라엘 민족의 영적인 회복, 살아 계신 하나님의 계시와 메시야 안에 있는 하나님의 섭리를 받아들이려고 마음 문을 여는 것, 이것은 그들이 하나님께로 돌아오는 것과 직결되어 있습니다. 하나님께서는 지금 이사야 선지자를 통해 부르짖고 계십니다.

"땅의 모든 끝이여 내게로 돌이켜 구원을 받으라 나는 하나님이라 다른 이가 없느니라"(사 45:22).

오늘날 이스라엘에게 정말로 필요한 것은 그들의 영적인 눈을 가리고 있던 수건이 제거되는 것으로서, 그 일은 이스라엘이 예수님을 메시야로 영접하고 하나님께로 돌이킬 때 이루어질 것입니다. 사도 베드로 역시 성전에 모인 무리에게 강력하게 요청했습니다.

"그러므로 너희가 회개하고 돌이켜 너희 죄 없이함을 받으라"(행 3:19).

마침내 그들에게서 그 수건이 벗겨질 때 이스라엘 백성들은 하나님의 성령으로 깨우침을 받아 그 목적과 정체성을 깨닫고, 메시야의 위엄을 민족적으로 깨달으며 함께 하나님을 만나게 됩니다.

이러한 사실에 대해 인간적인 생각으로는 이렇게 논쟁할 수도 있을 것입니다.

"하나님께서 어떻게 자기를 바라볼 시력이 없는 사람들에게 볼 것을 기대하실 수 있겠는가? 아니, 어떻게 그들을 보지 못하게 해놓고 보라고 요구하실 수 있단 말인가? 이것이 무슨 부조리한 일인가? 이것은 전혀 정당하지 않으며, 있을 수 없는 일이다!"

그러나 하나님은 미리 이사야 선지자를 통해 분명히 말씀하십니다.

"너희 못 듣는 자들아 들으라 너희 맹인들아 밝히 보라"(사 42:18).

여기에 대해서 하나님께서는 아무런 흔들림도 없으신 것입니다. 진실로 지금은 우리 이방 그리스도인들과 함께 선민인 유대인들이 이 하나님의 말씀에 절대적으로 순종해야 할 시점입니다. 저 이스라엘 백성들이 이제라도 예수님을 하나님께서 자기 땅에 보내 주신 구세주로서, 주님으로서 받아들이고 단순히 그분 앞에 자신을 낮출 때 이스라엘은 곧 치유될 것이고, 2천년 동안 보지 못했던 그들이 즉시 보게 될 것입니다. 사도 요한을 통해 증언된 다음의 말씀을 체험하게 될 것입니다.

"말씀이 육신이 되어 우리 가운데 거하시매 우리가 그의 영광을 보니 아버지의 독생자의 영광이요 은혜와 진리가 충만하더라"(요 1:14).

오늘도 메시야의 영광을 보도록 우리 영혼의 문을 열어 주시는 것은 하나님께 대한 믿음과 신뢰에 대한 겸손한 의지입니다. 완고했던 이스라엘 선민이라도 그런 겸손한 의지만 있으면 그들의 눈을 오랫동안 가렸던 옛 수건이 곧 벗겨지게 될 것입니다. 공포, 수치, 불안이 사라지고 곧 믿음과 사랑과 소망이 민족의 영혼을 사로잡게 될 것입니다.

그러나 이 일에 있어 우리 이방인들의 교회는 그들의 눈을 오랜 세월에 걸쳐 가리고 있던 그 옛 수건이 벗겨지도록 강력하게 중보 기도를 드리는 수고를 해야 할 것입니다. 그렇게 하기 위해서는 먼저 그 수건의 두꺼운 층과 역동성을 인식할 필요가 있는 것입니다.

첫째, 죄의 층입니다.

유대인들의 눈을 가리고 있는 두꺼운 수건의 가장 오래된 층은 모든 이방인들도 마찬가지이듯 우리의 영혼이 하나님의 권위에 대항하고 구세주의 필요성을 부인하는 인간의 마음 상태, 그 자체입니다. 그 타락한 상태는 타락한 천사장 루시퍼가 다음과 같이 말할 때 가장 잘 묘사되고 있습니다.

> "네가 네 마음에 이르기를 내가 하늘에 올라 하나님의 뭇별 위에 내 자리를 높이리라 내가 북극 집회의 산 위에 앉으리라 가장 높은 구름에 올라가 지극히 높은 이와 같아지리라 하는도다"(사 14:13-14).

이같이 거룩하신 하나님 위에 자기 자신을 올려놓은 것은 용서받을 수 없는 일일 뿐 아니라 파멸적인 결과를 초래하였고, 지금도 내일도 마찬가지입니다.

여기서 우리는 하나님의 진리를 보는데도 그것을 인식하지 못하도록 눈멀게 하는 유대인들의 첫 번째 층이 '원죄'(시 51:5; 롬 3:10-18)임을 발견하게 됩니다. 이 죄의 조건을 둘러싸고 있는 상태는 아주 원초적인 것이기에 "다 치우쳐 함께 더러운 자가 되고 선을 행하는 자가 없으니 하나도 없도다"(시 14:3)라고 말씀합니다.

이런 가슴 아픈 말씀들이 거룩한 성경의 도처에 기록되어 있는 것은 너무나 슬픈 일 아니겠습니까? 사실 이런 것들이 다 무엇을 의미하겠습니까? 사랑하지 못하고, 믿지 못하고, 소망하지 못하고, 충성되지 못하고, 지혜롭지 못한 인생에 대한 슬픈 증언이라고 할 수밖에 없습니다. 그 사실을 깨달은 다윗은 다음과 같이 절규하였습니다.

"내가 죄악 중에서 출생하였음이여 어머니가 죄 중에서 나를 잉태하였나이다"(시 51:5).

이 원리에 대해서는 한 가지 치료책밖에 없습니다. 그리스도의 보혈!

"모든 사람이 죄를 범하였으매 하나님의 영광에 이르지 못하더니 그리스도 예수 안에 있는 속량으로 말미암아 하나님의 은혜로 값없이 의롭다 하심을 얻은 자 되었느니라"(롬 3:23-24).

"하물며 영원하신 성령으로 말미암아 흠 없는 자기를 하나님께 드린 그리스도의 피가 어찌 너희 양심을 죽은 행실에서 깨끗하게 하고 살아 계신 하나님을 섬기게 하지 못하겠느냐"(히 9:14).

하나님의 어린 양이신 예수 그리스도의 영원한 언약의 피만이 만민의 죄를 대속할 수 있는데, 이 피는 우리의 죄의 결과만이 아니라 우리 삶에 끼치는 죄의 능력까지도 처리할 수 있는 능력이 있는 것입니다.

그렇습니다. 이방인과 함께 유대인의 눈에 깊게 가려진 그 두꺼운 수건의 첫째 층인 죄의 층이 벗겨지려면 다른 길이 없습니다. 다만 온전한 복음이 충만하게 전파되어야 합니다. 구원받을 다른 길이 없습니다. 그래서 사도 바울은 다음과 같이 선포했습니다.

"내가 복음을 부끄러워하지 아니하노니 이 복음은 모든 믿는 자에게 구원을 주시는 하나님의 능력이 됨이라 먼저는 유대인에게요 그리고 헬라인에게로다"(롬 1:16).

유대인들에게 먼저 필요한 것은 '복음'임을 역설했습니다. 사도 베드로 역시 예루살렘에서 유대인들에게 다른 것이 아니라 오직 복음을 전했습니다.

"그런즉 이스라엘 온 집은 확실히 알지니 너희가 십자가에 못 박은 이 예수를 하나님이 주와 그리스도가 되게 하셨느니라 하니라……베드로가 이르되 너희가 회개하여 각각 예수 그리스도의 이름으로 세례를 받고 죄 사함을 받으라 그리하면 성령의 선물을 받으리니"(행 2:36, 38).

그렇습니다. 우리의 죄성과 스스로를 도울 수 없는 완전한 절망을 전적으로 인정할 때, 우리는 비로소 메시야 안에 있는 '의롭다 함'의 선물을 감사하게 받아들이게 될 것입니다. 그럴 때 우리는 성령님을 선물로 받을 수 있고, 위로부터 거듭나게 될 것입니다(요 3:5). 이것은 유대인에게나 이방인에게나 동일한 사실이요 진리인 것을 확신하시기 바랍니다.

따라서 우리는 유대 민족에게 복음을 전하는 것을 결코 두려워하거나 주저하지 말아야 합니다. 물론 저들에게 복음을 전할 때 역사적으로 이런 저런 이방 민족으로 인해, 더구나 이방 기독교 국가들과 그리스도인들로 인해 고난과 고통을 당한 역사 때문에 상처와 불신, 거부와 모욕감으로 굳어져 있는 그들의 마음을 상하게 할 수 있습니다. 우리를 미워하고 모독하고 핍박할 수 있습니다. 그러나 오직 진리 즉 복음만이 그들을 자유케 해줄 수 있다는 사실(요 8:32)을 기억하며 인내하며 복음을 전해야 할 것입니다.

둘째, 인간의 전통 층입니다.

유대인의 눈을 오랫동안 가렸던 두 번째 층은 수백 년 동안 쌓인 랍비의 가르침과 인간적인 전통으로 이루어졌습니다. 이것은 유대인들에게 하나님의 참된 목적을 이해하지 못하도록 그들의 눈을 멀게 했습니다. 삶의 각 영역에 걸친 도덕과 관습, 율법주의의 복잡하고도 궤변적인 미로는 사실 바벨론 포로 기간 동안 형성되었습니다. 유대인 학자들은 포로 기간 동안 바벨론에서 유대교의 본질을 정리하고 확인하고자 시도하면서 유대적 삶과 전통의 개념들을 발전시키고 정교하게 만들기 시작했습니다.

그러나 그들은 민족의 타락한 상태와 수치와 자기 기만을 인식하는 데에는 실패하고 말았습니다. 고국과 고향으로부터 멀리 떠나 있는 동안 하나님의 심판과 정결케 하시는 과정을 겪으면서 이들 현자들과 학자들은 사상과 철학 체계를 발전시키고, 이것은 결국 이스라엘 민족의 삶에서 하나님의 살아 있는 생명의 말씀과 계시적 기름 부음을 대신하게 되었습니다.

선민인 이스라엘 백성들에게 이런 비극은 다시 없는 줄로 생각합니다. 왜냐하면 그 민족이 하나님께 돌아갈 수 있는 유일한 길은 하나님께서 주신 계시를 자신들과 이방 민족에게 전달하는 것밖에 없는데, 그 자리에 인간적 전통과 가르침이 들어오게 되었기 때문입니다. 사실 에스라와 느헤미야가 당시 바벨론으로부터 이스라엘의 고토와 하나님께로 돌아오라는 계시적 명령을 내렸을 때 응답한 백성들의 숫자가 적었던 이유 중의 하나가 바로 거기에 있었습니다.

그러한 랍비의 가르침은 그 후 수백 년간 지속되면서 확정되었고 유대교의 방향과 취향의 기초를 이루었습니다. 물론 그러한 가르침 중 상당 부분은 성경적인 실체가 거의 사라지고 거의 순전히 사람들에 의해 만들어진 궤변적 추론의 산물에 지나지 않습니다. 많은 경우 랍비들이 한 말이 하나님 말씀보다 더욱 무게가 있는 것처럼 많은 영향력을 끼쳐 온 것이 사실이었습니다. 마태복음 15장 5-6절에 보면 예수님의 책망이 나옵니다.

> "너희는 이르되 누구든지 아버지에게나 어머니에게 말하기를 내가 드려 유익하게 할 것이 하나님께 드림이 되었다고 하기만 하면 그 부모를 공경할 것이 없다 하여 너희의 전통으로 하나님의 말씀을 폐하는도다."

스데반이 당시 종교 지도자들에게 가슴이 찢어질 듯 부르짖은 것도 바로 이것 때문이었습니다.

> "목이 곧고 마음과 귀에 할례를 받지 못한 사람들아 너희도 너희 조상과 같이 항상 성령을 거스르는도다 너희 조상들이 선지자들 중의 누구를 박해하지 아니하였느냐 의인이 오시리라 예고한 자들을 그들이 죽였고 이제 너희는 그 의인을 잡아 준 자요 살인한 자가 되나니 너희는 천사가 전한 율법을 받고도 지키지 아니하였도다 하니라"(행 7:51-53).

여기서 우리는 성령 충만했던 집사 스데반의 마음을 통해서 비추어진 거룩한 분노와, 그를 핍박하는 사람들의 마음에 있는 폭력적인 분노가 얼마나 대조적인지 상상해 볼 수 있게 됩니다.

> "그들이 이 말을 듣고 마음에 찔려 그를 향하여 이를 갈거늘 스데반이 성령 충만하여 하늘을 우러러 주목하여 하나님의 영광과 및 예수께서 하나님 우편에 서신 것을 보고 말하되 보라 하늘이 열리고 인자가 하나님 우편에 서신 것을 보노라 한대 그들이 큰소리를 지르며 귀를 막고 일제히 그에게 달려들어 성 밖으로 내치고 돌로 칠새 증인들이 옷을 벗어 사울이라 하는 청년의 발 앞에 두니라"(행 7:54-58).

보십시오. 예수님의 거룩한 임재가 있어 천사의 얼굴로 나타났던 스데반(행 6:15)을 향하여 마귀의 도구로 미혹된 종교 지도자들과, 거기에 세뇌되어 따르던 군중의 종교적 전통과 인본주의적 철학이 반응할 수 있는 비극적 모습을 보여 주고 있는 것이 아닙니까! 우리는 여기에서 옛 예루살렘 성과 같은 그 장소를 비추는 빛과 거기에 발악하는 어둠의 무서운 대결을 발견하게 됩니다.

기가 막힌 것은 분노로 가득한 종교 지도자들과 따르는 군중은 예수님께서 기뻐하시는 사람을 돌로 쳐 죽이면서도 자신들이 하나님을 섬기고 있노라 확신하였습니다. 이것을 볼 때 유대인들의 눈을 가리고 있던 그 두꺼운 수건의 두 번째 층이 얼마나 실제적이고 무서운 것입니까?

랍비 가말리엘의 수제자 중 하나이며 초대 교회를 향한 대표적인 박해자였던 다소 출신 사울을 가리고 있던 수건 역시 너무나 실제적이고 두꺼웠습니다. 사울이 다메섹 도상에서 부활하신 예수님을 만나고 나서 눈이 멀어 버린 후 아나니아가 사울에게 손을 얹었을 때 비늘 같은 것이 벗겨져 다시 보게 되었습니다. 일어나 세례를 받고 즉시 각 회당에서 예수님이 하나님의 아들이심을 전파하게 되었습니다(행 9:18-20).

이 경우는 문자적이기도 하겠습니다만 죽은 전통과 인간적인 가르침의 층이 그의 눈에서 초자연적으로 제거되었을 때 사울은 바울이 되었으며, 교회의 박해자가 복음의 대사가 되었습니다. 이 얼마나 놀라운 변화입니까?

그런데 유대인들의 눈을 가린 이 두 번째 층은 오늘날도 여전히 마찬가지인 것을 알아야 합니다. 몇 년 전 일단의 유대인들이 기적적으로 이스라엘로 돌아온 후 유대교에서 일어나고 있는 큰 변화가 있었습니다. 새로 이주해 온 유대인들은 돌아와서 랍비의 가르침 이전에 모세의 가르침을 따르는 유대교를 그대로 실행하였습니다. 사실 그것이 본질상 더 성경적인 것이었습니다. 그들의 그런 반응과 종교적 실천은 기존 랍비들의 권위를 위협했고, 그들과의 긴장 상태를 야기했고, 오늘까지 권력 투쟁이 계속되고 있다고 합니다. 오늘도 그곳의 기존 랍비들은 성경적인 가르침보다는 랍비 중심적 문화 전통에 이스라엘 사람들을 복종시키려고 애를 쓰고 있습니다.

그런데 우리는 이런 싸움이 혈과 육에 대한 것이 아니라 사도 바울이 말한 것처럼 영적인 것임을 명심해야 할 것입니다(엡 6:10-20). 비록 보이는 사람들이 미혹적이고 눈을 멀게 하는 적그리스도적인 가르침의 통로와 도구가 되었다 해도, 그들을 통해 역사하는 것은 영적 정신과 권세들로서 배후에는 마귀가 역사하기 때문에 우리가 씨름하며 대적하는 것은 마귀라는 것을 잊지 말아야 합니다.

셋째, 거짓 역사의 층입니다.

오랫동안 유대인의 눈을 가리고 있던 수건의 세 번째 층은 두 번째 것과 동일하게 유독 유대 민족에게만 속한 것입니다. 그것은 2천 년 동안 그들의 잔을 채웠던 슬픔과 고난과 깊은 좌절로 이루어져 있습니다. 역사적으로 볼 때 그 민족을 향한 수천 년 동안 계속된 이방 민족의 미움, 증오, 박해, 반복된 멸절의 시도가 그 이스라엘의 집단적 민족정신에 깊이 자리 잡고 있기 때문입니다.

보십시오. 유대 민족은 역사적으로 볼 때 여러 세기를 걸쳐 바로, 아말렉, 발락, 블레셋, 앗수르, 바벨론, 하만, 헬라, 로마, 히틀러 등의 제국들과 핍박자들에 의해 쫓겨 다녀야 했지 않습니까? 더구나 가슴 아프게도 지난 2천 년 동안 자행된 가장 잔인하고 모욕적인 박해는 기가 막히게도 '그리스도'의 깃발 아래 '그리스도인들'에 의해 자행된 모습이었습니다. 결국 이러한 상황은 유대인들의 영혼 안에 일종의 신경쇠약적인 장벽을 만들게 했으며, 따라서 그것은 그들을 사랑하는 이방인 세계가 주는 긍정적인 위로의 메시지를 받아들이지 못하도록 방해하게 되었습니다.

기본적인 구원의 진리조차 수세기에 걸쳐 유대인들에게 형성된 고통과 환멸의 수건을 뚫고 들어가지 못하게 되었습니다. 슬프게도 이스라엘 백성의 집단적 기억 안에서는 참된 복음의 전달자들조차 길고 긴, 그리고 끔찍한 기억들의 연장 선상에서 보여지고 있는 것입니다. 그러한 기억은 반유대적인 교황에서부터 중세기 종교재판, 피로 얼룩진 십자군, 종교개혁자 마틴 루터 아래 자행된 박해, 유럽에서 널리 퍼진 살인적인 '대학살'의 파장, 그리고 히틀러에까지 이어지고 있습니다.

주후 1099년, 유럽의 십자군은 예루살렘에서 유대인이 모인 큰 회당의 문을 밖에서 잠그고 불을 질러 놓고는 "그리스도여! 우리는 당신을 찬양합니다!"라고 노래하며 회당 주위를 행진했습니다.

종교개혁자 마틴 루터는 그의 책 《유대인과 거짓말》에서, "그렇다면 우리 그리스도인들은 이 저주받고 버림받은 유대인들을 어떻게 대해야 하는가? 그들이 우리 가운데 살고 있고, 우리는 그들의 거짓말과 불경스러움과 저주를 잘 알기 때문에 그들의 거짓말과 저주와 불경스러움에 동참하기를 원치 않는 한 우리는 그들을 참아 줄 수 없다……우리는 기도하며 경건한 마음으로 그들에 대해 자비로운 준엄함을 실천해야 한다"고 주장했습니다.

그로부터 약 400년 후에 히틀러가 바로 루터의 이 말을 인용하면서 유대인들을 말살하려고 했을 때, 자기가 하나님의 뜻을 행하고 있다고 확신한 것은 별로 이상한 일이 아니었던 것입니다.

이러한 상황에서 어떻게 이스라엘 사람들이 지금 이방 여러 나라와 단체에서 하는 "우리가 당신을 사랑합니다"라는 말을 신뢰할 것을 기대할 수 있겠습니까? 기독교를 전파하는 사람들이 갑자기 변하여 "우리가 당신들을 위해 복된 책을 가져왔으니 들어보세요" 한다고 해서 그들이 금방 믿을 수 있겠습니까? 역사는 지금까지 그 반대임을 증명해 왔는데 말입니다.

그래서 이스라엘 사람들은 더욱더 이방 세계가 비록 선의를 가지고 접근하여도, 심지어 복음을 들고 진심으로 접근하여도 마음을 걸어 잠그고 호의를 거절하게 된 것입니다. 물론 그 거절의 견고한 진은 사탄이 일으켰고, 이스라엘 사람의 생각과 영혼에 깊은 불신을 침투시켰습니다. 그래서 유대 민족은 지금까지도 다른 사람들의 의도를 쉽게 의심하고 쉽게 거절하는 성향을 갖게 된 것입니다. 그러한 견고한 진은 이스라엘이 기독교의 메시지와 예수님께로 마음을 열 수 있는 힘을 상당히 마비시키기 마련입니다. 그들 유대인들은 너무나 많은 고통스럽고 값비싼 기억들로 인한 상처 때문에 민족적으로 그 눈과 인지 능력이 가려져, 오늘도 긍휼과 치유로 다가오는 사랑의 하나님의 손길을 보지 못하고 있습니다.

그러면 치명적인 이 세 번째 층은 어떻게 제거될 수 있습니까? 희생적이고 무조건적인 참된 하나님의 사랑을 통해서만 제거될 수 있습니다. 왜 그럴까요? 역사적으로 거부감과 소외로 인한 깊은 상처가 이스라엘 영혼 안에 너무 깊이 자리 잡고 있기 때문에 하나님께서 그들을 참으로 사랑하시며 온전하게 받아들이고 계신다는 사실이 이 땅의 이방인들, 특별히 진실한 그리스도인들을 통해 구체적으로 그들에게 나타날 때에만 그 치유가 가능하기 때문입니다.

진실로 이것은 오늘날 우리 이방인 교회 앞에 놓인 커다란 과제가 아닐 수 없습니다. 우리는 하나님의 본래 백성인 이스라엘 사람들에게 하나님의 진리를 많은 사랑과 함께 보여 주어야 합니다. 그렇게 해서 진리로 그 골수를 찌르며 죄를 깨닫게 하면서도 긍휼로써 오랜 상처를 치유해야 할 것입니다. 그러나 이 일은 근본적으로 주님의 백성들 안에서 그들을 통하여 역사하시는 성령님 자신만이 하실 수 있는 일이라는 것을 깨달아야 하겠습니다(슥 4:6). 수건을 제거할 수 있는 것은 사랑입니다.

보십시오. 예수님의 십자가의 사랑이 성소 휘장을 위로부터 아래까지 찢어져 둘이 되게 하지 않았습니까?(마 27:51) 진정한 이방 그리스도인인 우리의 사랑이 성전의 옛 휘장처럼 현대 유대인들의 눈과 마음을 덮고 있는 수건도 위에서 아래로 찢어 떨어뜨릴 것입니다.

결국 이것은 우리에게 중보적 사명을 감당하라는 것입니다. 유대인들을 오래 덮고 있는 그 두꺼운 층의 수건이 제거되는 것은 결국 이방인 교회들의 중보적 기도가 승리할 때 하늘의 영역에서 먼저 시작될 것입니다. 그리고 그것이 이 땅의 상황을 변화시키게 될 것입니다. 우리를 향하신 하나님의 모든 약속은 그리스도 예수 안에서만 가능하며, 그분을 통해서 기도하는 교회는 그 중보적 역할을 통하여 '아멘' 하게 될 것이며, 그 약속한 바를 완전히 취하기 위한 산고를 감당하게 될 것입니다.

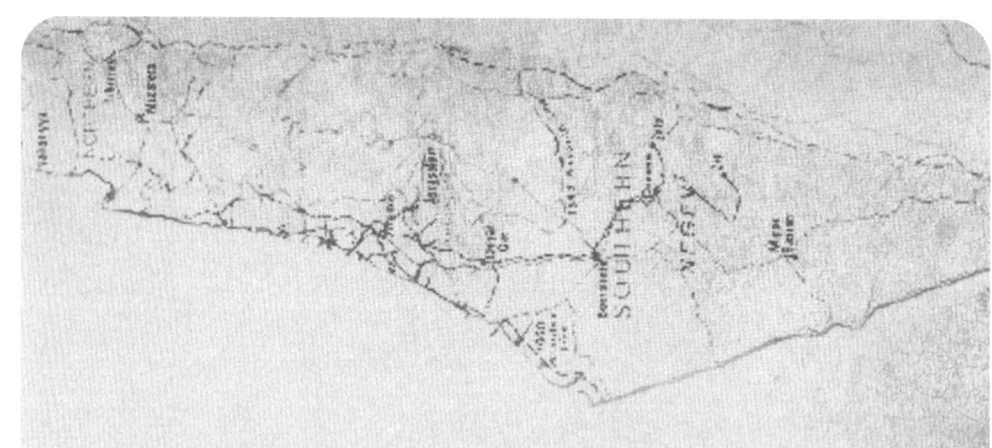

✡ 이스라엘의 회복 강해(24)
24. 이스라엘의 회복에 대한 교회의 응답

그러므로 너는 대언하여 그들에게 이르기를 주 여호와께서 이같이 말씀하시기를 내 백성들아 내가 너희 무덤을 열고 너희로 거기에서 나오게 하고 이스라엘 땅으로 들어가게 하리라 내 백성들아 내가 너희 무덤을 열고 너희로 거기에서 나오게 한즉 너희는 내가 여호와인 줄을 알리라 내가 또 내 영을 너희 속에 두어 너희가 살아나게 하고 내가 또 너희를 너희 고국 땅에 두리니 나 여호와가 이 일을 말하고 이룬 줄을 너희가 알리라 여호와의 말씀이니라 (겔 37:12-14)

지난 주간 사택으로 배달된 〈기독공보〉를 읽다가 "목양 칼럼"에 이르렀을 때 저의 눈에 갑자기 광채가 빛났습니다. 그것은 "마지막 시대 최고의 비전"이라는 타이틀로 쓴 강남노회 최성욱 목사님의 칼럼에 제 마음이 강하게 끌려, 처음부터 읽다가 제 가슴이 뻥 뚫린 것 같았기 때문입니다. 그 내용은 우리가 지금까지 스물세 번에 걸쳐 '이스라엘의 회복'이라는 주제하에 나누었던 내용과 완전히 일치하는 이야기를 함축적으로 담아내고 있었습니다. 마지막 부분을 함께 읽어 보겠습니다.

몇 년 전부터 전 세계 중보 기도, 예언 사역자들은 성령 하나님께서 자신들의 초점을 이스라엘을 향해 강력하게 돌리고 있다고 선포하고 있다. 그중에 몇몇 사역자는 아예 이스라엘로 거처를 옮겨서 그곳에 거하며 기도 사역을 하고 있다. 필자도 2년 전에 구체적인 기회가 있어서 KIBI에서 제작한 '미라클 이스라엘' 동영상을 보고 머리에 지진이 일어날 만큼 충격을 받았다.

이 글을 읽고 이것에 조금이라도 도전을 받은 사역자는 《어찌하여 십자가가 칼이 되었는가?》라는 책자 하나만이라도 읽어 보기를 권한다. 그리고 1990년부터 이스라엘 본토로 돌아가게 하는 대역사를 행하여 구러시아권 지역에서 500만 명이나 본토로 돌아갔고, 저들의 20%는 예수를 받아들이고 있다는 이 '에벤에셀 사역'에 한 번 정도 주목해 보길 원한다. 이스라엘의 '알리야'야말로 온 땅의 구원 완성을 앞당기는 보다 강력한 이 마지막 시대 최고의 비전이 아니겠는가?

'할렐루야, 아멘' 할 수밖에 없는 칼럼 아닙니까? 그동안 저는 '이스라엘의 회복' 강해 설교를 진행하면서도, 주변에 목회하는 목사들 가운데 저와 같이 '이스라엘의 회복'의 비전을 깨닫고 선교 방향을 그쪽으로 정립해 나가는 분이 없을까 궁금하였습니다. 그러다가 지난 주간에 이런 목양 칼럼을 읽게 된 것입니다.

또한 〈기독공보〉에 3주 전쯤 난 기사를 보면, 인도에서 선교 사역 중인 정훈상, 박미선 선교사가 여전도회전국연합회 선교부로 보내 온 선교 편지를 발췌해 싣고 있습니다. 목회자로 부르심을 받은 시초부터 이스라엘 선교에 소명을 느낀 류공석 목사님이 2007년 텔아비브 욥바 교회 창립 때부터 주님께서 주신 '이스라엘의 선교'와 '청년 사역'을 따라 재정적으로 자립하지 못했지만 현재 재정의 30퍼센트를 이스라엘 선교에, 20퍼센트 가까이를 청년 선교에 지출하고 있다는 것입니다.

이 모두 세계 역사의 중심이 되는 구속사는 어제나 오늘이나 내일이나 하나님께서 주관해 가고 계시다는 것을 느끼게 하는 이야기들 아니겠습니까? '아버지의 뜻이 하늘에서와 같이 땅에서도 이루어지게 하소서'라고 가르쳐 주신 기도와 같이, '하나님의 뜻이 하나님의 주도하에 인간이 사는 땅에서 실제적으로 이루어져 가는 것'을 느끼게 합니다.

그런데 하나님의 모든 참된 역사가 이 땅에서 구체적으로 이루어지는 데는 반드시 일정한 순서와 과정이 있습니다. 즉 먼저 씨 뿌림이 있고, 다음에 잉태의 시기가 따르며, 이어서 산고를 겪은 후에 마지막에 새 생명의 탄생을 수반하게 된다는 것입니다.

지금부터 약 2천 년 전 이 땅에 예루살렘 교회가 탄생하는 것을 필두로 여러 교회가 생겼고, 2천 년 역사에 이 세상의 도처에 수없이 많은 교회가 생겨나게 되었는데, 첫 교회가 생겨날 때 어떻게 생겼습니까? 하늘에서 뚝 떨어진 것입니까? 아닙니다. 진공 상태에서 갑자기 형성된 것입니까? 아닙니다.

생명이 태어난 것과 동일한 과정을 거쳐서 태어난 것입니다. 즉 하나님의 씨인 메시야가 인간의 몸을 입고 인간들이 사는 지상에 착상되어야 했습니다. 메시야는 그 안에서 자라나게 되었습니다. 거기에서 십자가를 지고 십자가 위에서 피 흘려야 했습니다. 그 토양을 통해 교회가 탄생하게 되었던 것입니다. 보혈로써 구원받고 성령님으로 거룩하게 구속된 무리들인 교회는 그렇게 하여 이 세상에 태어나게 된 것입니다. 그 과정에서 '자궁' 역할을 하게 된 민족이 있었는데, 이스라엘 민족이 바로 그들이었습니다.

지난 1,900여 년 동안 이스라엘 민족이 육체적으로, 정치적으로 유배를 당해 유랑 생활을 했다는 사실을 인정하는 사람들은 수없이 많이 있습니다. 그러나 그 민족이 또한 영적으로 유배를 당해 유랑 생활을 할 수밖에 없었다는 사실을 인식하고 있는 사람들은 그 수가 아주 적습니다.

구속사적으로 볼 때 예수님께서 부활하시고 승천하시기 직전에 하나님의 부르심과 하나님과 관련된 특별한 지위, 그리고 기름 부음에 대한 '바통'(baton)이 사도들에게 넘겨지면서, 구약 시대에는 이스라엘에게만 주어졌던 그 특권이 이제는 다른 이방 민족에게도 확장되게 되었습니다. 즉 잃어버린 세계에 대한 하나님의 인자하심과 은혜를 더욱 선명히 보여 줄 어린 대리자가 하나님의 본래 선민인 이스라엘로부터 태어나게 된 것입니다. 따라서 유대인들이 '벤치에 앉아 있으라고 보내진' 기간 동안 교회는 과거에 이스라엘이 담당했던 세계 열국을 위한 제사장 역할을 수행하도록 이스라엘에게 접붙임을 받게 되었던 것입니다.

결혼한 여인이 자신 안에 잉태된 그 한 생명을 해산하기까지 얼마나 힘든 과정과 진통과 상처가 필요합니까? 나중에는 기진맥진하고 탈진하지 않습니까? 저나 여러분이 예외 없이 그런 과정을 통해, 모태를 통해 이 세상에 태어난 것입니다. 이와 마찬가지로, 이 땅 위에 첫 교회가 탄생할 때에도 그 같은 어려운 과정과 힘든 진통과 상처가 필요했던 것입니다. 그 과정에서 기진맥진하고 피투성이가 된 태인 이스라엘은 이제 쓰러지고, 일단 하나님의 구속사의 역할에서 뒤로 처지게 되었습니다. 대신에 생기가 가득하며 기름 부음 받은 교회가 하나님의 생명을 그 날개에 싣고 이방 민족들의 세계로 뻗어나가게 되었습니다.

그러면 늙은 태인 이스라엘은 어떻게 될 것입니까? 영원히 버려지게 될 것입니까? 아닙니다. 결코 그럴 수 없습니다. 로마서 11장 1절을 보십시오.

> "그러므로 내가 말하노니 하나님이 자기 백성을 버리셨느냐 그럴 수 없느니라."

그 옛날의 태인 이스라엘 민족은 첫 번째 새 피조물을 낳았던 것처럼 마지막 때 주님께서 오시기 전 다른 존재에 의해 다시 태어나게 될 것입니다. 그러면 누군가가 이스라엘 민족을 위해 태의 역할을 해야 할 필요가 있는데, 누가 이스라엘 민족을 다시 태어나게 할 태를 제공할 것입니까? 그것에 대한 해답을 찾기 위해서 성경으로 돌아가 거기에 대한 하나님의 계시를 살펴보아야 할 것입니다.

기록된 성경을 보면, 이스라엘의 버려짐과 회복이 두 가지 단계로 나타나고 있다는 것을 반드시 이해해야 할 것입니다. 성경을 보면 이스라엘이 육적인 기업과 영적인 기업으로부터 동시에 쫓겨나 유배를 당했던 것처럼, 오늘날 이스라엘의 회복은 육적인 영역과 영적인 영역, 양면에서 이루어지고 있습니다. 그런데 이 두 단계의 회복을 가장 명백하게 보여 주는 성경적 모습 중 하나는 에스겔 37장의 예언에서 발견하게 됩니다.

에스겔 선지자는 생명이 없고 소망이 없이 서로 떨어진 채 마른 뼈들이 가득 찬 끔찍한 계곡의 모습을 보는 중에, 하나님으로부터 그것에 대한 회복을 예언하라는 명령을 받았습니다. 에스겔 37장 4-6절을 다 함께 읽겠습니다.

> "또 내게 이르시되 너는 이 모든 뼈에게 대언하여 이르기를 너희 마른 뼈들아 여호와의 말씀을 들을지어다 주 여호와께서 이 뼈들에게 이같이 말씀하시기를 내가 생기를 너희에게 들어가게 하리니 너희가 살아나리라 너희 위에 힘줄을 두고 살을 입히고 가죽으로 덮고 너희 속에 생기를 넣으리니 너희가 살아나리라 또 내가 여호와인 줄 너희가 알리라 하셨다 하라."

진실로 하나님께서는 성경을 통해 이스라엘의 육적이고 영적인 두 가지 측면을 예언하고 계십니다. 하지만 정확하게 말하자면 육적인 것이 먼저 옵니다. 에스겔 37장 8절을 보십시오.

> "내가 또 보니 그 뼈에 힘줄이 생기고 살이 오르며 그 위에 가죽이 덮이나 그 속에 생기는 없더라."

비록 영적인 치유가 마지막 결과라 할지라도 육적인 것이 먼저 이루어져야만 하는 것입니다. 고린도전서 15장 46절을 보십시오.

> "그러나 먼저는 신령한 사람이 아니요 육의 사람이요 그다음에 신령한 사람이니라."

그러나 선지자는 그 뼈들이 집단 무덤에서 새로운 목적을 가지고 살아나기는 했지만 그 속에 생기가 없다는 것을 알게 되었습니다. 그래서 9절에서는 그들을 여전히 "죽음을 당한 자"라고 말합니다. 히브리어 본문의 '하로김'은 '죽임을 당하여 소망이 끊어진 자'의 의미가 담겨 있습니다. 사실 이스라엘의 육적인 회복은 비록 기적적이고 경이로운 일이기는 하지만 아직 부분적인 회복일 뿐입니다.

이러한 예언적 성취는 8절에서 '절반'이 이루어지고 있는 것입니다. 그리고 우리는 이 민족이 유예 상태, 즉 자연적으로는 살아 있지만 영적으로는 생명이 없는 상태에 있음을 발견하게 됩니다. 이것은 20세기 유대인들의 상태를 정확하게 묘사한 것입니다. 육체적 생명의 모든 증거와 함께 많은 사람들이 이스라엘로 돌아오고 있지만, 영적인 차원에서는 여전히 눈이 멀어 있고 강퍅함이 남아 있는 것이 사실입니다.

이제 에스겔 37장 9절을 보시기 바랍니다. 하나님께서는 에스겔의 부르짖음에 이렇게 응답하십니다.

> "또 내게 이르시되 인자야 너는 생기를 향하여 대언하라 생기에게 대언하여 이르기를 주 여호와께서 이같이 말씀하시기를 생기야 사방에서부터 와서 이 죽음을 당한 자에게 불어서 살아나게 하라 하셨다 하라."

그는 명령받은 대로 순종하여 예언합니다. 10절을 보십시오.

> "이에 내가 그 명령대로 대언하였더니 생기가 그들에게 들어가매 그들이 곧 살아나서 일어나 서는데 극히 큰 군대더라."

계속해서 그렇게 회복된 민족에게 하나님은 말씀하고 계십니다.

> "그러므로 너는 대언하여 그들에게 이르기를 주 여호와께서 이같이 말씀하시기를 내 백성들아 내가 너희 무덤을 열고 너희로 거기에서 나오게 하고 이스라엘 땅으로 들어가게 하리라 내 백성들아 내가 너희 무덤을 열고 너희로 거기에서 나오게 한즉 너희는 내가 여호와인 줄을 알리라 내가 또 내 영을 너희 속에 두어 너희가 살아나게 하고 내가 또 너희를 너희 고국 땅에 두리니 나 여호와가 이 일을 말하고 이룬 줄을 너희가 알리라 여호와의 말씀이니라"(겔 37:12-14).

성도 여러분, 이러한 말씀 가운데서 우리가 무엇을 알 수 있습니까? 하나님께서는 역사의 마지막 때에 이르러 다시 약속의 땅 이스라엘로 모이는 그 백성들에게 자기의 영을 부어 주시는데, 그때 그들에게 부활의 생명의 기적이 있을 것을 약속하고 계시는 것을 알 수 있습니다. 할렐루야!

그러나 여러분, 여기서 우리가 반드시 알아야 할 중요한 사실 한 가지가 있습니다. 그것은 그러한 영적 부흥의 약속은 반드시 생명을 주시는 하나님의 말씀을 이스라엘에 대언할 선지자 무리의 사역이 일어나고 완성되는 것에 달려 있다는 것입니다. 그래서 우리 하나님께서는 오늘날 이 환상이 성취될 때까지 생명도 소망도 없이 외형만 갖춘 이스라엘 백성들에게 하나님의 영을 받으라고 명령하는 사명을 담당할 선지자들을 부르고 계십니다.

그러면 성도 여러분, 하나님께서 지금 누구를 향해 그 소명에 응답할 것을 호소하고 계실 것 같습니까? 미국의 대통령이나 미국의 의회에 요구하시겠습니까? 유엔 안전보장이사회에 요구하시겠습니까? 모두 아닙니다. 의심할 여지없이 에스겔의 하나님께서는 그 깊은 지혜와 주권 가운데서 그 아들 예수 그리스도의 몸 된 교회 중에 먼저 각성한 교회들이 이 '역사의 아기'가 안전하게 탄생하기까지 그 중보적 태 속에 아기를 품고 산고를 치를 것을 요청하신다고 믿습니다. 그렇다면 현재로는 소수의 교회 중의 하나가 되어 '이스라엘의 회복'의 비전을 가지기 시작하는 우리 영세교회가 힘들지만 그 영광스러운 구속사의 역할에 '아멘'으로 응답하며 나아가는 충복이 되시기를 바랍니다.

이스라엘의 회복 강해(25)
25. 교회여, 룻이 되라

이에 보아스가 룻을 맞이하여 아내로 삼고 그에게 들어갔더니 여호와께서 그에게 임신하게 하시므로 그가 아들을 낳은지라 여인들이 나오미에게 이르되 찬송할지로다 여호와께서 오늘 네게 기업 무를 자가 없게 하지 아니하셨도다 이 아이의 이름이 이스라엘 중에 유명하게 되기를 원하노라 이는 네 생명의 회복자이며 네 노년의 봉양자라 곧 너를 사랑하며 일곱 아들보다 귀한 네 며느리가 낳은 자로다 하니라 나오미가 아기를 받아 품에 품고 그의 양육자가 되니 그의 이웃 여인들이 그에게 이름을 지어 주되 나오미에게 아들이 태어났다 하여 그의 이름을 오벳이라 하였는데 그는 다윗의 아버지인 이새의 아버지였더라 (룻 4:13-17)

샬롬! 제가 신학대학원을 졸업하기 전 종로 어느 음식점에서 사은회로 모였을 때입니다. 어느 구약학 교수님이 제자인 우리에게 "여러분, 앞으로 목사가 되어 설교할 때 신약성경만 가지고 설교하지 말고 구약도 하나님의 말씀이니 구약에서도 많이 설교하기를 부탁합니다"라고 말씀하셨습니다. 진지하게 부탁하셨습니다.

그 일이 무려 만 34년 전의 일인데도 가끔 제 머리에서 생각나곤 합니다. 그 교수님의 부탁과 함께 시간이 가면서 제게 깨달음이 있다 보니, 저는 다른 목회자에 비해 비교적 구약 쪽에서도 본문을 많이 선택하여 설교하는 편이 되고 있습니다.

구약성경은 우리에게 영적 진리를 묘사하는 장엄한 예언적 장면들을 보여 주고 있습니다. 우리가 하나님의 언약에 대해 언급할 때 '신약은 구약 안에 숨겨져 있고, 구약은 신약 안에 계시되어 있다'라고 말할 수도 있겠습니다. 마찬가지로 우리는 구약성경 안에서 일차적으로는 과거에 이 땅 위에서 이루어진 실제적인 사건을 묘사하면서도, 이차적으로는 메시야와 복음과 하나님의 나라 안에서의 위대한 성취를 예언적으로 나타내고 있는 이야기들을 많이 발견할 수 있다고 봅니다.

오늘 본문에 나오는 룻의 이야기가 바로 그 예 중의 하나로서, 우리가 이번에 생각하게 되는 이스라엘의 회복에 있어서 구속사의 마지막 때에 있을 참된 교회의 중요한 역할을 잘 계시한다고 생각합니다.

이 옛날이야기는 사사 시대를 배경으로 하여 전개되고 있습니다. 그때는 이스라엘 안에 많은 혼란과 기근이 유다 땅을 덮쳤고, 이에

베들레헴의 여인 나오미가 그로 인해 남편과 두 아들과 함께 이방인의 땅 모압 지방으로 떠나게 되었습니다.

역설적이게도 '베들레헴'이라는 지명은 히브리어로는 '떡집'인데, 선민의 가정이 그 떡 문제 때문에 자기의 기업을 떠나 율법이 부정하다고 규정한 이방인의 땅으로 갔던 것입니다. 히브리어로는 '나의 하나님, 나의 왕'이라는 뜻의 이름을 가진 가장인 엘리멜렉은 그 땅에서 사는 동안 죽게 되었습니다. 얼마 후에 두 아들 말론과 기룐 역시 죽었는데 '병약하다'와 '수척해지다'를 의미하는 이름이 그대로 이루어진 것입니다. 이스라엘 백성이 자기 기업을 떠나 이방 민족 가운데 거하면 저주가 있을 거라는 모세의 예언대로, 그 두 가지 저주가 그 가정에 임하게 되었던 것입니다.

그런데 여기서 중심이 되는 인물은 나오미입니다. 예언적으로 보자면 나오미는 영적인 기근과 가뭄을 겪으며 고토(古土)를 떠나 이방인의 땅에 우거하게 된 이스라엘 민족을 예표한다고 볼 수 있습니다.

나오미의 영적 형편을 보십시오. 자기 땅에서 끊어지고 하나님의 보호하심을 받지 못하고 남편(엘리멜렉)도 잃어버리고, 그나마 대를 이어가고 낙이 될 수 있는 두 아들(말론과 기룐)로 말미암은 미래적 약속과 보호도 상실한 채 나오미는 이제 두 이방인 며느리와 함께 이방 땅에 홀로 처하게 되었습니다.

큰며느리의 이름은 '목의 뒷부분'을 의미하는 오르바이고, 작은 며느리의 이름은 '친구, 동료'를 의미하는 룻입니다. 오묘하게도 그 두 여인은 예언적으로 두 가지 유형의 교회를 예시하는 것 같습니다. 하나는 늙고 절망적인 상태의 이스라엘에게 등을 돌리는 교회이고, 또 다른 하나는 그러한 이스라엘에게 친구가 되는 교회라 하겠습니다. 둘 다 이스라엘에게서 태어난 메시야 예수님을 영접하고 예수님과 결혼함으로 언약의 민족과 연합이 되었으나, 오직 한 부류의 교회만이 자신의 결혼 서약에 충실한 형편입니다.

자, 룻기 1장 6절을 봅시다.

> "그 여인이 모압 지방에서 여호와께서 자기 백성을 돌보시사 그들에게 양식을 주셨다 함을 듣고 이에 두 며느리와 함께 일어나 모압 지방에서 돌아오려 하여."

무엇을 의미합니까? 유다 땅에 그 지긋지긋한 기근이 끝났다는 좋은 소식이 모압 땅의 나오미에게도 들려와 고통과 슬픔만이 가득했던 그곳 모압 땅에 거할 필요가 없어진 나오미는 이제 고향으로 돌아갈 준비를 하게 되는 것입니다. 두 며느리가 자신들의 예언적인 이름을 성취하게 되는 것은 바로 그 시점에서였습니다. 7절부터 오늘 본문까지 보시기 바랍니다.

마음도 그랬고 실제도 그랬지만, 조금 거리를 두고 시어머니를 따라오던 큰며느리 오르바는 억지로 따르다가 곧 나오미에게 등을 돌렸습니다(룻 1:14). 그러나 룻은 어떠했습니까? 세 번의 권유도 뿌리치고 계속해서 시어머니를 따라갔습니다(룻 1:18). 이렇게 하여 룻은 충성됨의 시험을 무사히 통과하게 되었습니다.

사실 그 상황에서 여러분이었다면 나오미를 따라갈 수 있었겠습니까? 물론 남편이 있었으면 따라가는 것이 어렵지 않을 것입니다. 남편은 그만두고 아들이라도 있었으면 아들 때문에라도 따라가기가 쉬웠을 것입니다. 아니, 아들은 그만두고 시아버지라도 있었다면 '며느리 사랑은 시아버지'라고, 한 가닥의 위로를 삼고 혹시 결단이 가능했을지도 모르겠습니다. 그것도 아니라면, 혹시 나오미에게 베들레헴 땅에 재산이 많이 남아 있다면 그 재산을 생각하면서 혹시 결단할 수 있었을지 모르겠습니다. 그러나 그저 늙고 아무 소망도 없는 이스라엘의 초라한 여인일 뿐이었습니다.

그런 나오미에게 룻은 인정적 아름다움과 정조를 지켜내는 아름다움, 그리고 신앙적 아름다움으로 자기의 헌신을 이렇게 표현했습니다. 룻기 1장 16절을 읽겠습니다.

> "룻이 이르되 내게 어머니를 떠나며 어머니를 따르지 말고 돌아가라 강권하지 마옵소서 어머니께서 가시는 곳에 나도 가고 어머니께서 머무시는 곳에서 나도 머물겠나이다 어머니의 백성이 나의 백성이 되고 어머니의 하나님이 나의 하나님이 되시리니."

얼마나 아름다운 헌신입니까? 사실 이때 룻은 아무 보잘것없는 시어머니 나오미와 그동안 함께했던 삶에서 만난 이스라엘 하나님 여호와를 바라보면서 그런 결단을 한 것입니다. 15절에 나오는 대로 '자기의 백성과 자기의 신'에게로 돌아간 손윗동서 오르바와는 달리, 룻은 시어머니 나오미의 백성과 그녀의 하나님께 헌신하겠다는 언약의 말을 분명하게 고백하였습니다.

사실 오늘 본문의 예시적 사건에 담긴 엄중한 경고는 오늘 이 세대에 더욱더 선민 이스라엘과, 그 이스라엘의 하나님께 대한 충성심이 사라진 사람들 앞에 어떤 위험이 놓여 있는지 보여 주고 있다고 생각합니다. 사실 이 상징적 사건에서 우리는 오늘도 오르바처럼 확실히 자기의 옛 백성에게로뿐 아니라 과거에 섬기던 신에게로 돌아설 사람들이나 무리가 많다는 것을 발견하게 됩니다. 그리고 비록 신약에 나타난 실제성이 확실히 구약에 나타난 예표적인 사건보다 훨씬 광범위하고 은혜가 충만하지만(요 1:14), 우리는 또한 구약에 나타난 사건의 중요성과 필요성을 깨달아야 할 것입니다. 왜냐하면 고린도전서 10장 11절에서 사도 바울이 말한 대로, 그들에게 일어난 그런 일은 본보기가 되고 또한 말세를 만난 우리를 깨우치기 위해 기록되었기 때문입니다.

덧붙여 말하면 지나간 2천 년 교회사에서 보면 거의 모든 기간 동안, 심지어 이스라엘의 하나님께 기쁘게 헌신하고 경배했던 무수한 기독교인들조차 하나님의 옛 백성을 무시하고 거부했다는 사실을 인정해야 할 것입니다.

다시 룻기 1장 17절을 보십시오. 룻은 계속해서 자신의 헌신을 선포합니다.

> "어머니께서 죽으시는 곳에서 나도 죽어 거기 묻힐 것이라 만일 내가 죽는 일 외에 어머니를 떠나면 여호와께서 내게 벌을 내리시고 더 내리시기를 원하나이다 하는지라."

오늘날 결혼식 때 신랑과 신부 사이에 행해지는 언약과 헌신이 인간적으로는 아무 가치가 없어 보이는 늙은 여자와 잘하면 앞길이 열릴 수 있는 젊은 여자 사이에 맺어졌습니다. 그러나 전자는 하나님의 언약 안으로 들어온 여인이었고, 후자인 룻은 그 언약 관계를 생명보다 중요하게 여겨 동서 오르바와는 대조적으로 나오미를 따르는 길을 선택한 것입니다.

이제 이 이야기의 장은 2장으로 바뀌게 됩니다. 고달픈 삶에서 지친 두 명의 여자 여행자가 유다 땅에 돌아온 시기는 룻기 1장 22절에 보면 '보리 추수 시작할 때'로, 그때가 추수기라는 사실은 매우 의미가 깊다고 할 수 있습니다. 이것은 유대인과 이방인이 이 땅에서 하나님의 위대한 역사를 보기 위해 뜻과 사역을 함께할 때 있을 영적 추수를 나타내고 있다고 보겠습니다.

그 두 여인의 지위는 '난민'이었습니다. 나오미는 재산과 소유를 모두 잃었고 밭의 이삭을 주워 생계를 이어갈 수밖에 없었습니다. 늙고 낙담한 여인은 자기 이름을 '기쁨'을 의미하던 나오미에서 괴로움을 의미하는 '마라'로 바꾸었습니다. 베들레헴에서 놀라며 그들을 맞이하는 여인들을 향해 나오미는 이렇게 말했습니다.

> "나오미가 그들에게 이르되 나를 나오미라 부르지 말고 나를 마라라 부르라 이는 전능자가 나를 심히 괴롭게 하셨음이니라 내가 풍족하게 나갔더니 여호와께서 내게 비어 돌아오게 하셨느니라 여호와께서 나를 징벌하셨고 전능자가 나를 괴롭게 하셨거늘 너희가 어찌 나를 나오미라 부르느냐 하니라"(룻 1:20-21).

정말 그녀의 괴로움과 절망은 이스라엘이 유배지로부터 황폐한 옛 땅으로 돌아왔을 때의 상황과 비슷합니다. 비록 고향으로 돌아오는 것이 좋기는 했지만 현재의 상황과 큰 손실, 소외, 그리고 고통은 그녀의 영혼을 억누르고 있었습니다.

이야기는 이제 또 다른 국면으로 접어듭니다. 이야기가 진행되면서 룻은 우연히 보아스의 밭에서 이삭을 줍게 됩니다. 이것 또한 예언적인 그림을 보여 주고 있습니다. 보아스라는 이름은 '그 안에 힘이 있다'는 의미를 담고 있는데, 그는 이스라엘의 법에 따라 엘리멜렉 가문의 이름과 재산을 무를 법적 권리를 가진 유일한 친족이었습니다. 아직 결혼하지 않고 있던 보아스는 죽은 자의 미망인과 결혼함으로써 미래의 자손에 대한 소망을 회복시켜 줄 수 있는 위치에 있는 사람이었고, 실제로 그는 그렇게 하게 되었습니다.

보아스의 눈에 이방 여인 룻의 겸손과 신실, 효심, 인성 등이 관심을 끌었습니다. 그래서 선언합니다. 룻기 2장 11절을 보시기 바랍니다.

> "보아스가 그에게 대답하여 이르되 네 남편이 죽은 후로 네가 시어머니에게 행한 모든 것과 네 부모와 고국을 떠나 전에 알지 못하던 백성에게로 온 일이 내게 분명히 알려졌느니라."

그녀의 헌신에 대해 아무런 보상도 해줄 수 없는 늙고 초라하고 연약한 나오미에 대한 인정과 효심과 친절과 섬김 때문에 기업 무를 친족인 보아스가 그녀를 사랑하게 된 것입니다. 이 이야기는 아시는 대로 룻이 기업 무를 자의 마음을 사로잡아 보아스가 그녀를 자신의 아내로 삼는 것에서 그 절정에 이르고 있습니다.

룻기 3장 3-4절을 보십시오. 흥미롭게도 그들이 서로 가까이 다가가는 과정 속에서 늙은 나오미는 젊은 룻에게 지혜롭게 충고를 해줍니다.

> "그런즉 너는 목욕하고 기름을 바르고 의복을 입고 타작마당에 내려가서 그 사람이 먹고 마시기를 다하기까지는 그에게 보이지 말고 그가 누울 때에 너는 그가 눕는 곳을 알았다가 들어가서 그의 발치 이불을 들고 거기 누우라 그가 네 할 일을 네게 알게 하리라 하니."

비록 지치고 괴로움에 시달렸다고 해도 옛 이스라엘인 나오미는 젊고 활기찬 신부 룻이 그녀의 남편 보아스에게 나아갈 때 어떻게 해야 하는지에 대한 조언과 권면을 줄 수 있었습니다. 룻기 4장 13절을 보십시오.

> "이에 보아스가 룻을 맞이하여 아내로 삼고 그에게 들어갔더니 여호와께서 그에게 임신하게 하시므로 그가 아들을 낳은지라."

그동안 열리지 않던 룻의 태는 이때 하나님에 의해 열리게 되었습니다. 룻은 전에 결혼을 했었지만 그때까지 자녀가 없었습니다. 그녀의 태는 확실히 예정된 남편, 즉 기업 무를 친족과 결혼할 때까지는 닫혀 있었던 것입니다.

이와 마찬가지로 참된 교회는 하나님의 선민 이스라엘과 친근하게 연합할 때까지는 영적 자손들을 제대로 잉태할 수 없습니다. 지나간 세월 동안 교회들은 여러 종류의 다른 남편들과 영적 간음과 같은 관계를 맺어 왔고 자신을 더럽혀 왔지만, 이제 마지막 시대가 될 때는 참된 남편인 기업 무를 위대한 친족인 이스라엘의 회복을 위해 준비하기 시작했습니다.

그러면 룻이 낳은 아들은 누구입니까? 룻기 4장 17절을 보십시오.

"그의 이웃 여인들이 그에게 이름을 지어 주되 나오미에게 아들이 태어났다 하여 그의 이름을 오벳이라 하였는데 그는 다윗의 아버지인 이새의 아버지였더라."

이 말씀에서 이상한 점을 발견하셨습니까? 예, '나오미에게 아들이 태어났다' 라는 말입니다. 분명히 '룻에게서 아들이 태어났다' 해야 이론적으로 맞는 말 아닙니까? 그런데 분명히 이웃 여성들은 '나오미에게서 아들이 태어났다' 고 노래하고 있습니다.

무엇을 의미합니까? 이 모든 일은 하나님의 계획과 인도하심으로써 젊고 사랑스러운 이방 여인 룻이 선민 나오미에게 생명력 있고 잉태 가능한 태를 제공해 주었고, 그로 말미암아 늙고 생기 없는 나오미가 마지막으로 아들을 가질 수 있게 되었다는 것입니다. 이제 나오미는 그 가문의 이름과 혈통을 다시 살리고 보전할 아들을 갖게 된 것입니다. 여인들은 이어서 이렇게 나오미를 축복합니다.

"여인들이 나오미에게 이르되 찬송할지로다 여호와께서 오늘 네게 기업 무를 자가 없게 하지 아니하셨도다 이 아이의 이름이 이스라엘 중에 유명하게 되기를 원하노라 이는 네 생명의 회복자이며 네 노년의 봉양자라 곧 너를 사랑하며 일곱 아들보다 귀한 네 며느리가 낳은 자로다 하니라"(룻 4:14-15).

그리고 룻기 4장 16절을 보십시오. 더욱 놀랍습니다. 룻이 보아스에게서 낳은 아들은 룻의 아들이 아니라 나오미의 아들이라는 하나님의 확증을 봅니다.

"나오미가 아기를 받아 품에 품고 그의 양육자가 되니."

여기서 암시하는 것은 나오미가 아기에게 젖을 먹였다는 사실입니다. 당시 문화에서도 낯선 일이었습니다. 그런데 그런 일이 있었습니다. 그 아들은 누구입니까?

"그의 이름을 오벳이라 하였는데 그는 다윗의 아버지인 이새의 아버지였더라"(룻 4:17).

그리고 결국 다윗의 후손에서 예수 그리스도가 태어나시게 되었습니다. 이방 여인 룻이 메시야의 육적 조상이 되었으니 얼마나 놀라운 일입니까?

그러나 오늘 이 본문으로 한정하여 볼 때, 놀라운 일은 나오미가 하나님이 주신 손자를 보았을 때 마치 자기가 낳은 아들인 것처럼 책임감을 느꼈고, 그 아이를 돌볼 때 모성애를 갖게 되었다는 것, 그리고 룻이 자신의 첫아들에 대한 권리와 본능을 포기하고 그 아들을 시어머니께 양보했다는 사실입니다.

이사야 26장 18절을 보십시오.

"우리가 잉태하고 산고를 당하였을지라도 바람을 낳은 것 같아서 땅에 구원을 베풀지 못하였고 세계의 거민을 출산하지 못하였나이다."

이것은 이스라엘의 역사적 상처이며 부르짖음입니다. 즉 하나님을 대신하여 열방의 구원을 성취하도록, 그리고 지구상의 모든 가족들에게 축복이 되도록 부르심을 받았던 이스라엘 민족이 갈등과 고통 속에서 처절하게 부르짖고 있습니다. 오랜 기간 동안 그들이 수많은 고통과 희생, 고난과 노고를 치렀다 해도 그것으로 그들은 아무런 열매를 맺지 못했습니다. 히틀러 치하 대학살 때, 독가스실에서 죽어간 600만의 유대인들은 이 세계에 아무런 자유와 해방을 가져오지 못했고, 1948년 이래로 지난 63년 동안 겪은 민족적 고난과 역경은 그저 한번 스쳐 지나간 바람과 같은 것이었습니다.

인간적인 안목으로 보면 열방을 위한 이스라엘의 사명은 성취된 것이 아무것도 없는 것 같습니다. 그러나 이사야 26장 19절에 보면 우리에게 약속을 제시합니다.

"주의 죽은 자들은 살아나고 그들의 시체들은 일어나리이다 티끌에 누운 자들아 너희는 깨어 노래하라 주의 이슬은 빛난 이슬이니 땅이 죽은 자들을 내놓으리로다."

이 말씀은 늙고 생명이 죽은 하나님의 뜻을 위한 것이며, 그것을 통한 소망과 부활의 약속이 주어졌습니다. 그러나 문제는 그것을 잉태할 수 있는 태가 필요하다는 것입니다.

사랑하는 성도 여러분, 생기가 지구의 사방에서부터 불어와서 옛 백성을 다시 살리도록 기도할 수 있기를 바랍니다. 이방인의 교회가 사랑과 중보적 역할로 선민 이스라엘을 붙들어 주도록 교회들을 위해 기도할 수 있기를 바랍니다. 그리고 이 예언적 시나리오 안에서 젊은 룻이 나오미와 동행하여 하나님의 백성, 그리고 그들의 사명과 언약을 맺음으로써 자기의 사랑하는 자인 남편을 발견할 수 있었음을 주의해서 보시기 바랍니다. 오늘도 그리스도의 신령한 신부는 베들레헴의 밭에서 이삭을 주우며 이스라엘을 섬길 때 약속된 신랑을 발견하고 신랑과 연합할 수 있을 것입니다.

이사야 선지자는 구속사의 마지막 때에 얻은 자녀들이 기적적으로 함께 모이게 될 때 이스라엘이 그것을 보고 얼마나 놀랄 것인지를 이사야 49장 21절에서 이렇게 묘사하고 있습니다.

> "그때에 네가 네 마음에 이르기를 누가 나를 위하여 이들을 낳았는고 나는 자녀를 잃고 외로워졌으며 사로잡혀 유리하였거늘 이들을 누가 양육하였는고 나는 홀로 남았거늘 이들은 어디서 생겼는고 하리라."

오늘도 룻처럼 사랑스럽고 겸손하고 헌신적인 젊은 교회가 자신을 희생하는 자세로 각별한 노고를 치르며 '나오미의 마지막 아들'을 낳을 준비를 할 때, 진실로 자연적으로 영적 각성의 기적이 분명히 일어날 줄로 믿습니다.

지금 이스라엘에게는 살아 있고 사랑스러우며 생명을 줄 수 있는 태가 필요합니다. 교회는 '오르바'가 될 것인가, 아니면 '룻'이 될 것인가 선택의 기로에 놓여 있습니다. 지금 기독교 세계의 마음속에는 이스라엘에 대한 하나님의 목적에 대한 계시와 헌신의 선이 그려지고 있습니다. 여기에 너무 많은 것이 걸려 있으며, 그 결과는 영광이나 수치를 의미하기에 이 문제에 대한 타협이나 양쪽에다 발을 걸치는 것과 같은 것은 이제 더 이상 용납될 수 없습니다.

사랑하는 성도 여러분! 사실은 이것이 오늘날 우리를 둘러싸고 있는 예언적 환경입니다. 나오미는 룻의 강한 팔에 기대어 베들레헴으로 되돌아오고 있습니다. 들판에는 곡식이 익어서 추수할 곡식이 풍성합니다. 그 모든 일 가운데 보아스가 기다리고 있습니다. 유대인과 이방인, 즉 보아스와 룻이 하나님의 영원한 목적 안에서 결혼하여 조화를 이룰 때 그들은 드디어 '한 새 사람'(엡 2:15)의 세대를 낳게 될 것입니다.

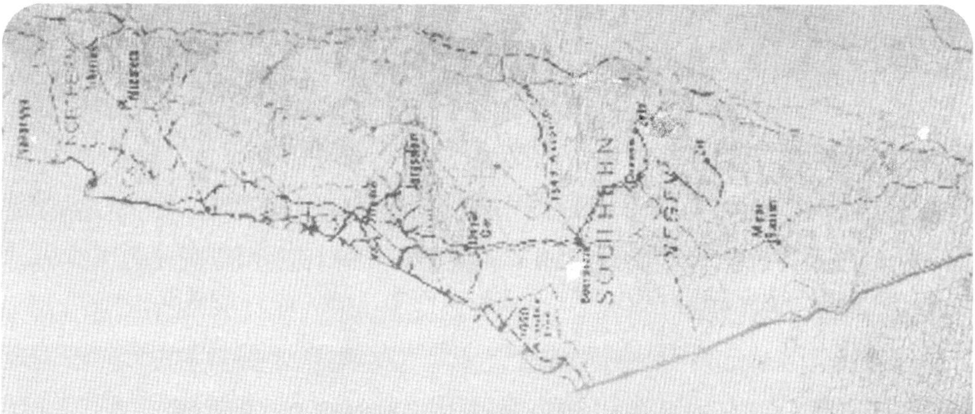

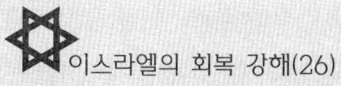

26. 이스라엘의 회복과 우리의 역할

이스라엘의 회복 강해(26)

여호와께서 이와 같이 말씀하시니라 너희는 여러 민족의 앞에 서서 야곱을 위하여 기뻐 외치라 너희는 전파하며 찬양하며 말하라 여호와여 주의 백성 이스라엘의 남은 자를 구원하소서 하라 보라 나는 그들을 북쪽 땅에서 인도하며 땅 끝에서부터 모으리라 그들 중에는 맹인과 다리 저는 사람과 잉태한 여인과 해산하는 여인이 함께 있으며 큰 무리를 이루어 이 곳으로 돌아오리라 그들이 울며 돌아오니 나의 인도함을 받고 간구할 때에 내가 그들을 넘어지지 아니하고 물 있는 계곡의 곧은 길로 가게 하리라 나는 이스라엘의 아버지요 에브라임은 나의 장자니라 (렘 31:7-9)

성도 여러분, 오늘은 '이스라엘의 회복' 강해의 마지막 시간입니다. 다음의 성경 구절들을 읽을 때 그동안 나눈 말씀을 되새겨 보면서, 마지막으로 하나님께서 우리에게 들려주시는 음성을 한번 들어보시기 바랍니다.

"내가 너희를 여러 나라 가운데에서 인도하여 내고 여러 민족 가운데에서 모아 데리고 고국 땅에 들어가서 맑은 물을 너희에게 뿌려서 너희로 정결하게 하되 곧 너희 모든 더러운 것에서와 모든 우상숭배에서 너희를 정결하게 할 것이며 또 새 영을 너희 속에 두고 새 마음을 너희에게 주되 너희 육신에서 굳은 마음을 제거하고 부드러운 마음을 줄 것이며 또 내 영을 너희 속에 두어 너희로 내 율례를 행하게 하리니 너희가 내 규례를 지켜 행할지라 내가 너희 조상들에게 준 땅에서 너희가 거주하면서 내 백성이 되고 나는 너희 하나님이 되리라"(겔 36:24-28).

"여호와께서 권능으로 내게 임재하시고 그의 영으로 나를 데리고 가서 골짜기 가운데 두셨는데 거기 뼈가 가득하더라 나를 그 뼈 사방으로 지나가게 하시기로 본즉 그 골짜기 지면에 뼈가 심히 많고 아주 말랐더라 그가 내게 이르시되 인자야 이 뼈들이 능히 살 수 있겠느냐 하시기로 내가 대답하되 주 여호와여 주께서 아시나이다……또 내게 이르시되 인자야 너는 생기를 향하여 대언하라 생기에게 대언하여 이르기를 주 여호와께서 이같이 말씀하시기를 생기야 사방에서부터 와서 이 죽음을 당한 자에게 불어서 살아나게 하라 하셨다 하라 이에 내가 그 명령대로 대언하였더니 생기가 그들에게 들어가매 그들이 곧 살아

나서 일어나 서는데 극히 큰 군대더라"(겔 37:1-3, 9-10).

"내가 다윗의 집과 예루살렘 주민에게 은총과 간구하는 심령을 부어 주리니 그들이 그 찌른 바 그를 바라보고 그를 위하여 애통하기를 독자를 위하여 애통하듯 하며 그를 위하여 통곡하기를 장자를 위하여 통곡하듯 하리로다 그날에 예루살렘에 큰 애통이 있으리니 므깃도 골짜기 하다드림몬에 있던 애통과 같을 것이라"(슥 12:10-11).

"그들도 믿지 아니하는 데 머무르지 아니하면 접붙임을 받으리니 이는 그들을 접붙이실 능력이 하나님께 있음이라 네가 원 돌감람나무에서 찍힘을 받고 본성을 거슬러 좋은 감람나무에 접붙임을 받았으니 원 가지인 이 사람들이야 얼마나 더 자기 감람나무에 접붙이심을 받으랴 형제들아 너희가 스스로 지혜 있다 하면서 이 신비를 너희가 모르기를 내가 원하지 아니하노니 이 신비는 이방인의 충만한 수가 들어오기까지 이스라엘의 더러는 우둔하게 된 것이라 그리하여 온 이스라엘이 구원을 받으리라"(롬 11:23-26).

이런 예언적 성경 말씀들은 무엇을 의미합니까? 유대 민족 전체와 특별히 이스라엘 국가를 위해 하나님께서 미리 정해 놓으신 계획을 나타내고 있는 것입니다. 이런 예언적 말씀을 중심으로 이스라엘 회복 강해의 결론으로 다음 네 가지를 말할 수 있습니다.

첫째, 세상의 종말이 가까워지면서 전 세계에 흩어진 이스라엘 민족을 다시 모아 그들의 땅으로 돌아오게 하고, 거기서 또다시 통일된 한 나라를 만드는 것이 하나님의 계획이다.

둘째, 이와 같은 지리적·정치적 회복은 유대 민족의 영적인 회복의 전주곡이다.

셋째, 이와 같은 유대 민족의 다시 모임과 회복은 20세기에 접어들면서 시작되었고, 그 이후로 꾸준히 계속되고 있으며, 21세기에 들어서서 가속화되고 있다.

넷째, 종국적으로 모든 나라의 운명은 이스라엘을 회복시키시고 새롭게 하시기 위한 하나님의 계획의 성취와 맞물려 있다.

성도 여러분, 여기에 우리가 '아니오' 할 수 있습니까? 적어도 우리가 성경의 권위를 믿는 그리스도인이라면 하나님의 이 궁극적인 계획이 다른 시대에 비해 선명히 이루어지고 있는 우리 시대에서 이와 같은 분명한 사실을 무시하거나 부인할 수 없는 줄로 압니다.

이제 결국 하나의 중요한 질문만이 우리에게 도전을 줄 뿐이라고 생각하는 것입니다. 곧 다시 오시는 왕, 우리의 왕 예수님께 우리는 어떻게 응답해야 하는가? 다시 말하면 하나님께서 그리스도 안에서 이루어 가시는 이스라엘의 회복의 역사에서 우리 이방 교회의 역할은 무엇인가? 이것뿐인 줄로 압니다.

우리 기독교회의 대부분의 역사를 통하여 교회 안에 있었던 반유대주의, 반이스라엘주의의 무서운 기록을 보고서도 현대의 기독교인들은 책임이 없다고 주장하고 있는 것이 근본적인 문제점입니다. 즉 "그 짓을 한 것은 '다른' 시대 '다른' 교회의 교인들이었어"라고 반박하면서 "'우리' 교회는 그런 태도와 행동에 전혀 책임이 없어"라고 반성과 회개가 없는 것이 근본적인 문제점이라는 것입니다.

《하나님께서 결코 잊지 않으신 이스라엘》이라는 책을 쓴 데릭 프린스도 그렇게 생각하며 지내오던 분이었는데, 어느 날 성령님께서 그를 쳐서 깨우치심으로 마태복음에서 예수님이 그때 종교 지도자들에게 하신 말씀을 떠올리고 깨닫게 되었다고 합니다.

> "화 있을진저 외식하는 서기관들과 바리새인들이여 너희는 선지자들의 무덤을 만들고 의인들의 비석을 꾸미며 이르되 만일 우리가 조상 때에 있었더라면 우리는 그들이 선지자의 피를 흘리는 데 참여하지 아니하였으리라 하니 그러면 너희가 선지자를 죽인 자의 자손임을 스스로 증명함이로다"(마 23:29-31).

성도 여러분, 과연 예수님의 말씀대로 이 종교 지도자들이 선지자들에게 저지른 그들의 조상의 죄악에 대해 책임이 없다고 주장하는 바로 그 사실이 예언자들을 죽인 자들의 후손임을 시인하고 있는 것 아닙니까? 이와 똑같은 이론이 역사적으로 유대인들에게 저지른 교회의 죄악에도 적용된다고 생각되지 않습니까? 우리는 여기에 대해 '우리는 교회의 한 부분이 아니다'라고 할 수도 없고, 동시에 유대인들을 그렇게 대했던 것에 대해 책임이 없다고도 할 수 없는 줄로 믿습니다.

사실 현실적으로 이 세상에는 지금 크게는 로마 가톨릭, 동방 정교회, 개신 교회가 있고, 개신 교회에도 장로교, 감리교, 성결교, 침례교, 하나님의 성회 등의 교파가 있고 수없는 지교회들이 있지만, 하나님 편에서 보면 결국 오직 하나의 교회만 있을 뿐입니다. 우리는 역사적인 교회를 통하여 우리에게 이어 내려온 좋은 것에 대한 유산만을 주장하면서 악한 일에 대해서는 관계를 끊을 수 없습니다. 특별히 우리는 기독교인들의 반유대주의에 대한 책임 중에 우리의 몫을 감당하며, 이와 같은 무서운 상황을 시정하기 위해 우리가 할 수 있는 모든 일을 해야 할 것입니다.

여기에 대해 이스라엘의 회복을 위해 기도하는 지도자들의 생각은 동일할 줄로 압니다. 기독교회 전체는 어느 나라, 어느 민족, 어느 종파, 어느 교파, 어느 교회이든지 역사적으로 기독교회가 유대인들에게 범한 잘못과 축복을 되찾을 수 있는 것으로 봅니다.

이 일을 시작하는 데 최우선적인 일은 많은 기독교인들의 반유대주의 뒤에 숨어 있는 왜곡된 신학관을 고치는 것입니다. 지금까지의 기독교회의 반유대적 신학관은 신약성경에서 분명하게 말씀하고 있는 두 가지 중요한 사실을 잘못 보고 있는 것입니다.

첫째, 유대인들만이 예수님을 십자가에 못 박은 것에 대해 책임을 져야 한다는 생각입니다. 물론 유대인들이 재판을 주도했지만, 그 재판을 인정해 주고 형을 집행했던 사람들은 로마인들이었습니다. 오히려 우리가 매 주일 외우는 사도신경에 보면 그 주도자는 이방인의 대표인 본디오 빌라도가 아닙니까? "……본디오 빌라도에게 고난을 받으사 십자가에 못 박혀 죽으시고……." 예수님을 채찍질하고 조롱하고 십자가에 못 박음으로 해서 온 인류가 죄를 짓도록 한 변태 성욕자 같은 잔악한 행동을 한 사람들은 오히려 이방인인 로마 군인들이 아니었습니까?

둘째, 예수님은 십자가 위에서 유대인들의 죄만 용서해 주신 것이라는 생각입니다. 하지만 예수님이 십자가 위에서 자기를 못 박는 사람들을 보면서 사유하는 기도를 드리셨을 때 그 용서의 대상이 유대인들만은 아니더라는 것입니다.

> "아버지 저들을 사하여 주옵소서 자기들이 하는 것을 알지 못함이니이다"(눅 23:34).

여기서 '저들, 자기들'이 누구입니까? 유대인들만이 아니라 이방인들, 예수님을 죽이는 데 가담한 모든 사람들을 의미합니다.

종교개혁자 마틴 루터가 후일에 유대인들에 대해 저주의 말을 한 것을 가지고 히틀러가 유대인 600만 명을 독가스실에서 학살한 죄를 비롯하여, 역사적으로 기독교회가 유대인들에게 지은 죄악들을 생각할 때, 비유대계 기독교인인 우리 모두는 지금 피할 수 없는 두 개의 질문에 도전을 받고 있다고 생각합니다. 하나는, 유대인들에게 진 영적인 빚을 어떻게 갚을 수 있겠는가? 다른 하나는 기독교의 이름으로 오랜 기간 동안 선민 유대인들에게 저지른 잘못을 어떻게 어느 정도라도 고칠 수 있겠는가?

데릭 프린스는 여기에 대해 "이 두 질문에 대한 대답은 지금 우리 시대에 이스라엘에 대한 하나님의 계획이 이루어져 가는 것과 관련이 있다"고 말했습니다. 이와 같은 하나님의 신비한 계획 속에는 우리 시대에 특별한 기회를 주시려는 숨겨진 뜻이 있다고 믿습니다. 그 기회는 물론 의무인 동시에 특권도 되는 것입니다.

그러면 우리의 의무는 무엇인가요? 유대인들이 하나님께서 주신 충만한 육적·영적 기업을 되찾을 수 있도록 유대인들을 돕는데,

성경을 통해 하나님께서 당신의 선민에게 요구하시는 모든 일들을 감당해야 한다는 것입니다. 그리고 우리의 특권은 무엇입니까? 이스라엘과 모든 나라에 대한 하나님의 축복의 계획을 이루기 위하여 하나님과 동역자가 되는 것입니다. 믿으십니까? 아멘!

데릭 프린스는 여기에 대해 성경에 나타난 네 가지 구체적인 방안을 제시하였는데, 그것은 다음과 같이 요약될 수 있습니다.

"찬양하라, 선포하라, 기도하라, 위로하라."

예레미야 31장 7절에서 선지자는 이스라엘의 회복에 대해 우리의 응답을 나타내는 네 가지 방법 중 세 가지를 모아 설명하고 있습니다.

"찬양하라, 선포하라, 기도하라."

어떤 사람들은 이 구절이 '성경에서 가장 시끄러운 구절'이라고 말합니다. 역사적인 의미를 분명히 하기 위해 예레미야는 본문 8절에서 계속하여 유대인들이 그들의 땅으로 다시 모이는 모습을 그리고 있습니다. 이제 함께 예레미야 31장 7-8절을 읽겠습니다.

> "여호와께서 이와 같이 말씀하시니라 너희는 여러 민족의 앞에 서서 야곱을 위하여 기뻐 외치라 너희는 전파하며 찬양하며 말하라 여호와여 주의 백성 이스라엘의 남은 자를 구원하소서 하라 보라 나는 그들을 북쪽 땅에서 인도하며 땅 끝에서부터 모으리라 그들 중에는 맹인과 다리 저는 사람과 잉태한 여인과 해산하는 여인이 함께 있으며 큰 무리를 이루어 이곳으로 돌아오리라."

우리가 아무런 고정관념 없이 성령님의 인도 따라 이 말씀을 읽는다면, 이 말씀이 다름 아니라 이스라엘 백성들이 마지막 때에 다시 모이는 것과 회복에 대해 말하는 것이 틀림없다는 것을 알아야 할 것입니다.

7절 마지막에는 '이스라엘의 남은 자' 라는 구절이 있습니다. 이 표현은 이스라엘이 마지막 때 다시 모이는 것과 관련해서 예언자들이 자주 사용하는 말입니다. 그렇게 다시 모일 사람들은 오로지 '남은 자' 들입니다. 사실 유대인 대학살의 사건으로부터 생겨난 '남은 자들' 이라는 말은 '이스라엘의 회복' 을 생각하는 기독교인에게는 연민의 정을 불러일으키지 않을 수 없습니다. 그래서 8절의 말씀은 이와 같이 다시 유대인들이 고토로 돌아와 모이는 것을 당장 우리가 어떤 사건을 보는 것 이상으로 생생하고 정확하게 묘사하고 있습니다.

8절에서 특별히 '북쪽 땅에서'를 강조하고 있습니다. 그곳은 독일, 폴란드, 러시아 등을 말합니다. 그러나 모이는 사람들은 또한 '땅 끝' 에서부터도 온다고 예언합니다. 이 구절은 1948년에서 1951년 사이에 약 70만 명의 유대인들이 이주해 온 것을 증명하고 있다고 봅니다. 그들은 주로 유럽과 아랍 국가들로부터만 아니라 다른 수많은 나라들로부터도 왔습니다. 이 70만 명 중에서 반은 중동의 아랍 국가들로부터 온 난민들이었습니다. 대부분의 경우 그들은 무자비하게 쫓겨났으며, 입고 있는 옷을 제외하고는 돈이나 어떤 물건도 가져갈 수 없었습니다. 그들 대부분은 가족이 많았으며 천대받는 사회로부터 돌아온 것입니다.

그들의 이주에 영향을 끼친 이와 같은 여러 가지 요소들을 보면 알 수 있듯이, 8절에서 언급하는 말씀은 수백 배로 넘쳐 정확하게 성취되었습니다.

"맹인과 다리 저는 사람과 잉태한 여인과 해산하는 여인이 함께 있으며 큰 무리를 이루어 이곳으로 돌아오리라."

이 예언의 말씀이 지금 이 시대 우리 앞에서 이루어지고 있는 것입니다. 그러면 여기에 대해 우리 이방인 교회의 교인들은 어떻게 응답해야 합니까? 앞에서 말씀드린 대로 예레미야의 이 예언에 네 가지 응답이 나와 있습니다.

첫째, 찬양해야 합니다.

우리는 이제부터 부단히 이스라엘의 회복을 이루시는 하나님께 찬양드릴 수 있어야 하겠습니다. 오늘날 세계는 과거 그 어느 때보다도 온갖 부정적인 목소리들로 가득 차 있습니다. 미움과 싸움, 불만과 불평, 불신앙과 신성 모독의 목소리, 하나님의 영광을 빼앗는 목소리들이 가득하지 않습니까?

우리는 이러한 세상 속에서 기독교인으로서 끊임없는 즐거운 찬양으로 이와 같은 부정적인 목소리를 잠재워야 할 의무와 특권을 가지고 있습니다. 그렇게 해서 하나님께 합당한 영광을 돌려드리도록 해야 할 것입니다. 그래서 결국 우리는 이스라엘과 교회가 하나님께서 우리에게 주신 기업을 순탄하게 이루어 가도록 영적인 분위기를 만들어 가야 할 것입니다.

둘째, 선포해야 합니다.

'선포하라'는 말은 많은 사람들에게 공식적으로 선언하는 것과 같은 것입니다. 그것은 특별히 선구자가 해야 할 일을 의미합니다.

예레미야 31장 10절을 보시기 바랍니다.

> "이방들이여 너희는 여호와의 말씀을 듣고 먼 섬에 전파하여 이르기를 이스라엘을 흩으신 자가 그를 모으시고 목자가 그 양 떼에게 행함같이 그를 지키시리로다."

사실 우리 이방인들의 교회가 해야 하는 선포는 길고 복잡한 것이 아닙니다. 요점은 이스라엘을 흩으신 자가 그를 모으실 것이라는 것입니다. 첫 단어는 '이스라엘 백성'이고, 둘째 단어는 '흩으신 자'이며, 셋째 단어는 '그를 모으실 것이다' 입니다.

오늘도 하나님은 장황하게 말씀하시지 않습니다. 하나님께서는 우리가 이 시대에 가장 중심이 되는 주제, 즉 '흩어졌던 이스라엘 백성들을 다시 모으시는 것'에 우리의 모든 주의를 기울이기를 원하고 계심을 아시기 바랍니다. 하나님께서는 모든 민족을 심판하기 위한 하나님의 때가 오면 반드시 이스라엘이 다시 모이는 데 그들이 어떻게 기여했는지에 따라 심판하실 것입니다. 그때 가서는 어느 민족도 '이스라엘이 다 모이는 것'과 그것이 '하나님의 말씀대로 이루어진다는 것'을 암시한다는 것을 모르고 있었다고 변명할 수 없게 될 것입니다.

따라서 이번 기회에 우리 교회도 하나님이 흩으셨던 이스라엘 백성들을 다시 모으고 계시다는 메시지를 선포하는 대열에 합류해야 할 것입니다.

셋째, 기도해야 합니다.

우리가 그 어떤 사람이나 그의 역사에 대해서 관심을 가지게 되는 가장 중요한 방법은 역시 기도가 아닙니까? 이스라엘의 회복의 역사를 위해서 우리가 능동적으로 의무감을 가지고 관심을 갖고 일정 부분 기여할 수 있는 가장 중요한 방법 역시 기도하는 것입니다. 스가랴 14장 8-9절을 보시기 바랍니다.

> "그날에 생수가 예루살렘에서 솟아나서 절반은 동해로, 절반은 서해로 흐를 것이라 여름에도 겨울에도 그러하리라 여호와께서 천하의 왕이 되시리니 그날에는 여호와께서 홀로 한 분이실 것이요 그의 이름이 홀로 하나이실 것이라."

이 땅에 세워진 하나님의 나라를 묘사하고 있는 이 모든 말씀에 공통된 특징이 하나 있습니다. 그것은 '예루살렘', 즉 '시온 산'이 중심이라는 것입니다. 모든 민족이 해마다 경배하러 올라가는 곳이 예루살렘입니다. 여호와의 말씀과 율법이 예루살렘으로부터 선포되며, 또한 그곳에서 모든 민족을 정의로 다스리실 것입니다. 이렇게 세상 모든 민족의 평화와 번영이 예루살렘의 평화와 불가분의 관계로 얽매여 있는 것입니다. 즉 예루살렘에 평화가 없으면 이 땅의 그 어느 것에서도 참되고 영원한 평화와 행복이 있을 수 없는 것입니다.

따라서 모든 민족의 기독교인들은 마땅히 예루살렘의 평화를 위해 기도하면서 자신들의 민족에게도 평화와 헤아릴 수 없는 축복을 가져다줄 가장 아름다운 것을 위해 기도해야 할 것입니다.

또한 우리가 이 문제를 위해 기도해야 할 실질적인 이유도 있습니다. 시편 122편 6-7절을 보시기 바랍니다.

> "예루살렘을 위하여 평안을 구하라 예루살렘을 사랑하는 자는 형통하리로다 네 성 안에는 평안이 있고 네 궁중에는 형통함이 있을지어다."

여기에서 예루살렘의 평화를 위해 우리 모두가 열심히 기도해야 하는 또 다른 실질적인 이유를 발견하게 됩니다. 예루살렘을 사랑하고 말씀에 순종해서 예루살렘의 평안을 위해 기도하는 사람들은 '형통' 할 것이라고 말씀하십니다. '형통하다' 라는 단어는 물질적인 형통 이상의 것입니다. 다시 말하면, '안전하다' 는 것입니다. 또한 내면적인 안식과 행복을 의미하는 것입니다.

저는 우리 교회 성도들이 이제부터 이스라엘의 회복을 위해 기도하고 예루살렘의 진정한 평안을 위해 기도하고 수고하는 가운데 그런 형통을 누리시기를 축원합니다. 이제 곧 '이스라엘 회복' 기도 팀을 모집하려고 하니 마음에 감동되는 분들은 모두 참여하여 하나님이 약속하신 평안과 형통을 누리시기를 바랍니다.

넷째, 위로하는 것입니다.
이사야 40장 1절, 6-8절을 보시기 바랍니다.

> "너희의 하나님이 이르시되 너희는 위로하라 내 백성을 위로하라……말하는 자의 소리여 이르되 외치라 대답하되 내가 무엇이라 외치리이까 하니 이르되 모든 육체는 풀이요 그의 모든 아름다움은 들의 꽃과 같으니 풀은 마르고 꽃이 시듦은 여호와의 기운이 그 위에 붊이

라 이 백성은 실로 풀이로다 풀은 마르고 꽃은 시드나 우리 하나님의 말씀은 영원히 서리라 하라."

과거 2천 년 동안 유대인들은 수많은 왕국과 문명이 인류 역사에서 사라진 것을 보아 왔습니다. 그들은 대부분 유대인들을 어떤 형태로든 미워하고 괴롭혔습니다. 몇몇은 유대인들을 아예 이 세상에서 완전히 말살하려고 했습니다. 그러나 풀이나 꽃과 같이 그들의 세력과 영광은 역사에 기록과 유물만 남기면서 시들고 무너졌습니다.

그런데 그 모든 것이 사라져도 여기 두 가지는 남아 있습니다. 그것은 하나님의 영원한 변함없는 말씀과 그 말씀으로 생존하고 있는 유대 민족입니다. 이것이 이스라엘 민족이 다시 모이고 회복되는 이때에 그들에게 주시는 위로의 메시지입니다.

선민 이스라엘을 억압하고 핍박하는 모든 통치자와 민족은 사라질 것입니다. 그들의 영광은 꽃이나 풀과 같이 시들 것입니다. 그러나 이스라엘의 선지자들을 통해서 그들에게 주신 그들의 하나님의 말씀은 영원히 변함없이 존재할 것입니다. 이 말씀 즉 이스라엘을 억압한 사람들에 대한 심판을 약속한 말씀은 이스라엘에 대한 긍휼을 약속하고 있는 것입니다. 심판의 약속이 이루어졌듯이 긍휼의 약속도 이루어질 것입니다.

사랑하는 성도 여러분, 선민 이스라엘의 회복을 위해 기도하고 그들에게 위로의 메시지를 전하려는 이방인 기독교인들에게 이사야 40장 9-10절의 말씀은 참된 위로와 힘을 줍니다.

"아름다운 소식을 시온에 전하는 자여 너는 높은 산에 오르라 아름다운 소식을 예루살렘에 전하는 자여 너는 힘써 소리를 높이라 두려워하지 말고 소리를 높여 유다의 성읍들에게 이르기를 너희의 하나님을 보라 하라 보라 주 여호와께서 장차 강한 자로 임하실 것이요 친히 그의 팔로 다스리실 것이라 보라 상급이 그에게 있고 보응이 그의 앞에 있으며."

 지상 설교

온 이스라엘이 구원을 받으리라

"형제들아 너희가 스스로 지혜 있다 하면서 이 신비를 너희가 모르기를 내가 원하지 아니하노니 이 신비는 이방인의 충만한 수가 들어오기까지 이스라엘의 더러는 우둔하게 된 것이라 그리하여 온 이스라엘이 구원을 받으리라 기록된 바 구원자가 시온에서 오사 야곱에게서 경건하지 않은 것을 돌이키시겠고 내가 그들의 죄를 없이할 때에 그들에게 이루어질 내 언약이 이것이라 함과 같으니라 복음으로 하면 그들이 너희로 말미암아 원수 된 자요 택하심으로 하면 조상들로 말미암아 사랑을 입은 자라 하나님의 은사와 부르심에는 후회하심이 없느니라"(롬 11:25-29).

예언의 성취를 믿는 많은 사람들이 주후 70년에 로마의 티토 장군에 의해 멸망하여 전 세계로 흩어졌던 이스라엘이 1947년 5월 14일에 유엔에 의해 독립국가가 된 것은, 부활 사건 다음으로 기적이라고 말하고 있습니다. 또 놀라운 일은 1967년 6월에 일어난 6일 전쟁의 결과로 영토를 온전히 회복하게 된 사실입니다.

더 나아가, 독립 당시에는 20여 명에 불과하던 메시아닉 주들이 6일 전쟁 후에는 150여 명으로, 현재는 2만여 명으로 늘어나고 있습니다. 이런 현상은 "내가 너희에게 이르노니 이제부터 너희는 찬송하리로다 주의 이름으로 오시는 이여 할 때까지 나를 보지 못하리라"(마 23:39) 하신 예수님의 예언이 구체적으로 실현되기 시작한 것을 의미하는 것입니다. 이렇게만 보아도 하나님의 구속사에서 '이스라엘'이라는 나라와 '이스라엘의 회복'이라는 주제가 얼마나 중요한 것입니까?

사도 바울은 로마서 11장에서 이스라엘의 구원을 구원의 클라이맥스로 선언합니다. 로마서는 구원에 대한 서신입니다. 1장에서 8장까지는 우리가 매우 좋아하는 주제입니다. 왜냐하면 거기에서는 모든 이방인의 구원, 자연인의 구원, 개인의 구원을 말하기 때문입니다. 반면에 9장부터 11장까지는 로마서 중에서 가장 배척받는 장입니다. 왜냐하면 이스라엘의 구원을 말하는데, 그 주제는 우리 이방인들하고는 별로 상관이 없는 것같이 느껴지기 때문입니다.

사실 저 자신도 목사이지만 부끄럽게도 작년 4월까지만 해도 그렇게 느끼고 있었습니다. 교리편인 1장부터 8장과 실천편인 12장부터 16장 사이에 끼어 있는 삽화적 성격의 내용 정도로 이해하고 있었습니다. 그러나 구원의 절정이 '이스라엘의 회복'(구원)에 있다는 것을 이제는 깨닫게 되었습니다.

사실 로마서 1장부터 8장까지는 개인의 구원을 말하지만, 9장부터 11장까지는 온 인류의 구원을 의미하는 것입니다. 그러므로 이방인의 선교(마 24:14)와 이스라엘의 선교(롬 11:26), 이 두 가지가 들어맞아야 역사의 마지막 때가 오게 되는 것입니다. 즉 그렇게 되어야 구원의 완성이 이루어진다는 것입니다.

예수님의 다시 오심은 반드시 그 두 가지 전제 조건이 완전히 성립될 때에만 가능하다고 이야기하고 있습니다. 즉 이스라엘이 회복되고 영적 부흥이 있어도 전 세계에 복음이 증언되지 못하면 이 약속은 이루어지지 못하며, 또한 아무리 2만 4천 종족에 복음의 씨앗이 뿌려져도 이스라엘의 회복이 없으면 주님의 재림은 불가능해진다는 것입니다. 그래서 이 두 가지 조건은 밀접한 관계가 있는 것입니다.

저는 이러한 '이스라엘의 구원'의 비밀을 1년 4개월 전에 깊이 깨닫고 성경을 다시 읽으며 연구하고, 관련된 책들을 읽고, 세미나에 참석하고, 계속 기도하며 수요기도회 때 26회로 설교하기도 했습니다. 그리고 지난 7월 12일부터 22일까지, 숫자는 적지만 각 연령대와 직분을 대표하는 성도 10명과 함께 이스라엘을 '약속의 땅 비전 트립'이라는 이름과 관점으로 다녀왔습니다.

단순한 성지 순례가 아니었습니다. 오늘 본문의 말씀을 직접 체험하기 위한 것이었습니다만 기대 이상으로 생생하게 체험하고 기쁨으로 돌아왔습니다. 11명 모두가 이제 마지막 시대가 되어 우리 이방인 때문에 복음의 원수가 된 유대인들이 이방 교회를 통해 예수님을 메시야로 영접하고 전도자가 되는 모습을 직접 보았습니다. "온 이스라엘이 구원을 받으리라"는 예언이 이루어지고 있는 현장을 보고 돌아온 것입니다.

사랑하는 성도 여러분!

저는 분명히 말씀드릴 수 있습니다. 이스라엘의 회복과 이스라엘의 구원을 위해 남은 자로서 사역하는 교회, 가정, 개인은 특별한 복을 받을 것입니다. 그런 민족, 그런 교회, 그런 가정, 그런 개인은 이스라엘의 주인이신 하나님께 진정한 형통의 복을 받게 될 줄로 확신합니다(시 122:6-7; 롬 11:12).

부록

약속의 땅 비전 트립에 참여한 성도들의 글 모음
(2011. 7. 12-22)

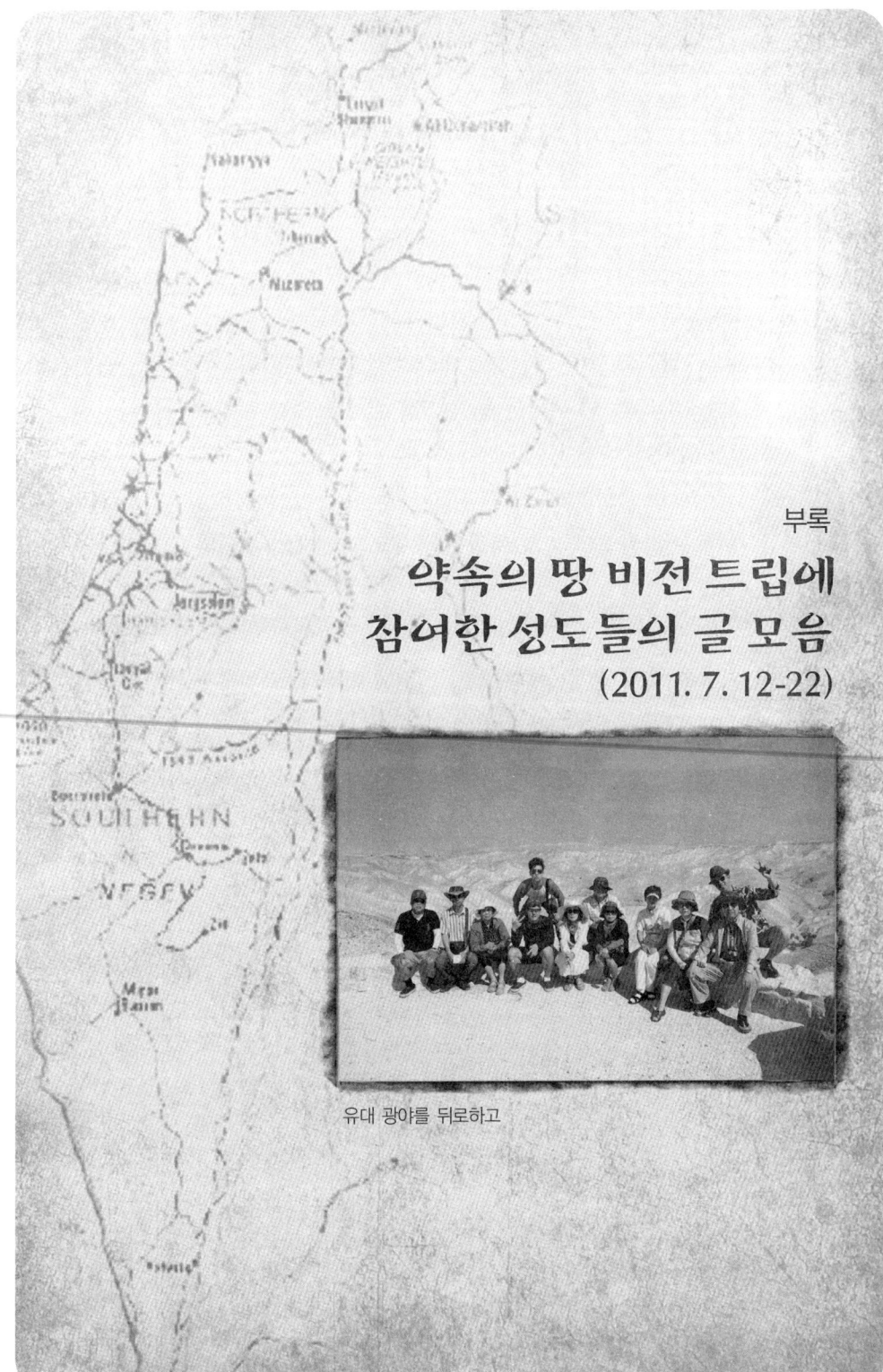

유대 광야를 뒤로하고

✡ 1. 주님이 이끄신 비전 트립

담임목사 김충렬

샬롬!

지난 7월 12일부터 22일까지 이스라엘 땅에서 진행되었던 '약속의 땅 비전 트립'의 의의를 우리 영세 가족과 일곱 가지로 나누어 보고자 합니다.

첫째, 이스라엘의 회복 비전은 영세교회 전체의 것이라는 확인입니다.

사실 비전 트립 이전까지는 일부 교인들 중에는 이스라엘의 회복 비전은 교회 전체에 주어지는 비전이 아니라, 담임목사 개인의 것이 아닌가 하는 견해가 있었던 것 같습니다.

그러나 이번에 비전 트립이 이루어진 후(비록 11명의 소수였지만)에는 '아, 이스라엘의 회복은 마지막 시대, 우리 교회에 주시는 최고의 비전이구나' 하는 분위기가 형성되고 있습니다.

둘째, 오래 전 선지자들의 예언이 이루어지는 것을 약속의 땅에서 직접 보고 돌아왔다는 것입니다.

즉, '잃었던 땅을 다시 회복하게 된다'(렘 32:1-15 등), '고토로 돌아온다'(렘 16:14-15 등), '유대인들이 예수님을 믿게 된다'(롬 11:14)는 것을 우리 눈으로 확인하고 돌아왔습니다.

셋째, 다시 오실 예수님께 대한 믿음이 더 깊어진 가운데 돌아오게 되었습니다.

"내가 너희에게 이르노니 이제부터 너희는 찬송하리로다 주의 이름으로 오시는 이여 할 때까지 나를 보지 못하리라"(마 23:39).

예수님께서는 십자가 사건을 앞두고 그같이 예언하셨는데, 1948년 독립 당시에는 20여 명에 불과하던 메시아닉 쥬(예수님을 메시야로 믿는 유대인)들이 현재는 2만여 명으로 늘어났다고 합니다.

그 많은 유대인들이 엄청난 불이익과 핍박 속에서도 예수님을 메시야로 믿고 살아가고 있으니, 예수님께서 다시 오실 날이 점점 가까이 옴을 느끼게 되었습니다.

넷째, 11명의 남녀노소 성도들이 다 성령님으로부터 받은 은사대로 자기의 역할을 다함으로 기쁘게 움직이고 하나 되어 '예수님을 위해 한 유대인을'(One Jewish For Jesus)의 목표를 위해 함께 수고하였습니다.

11명의 적은 수이면서 직분도 연령도 골고루 퍼져 있었는데, 모두 다 합력하여 하나님께 영광을 돌렸습니다. 그래서 기도와 교제와 찬양과 섬김과 증거에 놀라운 성령님의 역사가 나타났습니다.

"하나님이 말씀하시기를 말세에 내가 내 영을 모든 육체에 부어 주리니 너희의 자녀들은 예언할 것이요 너희의 젊은이들은 환상을 보고 너희의 늙은이들은 꿈을 꾸리라 그때에 내가 내 영을 내 남종과 여종들에게 부어 주리니 그들이 예언할 것이요"(행 2:17-18).

이로써 우리는 이스라엘의 회복의 비전 앞에서도 '다음 세대와 함께 가는 교회', '교회와 함께 가는 다음 세대'의 가능성을 확인하게 되었습니다.

저마다 은사와 재능대로 팀을 섬겼습니다. 종원이는 랩과 춤으로, 그리고 음식 서빙으로, 현이는 쉬지 않는 분위기 메이커로, 춤과 노래와 전도로, 교선이는 묵묵히 팀의 안전을 위하는 일과 춤과 노래로 대원들을 위로, 격려하고 섬기는 일로, 김환옥 집사는 어려운 회계 일로, 김현옥 권사는 특히 전반기 동안 자체 숙소에서 식사 만드는 일과 식사 대접으로, 안금순 권사는 기도하는 일과 동영상 촬영의 일로, 강형성 장로는 전 과정 사진 및 동영상 촬영과 식사 대접과 간식 대접으로, 강태욱 전도사는 전 과정에서 뜨거운 기도와 함께 성령 충만하게 찬양 인도하는 일로, 이길자 목사는 처음 계획부터 훈련, 진행 과정까지 실무자로서 그리고 모든 통역을 맡아 수고하는 일로 각각 수고하였습니다.

주님께서 그 노고를 기억하시고 이번에 큰 기쁨을 주셨고 앞으로도 복을 주실 줄 믿습니다.

다섯째, 온 교회가 함께하는 약속의 땅 비전 트립이었습니다.

직접 간 것은 11명이었습니다. 그러나 교회의 수많은 성도들이 계속해서 쉬지 않고 기도함으로, 물질로 도움으로, 물품으로 협조함으로, 기타 여러 가지 방법으로 지원했습니다. 그래서 성령님께서 놀랍게 역사하시어 상상 이상의 비전 트립이 되었습니다. 결국은 온 교회가 함께하는 비전 트립이 된 것입니다.

그 결과 다녀온 교우들의 이야기를 듣고, 은혜 게시판, 영세 게시판 등을 통해 보고 들으며, 내년에는 나도 가고 싶다고 하는 교인들이 여기저기서 생겨나고 있습니다.

여섯째, 계속 이어져야 할 약속의 땅 비전 트립이라는 것입니다.

이번에 다녀온 대원들은 한결같이 "우리는 선발대로서 이 비전 트립은 매년 이어져야 한다"고 말하면서 연세가 드신 분들 외에는 "내년에도 다시 오겠다"고 말할 정도였습니다.

그래서 앞으로는 한 그룹은 전통적으로 해오던 대로 우리나라에게 가까운 곳으로 가고, 또 한 그룹은 자비 부담으로 이스라엘로 감으로써 균형을 맞추어 나가는 것이 어떨까 하는 생각을 하게 되었습니다.

마지막으로, 그리스도 예수 안에서 '유대인과 이방인이 한 새 사람'을 이루는(엡 2:14-15) **비전을 보고 돌아왔습니다.**

7월 14일 오후에 텔아비브 두깃 아웃리치 센터에서 우리는 메시아닉 주인 아비 미즈라히 목사로부터 환영을 받으면서, 20일에 있을 찬양과 전도에 대한 오리엔테이션을 자세히 받았습니다.

그런데 아비 목사의 설명을 듣는 나의 마음속에 '저분이 목사이지만 역사적으로 우리 이방 기독교회가 유대인들에게 저지른 핍박과 학살 때문에 상처가 깊게 깔려 있구나' 라는 느낌이 강력하게 다가왔습니다. 그래서 기회를 얻어 앞에 나가서 짧은 영어로 이렇게 이야기했습니다.

"유대인 형제자매 여러분, 우리 기독교회가 과거에 당신들을 향해 저지른 끔찍한 죄악들을 사과드립니다. 용서해 주시기 바랍니다. 모르고 그랬습니다. 앞으로는 그러지 않겠습니다. 이제 우리는 앞으로 에베소서 2-3장에 나온 말씀과 같이, 그리스도 예수 안에서 한 새 사람을 이루고, 이스라엘의 회복을 위해 동역자가 될 수 있으면 좋겠습니다."

분위기가 숙연해졌습니다. 아비 목사의 얼굴에 환한 미소가 피어오르더니, 그 자리에서 일어나 내게로 걸어왔습니다. 그러고는 나를 덥석 안아 주었습니다. 나도 감격하여 힘차게 포옹하였습니다. 그 자리에 있던 유대인들과 우리 대원들이 모두 일어나 박수로 '예수아'(히브리어로 '예수'의 뜻)께 영광을 돌렸습니다.

이것은 바로 "그는 우리의 화평이신지라 둘로 하나를 만드사 원수 된 것 곧 중간에 막힌 담을 자기 육체로 허시고 법조문으로 된 계명의 율법을 폐하셨으니 이는 이 둘로 자기 안에서 한 새 사람을 지어 화평하게 하시고"(엡 2:14-15)라는 말씀이 실현된 상징적인 예라고 할 수 있다고 생각합니다.

그 순간을 사진으로 담았는데, 무엇이 한 유대인 목사와 한국의 한 목사를 저토록 기쁘게, 평화롭게 만들었겠습니까? 할렐루야!

이 샬롬의 예수님의 축복이 우리 영세 가족 한 분 한 분 위에 충만하시기를 축원합니다(엡 6:24).

✡ 2. 그 나라 꿈꾸게 하시네!!!!

청년 1부 전 회장 황보현

할렐루야, 주님의 이름으로 문안드립니다.

저는 이번 7월 12일부터 22일까지 이스라엘 비전 트립을 다녀오게 된 황보현 청년입니다.

여러분의 눈물의 중보와 후원으로 약속의 땅을 눈으로 보고 마음에 품고 발로 직접 밟을 수 있어서 하나님과 영세 가족분들께 진심으로 감사드립니다.

이스라엘을 향한 하나님의 섭리와 뜻이 저희 영세교회 비전 트립 팀을 통해 그 땅에 그리스도의 계절이 오게 되었으며, 설립 목사님의 말씀처럼 우리 모두 '한 알의 밀'이 되어 그 땅에 심고 돌아오게 되었고, 많은 유대인들의 변화와 다시 오실 왕 예수님에 대한 목마름을 눈으로 직접 보고 체험하는 놀라운 경험이었습니다.

너무나 감사한 것은 이스라엘의 많은 청년들과 유대인들이 예수님에 대한 반감보다는 영세 비전 트립 팀의 거리 찬양과 전도를 통해 그들의 마음에 예수님에 대한 사랑으로 변화되는 모습과, 분쟁이 많은 이스라엘 지역에 주님께서 평화의 도구로 영세 비전 트립 팀을 쓰셨다는 것입니다.

사랑하는 영세 가족 여러분!!!

여러분의 제2의 고향인 이스라엘을 위해 쉬지 않고 기도해 주세요!!! 주 예수님의 이름이 그 땅에 높이 서는 그날까지 우리는 기대하고 기도하며 기다립니다!!! 할렐루야!!!

✡ 3. 약속의 땅 이스라엘을 다녀오다

은퇴권사 안금순

할렐루야!
먼저 하나님께 감사드립니다.
저는 영세교회 청년 비전 트립 팀을 응원하고 기도하기 위해, 부족하나마 보탬이 되기 위해 설레는 마음으로 이번 여행에 참여하였습니다. 사랑하는 담임목사님과 선교부장님을 비롯하여 열한 분이 사랑하는 교우님들의 기도와 후원으로 잘 다녀왔습니다.

설레는 마음과 더불어 그곳에서 많은 이스라엘인으로부터 사랑을 듬뿍 받으면서, 우리 청년들의 열정과 우리 영세교회의 비전을 약속의 땅에 아낌없이 쏟을 때 저는 하나님의 성령의 역사가 예루살렘 땅에 나타나는 것을 보았습니다.

영세교회를 하나님이 사랑하시기에 약속의 땅에 보내 주신 줄 압니다.

사랑하는 영세 교우님, 우리 청년들, 다시 한 번 이스라엘 회복을 위해 기도합시다. 사랑하는 우리 영세인들이 열방을 위해, 세계를 위해 기도하고 애쓰며, 우리 청년들의 미래에 하나님의 영광이 가득하시기를 기원하며, 우리 영세교회, 영원히 사랑합니다.

우리 청년들, 파~이~팅 합니다. 샬롬!

✡ 4. 하나님의 계획된 사업에 초청됨에 감사드립니다

명예권사 김현옥

이번 비전 트립 팀 11명이 이스라엘을 다녀옴으로 하나님께서 일을 계획하시고 이루시는 주권자이심을 다시 한 번 깨달았습니다. 또 우리가 해야 할 하나님이 원하시는 일이 무엇인지 느끼며, 주님의 발자취를 한 곳 한 곳 확인하고 예배하였습니다. 가슴 저린 참회와 깨달음을 주신 하나님께 감사드립니다.

우리 영세교회가 대한민국 한 모퉁이 중화동에 위치한 소그룹의 영세가 아니라, 10대부터 77세의 노령까지 우리의 의지라기보다 하나님이 미리 계획하신 대로 선택받은 자라는 것을 깨닫는 기쁨의 여행이었습니다.

차종원 – 외조모님의 신앙과 부모님의 쉽지 않은 허락과 결정, 어린 나이에 순종함으로 자신의 끼의 비전을 간구하는 모습.
황보현 – 가슴이 활활 타오르는 성령의 불사조.
박교선 – 통과할 수 없는 군 복무 중에 용기와 간절함과 사모하는 마음으로 통과.
이것은 결코 우연의 결단이 아닌 하나님의 선택이었고, 우리 교회 목적문을 향한 깊은 의미에서의 첫걸음으로, 하나님 나라를 확장시켜 나가는 것을 목적으로 하는 제1기 11명의 유대인 선교 첫 사역이었습니다. 여기에 참여하였다는 것이 큰 기쁨이었고, 또한 선택된 영광과 은혜 받음에 벅차 눈물을 흘렸습니다.

종말의 시대를 살아가는 현대 기독교인들은 무엇보다도 시대의 징조를 보며 분별하여 주님을 기다리는 균형 잡힌 신앙이어야 함을 주님께서 확인시키시고, 회개케 하는 은혜와 감격의 장이 이번으로 그치지 않고 2기, 3기 영세의 꿈과 희망을 품은 많은 청년들이 한국 교회와 이스라엘을 서로 섬길 때 한 지체가 되어, 모든 인간이 구원받기를 원하시는 하나님이 원하시는 나라를 이루게 될 것입니다. 이러한 우리 영세교회 목적의 비전으로, 이 비전을 앞장서 이루어 나가는 꿈을 품고 돌아올 수 있었음을 하나님께 영광 돌립니다.

God bless you. 영세교회와 함께.

✡ 5. 너희가 기적을 보리라

교육부 목사(청년 1부 지도) 이길자

살아 계신 하나님을 찬양합니다.
선교지에선 하나님의 초자연적인 기적이 종종 일어납니다.
비전 트립도 마찬가지입니다.
주님을 거부하는 유대인들에게 복음을 찬양으로 선포하는 거리 찬양을 디베랴 바닷가에서 막 시작했을 때였습니다.

믿는 유대 청년 무리가 그곳을 지나갔습니다. 우연이었을까요? 저는 그렇게 생각하지 않습니다.

총 인구 800만 중 겨우 2.5%가 기독교(개신교+로마가톨릭+그리스정교)인 이스라엘에서 저희가 찬양을 시작한 바로 그 시각, 그 장소로 믿는 유대 청년 무리가 지난 것은 그렇습니다! 하나님의 기적이었습니다! 찬양할 장소로 이동하는 길에 엄격해 보이는 정통 유대인들이 책상을 놓고 전도를 하고 있었습니다. 긴장되었습니다.

저희는 영적 전쟁을 선포하고 우리 찬양이 방해받지 않도록 기도한 후 찬양을 시작했습니다. 강 전도사님의 힘찬 기타 소리에 맞춰 모두는 목청껏 그 땅이 복음으로 회복되기를 기도하며 찬양했습니다.

지나가던 사람들이 하나, 둘 멈춰 서더니, 순식간에 엄청난 숫자로 불어났습니다.

더러는 영어 찬양을 함께 부르는 외국인도 있었습니다. 그때 일단의 청년 무리가 합세하더니 춤을 추며 우리 찬양에 힘을 더했습니다. 그중 한 명이 저에게 뛰어와 말했습니다.

"우리는 믿는 유대 청년들입니다. 이 근처에서 수련회 중인데 이동 중에 당신들을 만났습니다. 기쁩니다. 감사합니다."

저 또한 얼마나 놀랍고 감격스럽던지요. 함께 찬양했습니다.

그들은 어깨동무를 하고 동그라미를 그리며 춤추며 찬양했습니다.

이 척박한 이스라엘 땅에 하나님의 약속이 회복되기를, 우리가 부른 찬양의 가사 하나하나가 그 땅에 실현되기를 기도합니다. 우리 팀을 이스라엘로 보내시고, 그 땅을 또 한번 직접 보게 하시고, 하나님의 마음을 경험하게 하신 하나님을 찬양합니다.

이렇게 시작되었습니다. 이스라엘 회복은 선교의 첫 단추요, 마지막 단추입니다. 하나님은 이 중대한 사역에 우리 교회를 동참케 하셨습니다.
다른 많은 나라를 선교하는 것도 중요하지만 하나님의 눈동자인 이스라엘에서 세계를 바라볼 필요가 있습니다.

24시 중보 기도의 집에서 꼬박 밤을 새운 철야 기도를 한 후, 환하게 동터오는 이스라엘 여명은 장관이었습니다.
예루살렘 동서남북에 24시간 중보 기도의 집이 설 것이라는 예언을 20년 전에 한 미국 목사님이 받으셨습니다.
그중 북쪽 기도처를 한국인들이 운영하고 있습니다. 우리가 철야한 곳은 미국인 기도처로, 예루살렘 외곽 아랍인 지역, 예루살렘 전체가 바라보이는 언덕에 서울타워 스카이라운지처럼 통유리 원형으로 지어진, 전체가 조망되는 정말 멋진 장소였습니다.
그곳에서 기도할 때 거절당하신 하나님의 아픈 마음이 느껴졌습니다. 그 땅을 향한 하나님의 마음이었습니다.

두깃 아웃리치 센터에서는 신약을 거부하고 십자가를 위협으로 느끼는 유대인들에게 십자가를 말하지 않고도 복음을 소개하는 방법을 배웠습니다. 놀라웠습니다.

그곳에서 담임목사님은 유대인들을 향해 우리 이방인들이 역사적으로 당신들을 핍박한 것을 용서해 달라고 하셨습니다. 유대인 할머니 한 분이 그렇게 말하지 않아도 된다며 눈물을 글썽이셨습니다. 이방인과 유대인이 하나가 된 감동의 현장이었습니다.

척박한 이스라엘 성지를 돌아보며 또한 그 땅이 회복되기를 기도했습니다.

성경은 진공 속에서 나온 책이 아니라 이스라엘이라는 구체적인 장소에서 구체적인 인간들의 경험을 기록한 하나님의 책이기에 땅 밟기는 의미가 있었습니다.

감사드립니다. 영세교회 성도님들 모두의 마음과 함께 다녀올 수 있었습니다. 이 은혜가 더 많은 사람들에게 경험되기를 바랍니다. 약속의 땅 비전 트립은 그래서 계속되어야 할 것입니다. 다녀오면 생각이 바뀌는 것을 보시게 될 것입니다.

기도와 후원으로 함께해 주신 모든 영세교회 성도님들께 하나님의 은혜와 축복이 함께하시기를 기도합니다.

"예루살렘을 위하여 평안을 구하라 예루살렘을 사랑하는 자는 형통하리로다"(시 122:6).

✡ 6. 비전이 없다면 이스라엘로!!

중등부 전도사 강태욱

샬롬! 샬롬! 평화의 인사를 드립니다.
먼저 이스라엘 회복의 비전을 품게 하신 하나님께 감사드립니다.
그리고 직접 보게 하시고, 느끼게 하시고, 밟게 하셔서 명확하게 깨닫게 하신 하나님께 감사와 영광을 올려드립니다.

어느덧 이스라엘에 다녀온 지도 일주일이 되었습니다.
중등부 여름 수련회 준비 관계로 바빠 주님께서 이스라엘에서 주신 큰 은혜를 나누는 것조차 잊어버리고 있었습니다. 일주일이란 시간이 흘러 몸은 멀리 이 땅에 있지만, 마음은 아직도 이스라엘에 있는 것 같습니다. 이스라엘을 생각하면 아직도 기억들이 머릿속에 생생합니다.

늦은 밤 비행기에서 내려 까다로운 입국 절차를 거치며 피곤에 지쳐 예루살렘에 입성했던 것, 24시간 중보 기도의 집에서 밤을 지새며 눈물로 기도했던 것, 예루살렘에서 예수님의 발자취를 더듬어 보며 가는 곳마다 기도하고, 예수님의 흔적을 조금이라도 더 깊이 체험하려 했던 것, 부흥이라는 찬양이 절로 나오게 되는 광야를 바라보며 하나님께서 왜 이런 황무한 곳을 택하셨을까 고민했던 것, 갈릴리 호수에서 베드로를 향한 예수님의 사랑을 느껴보고 싶어 했던 것, 티베리아에서 상상도 못했던 호응 속에 두려운 마음으로 하나님을 찬양했던 것, 텔아비브 두깃 아웃리치 센터에서 유대인들에게 복음을 전하기 위해 짧은 영어로 전도했던 것, 시위 현장에서 하나님을 찬양하고 소외된 자들을 축복해 주고 도리어 우리에게 감사하는 그들을 보며 하나님께 감사했던 것, 메가폰이 훌륭한 찬양의 도구가 되어 부족함 없이 종원이의 찬양을 하나님께 드릴 수 있었던 것, 마지막으로 공항에서 짜증 날 만큼 까다로운 출국 심사를 받으며 하나님께서 왜 우리에게 "샬루 샬롬 예루샬라임"이라는 찬양을 그토록 많이 부르게 하셨는지 깨달았던 것…….

이스라엘을 생각하면 비록 10일간의 방문이었지만 가슴이 벅찰 만큼 큰 감동들이 남아 있습니다.

저는 이것들을 추억으로 남기는 것이 아니라 하나님이 저에게 눈으로 직접 보게 하신 하나님의 비전으로 생각합니다.

비록 중등부 여름 수련회 준비 때문에 마지막까지도 이스라엘을 꼭 가야 하는 것인지 망설였지만, 직접 이스라엘 땅을 밟았을 때는 고민했던 저의 모습이 참으로 후회되고 하나님께 죄송스러웠습니다.

갈 때는 감사함과 기대보다는 사역에 대한 부담감을 크게 안은 채 떠났지만, 사랑이 많으신 하나님께서는 저에게 은혜를 주셔서 특별히 비전 트립 가운데 앞으로 사역과 진로에 대한 새로운 비전을 부어 주셨습니다.

이스라엘 회복을 위해 기도하고 헌신하고 싶은 마음도 주셨지만, 무엇보다 24시간 중보 기도 센터에서 하나님께서 선교에 대한 뜨거운 마음을 주셨고, 앞으로 선교의 비전을 품고 어떤 훈련을 받고,

어떠한 사역을 해야 할지 구체적인 비전을 깨닫게 해주셨습니다.

　이스라엘에 갈 때는 이스라엘 회복의 비전보다는 찬양 사역을 어떻게 할까의 고민을 품고 그 땅을 밟았지만, 하나님께서는 약속의 땅에서 아브라함에게 이삭에게 야곱에게 약속해 주신 것처럼……저에게도 하나님께서 앞으로 저를 어떻게 사용하실지에 대한 명확한 약속을 주셨습니다.

　그러므로 저에게는 10일간의 시간이 너무나 귀한 시간이었고, 너무나 기쁘고 감사한 복된 시간이었습니다.

　저는 이스라엘의 회복을 위해 기도하고, 예루살렘의 평화를 위해 찬양하고, 유대인을 축복했지만, 하나님께서는 저 자신을 더욱 회복하셨고, 저에게 더 큰 평화를 주셨고, 제가 하나님께 얼마나 큰 축복을 받은 사람인지 깨닫게 하셨습니다.

　개인적으로 이스라엘은 참으로 약속의 땅이었습니다.

　그래서 저는 이렇게 생각합니다.

　특별히 젊은이들에게 만약 자신에게 주시는 하나님의 비전이 무엇인지 명확하지 않다면 이스라엘 땅을 직접 밟아 볼 것을 추천하고 싶습니다. 척박한 땅에서 소망을 주시는 하나님을 만날 수 있을 것입니다.

　실제로 키브츠라는 집단 농장에는 세계 각처에서 이러한 청년들이 몰려와 직접 일하며 배우고, 느끼고, 깨닫고 있습니다.

　그 땅을 직접 밟는다면 눈으로 보기에는 소망이 없을 것 같은 그 땅에 소망을 주시고, 기적을 일으키시는 하나님을 만날 수 있을 것입니다.

그리고 그 약속의 땅을 밟으며 기도한다면, 왜 이스라엘이 하나님의 약속의 땅인지 깨달을 수 있을 것입니다. 또 하나님이 날 향해 주시는 비전이 무엇인지 명확하게 깨달을 수 있을 것입니다.

아직도 이스라엘에서 맛보았던 감동들이 떠올라 흥분된 마음을 가라앉히며, 두서없지만 이스라엘에서 주신 은혜를 나누어 보았습니다. 이제 마지막으로 정리하며 앞으로의 계획을 나누고 싶습니다.

함께했던 어느 형제와 제가 이스라엘을 떠날 때 눈물을 흘리며 떠났으면 좋겠다는 이야기를 나눈 적이 있습니다. 그리고 실제로 텔아비브 공항을 이륙할 때는 아쉬움에 눈물이 났습니다. 비록 당시에는 아쉬움의 눈물이었는지 모르지만, 이스라엘을 향해 흘렸던 눈물이 앞으로도 마르지 않았으면 좋겠습니다.
그리고 계속해서 기도했으면 좋겠습니다.
예수님께서 예루살렘을 향해 우셨던 것처럼, 계속해서 "샬루 샬롬 예루샬라임" 찬양을 부르며 예루살렘을 향해 울며 기도할 것입니다. 그리고 약속의 땅 이스라엘을 꼭 다시 방문해서 나에게 주시는 이스라엘을 향한 더 큰 비전과 약속을 받고 싶습니다.

마지막으로 다시 한 번 하나님께 감사와 영광을 드리고, 이스라엘에서 함께 지내며 아껴 주시고 사랑해 주신 담임목사님, 사모님, 강형성 장로님, 안금순 권사님, 김현옥 권사님, 김환옥 집사님, 이길자 목사님께 감사드리고, 함께 기거하며 감격과 감동을 함께 나누고 함께 기도하며 사랑으로 섬겨 준 교선 형제, 현 형제, 그리고 월

드스타 종원이에게도 감사드리고, 무엇보다 저에게 좋은 기회를 허락해 주시고, 기도와 후원으로 섬겨 주신 모든 성도님들께 감사를 드립니다.

감사합니다.

✡ 7. 하나님은 살아 계십니다

청년 2부 전 회장, 공군대위 박교선

철학자 르네 데카르트는 모든 것을 의심해 보는 것에 대한 중요성을 언급하는 동시에 아무리 의심하려 해도 의심할 수 없는 하나의 명제에서 철학적 탐구를 시작했다고 합니다.

우리가 너무나도 잘 알고 있는 명제인, 즉 "나는 생각한다. 고로 나는 존재한다" 입니다.

그리스도인으로서 말씀 안에서 끊임없이 진리를 탐구하는 과정은 매우 가치 있는 것이고 유쾌한 축복이라고 생각하며 그 진리 탐구 과정은 늘 '하나님은 살아 계신다. 고로 내가 존재한다' 가 되어야 한다고 생각합니다.

그리고 개인의 전 생애를 통해 이를 깨달아 가며 하나님의 '개인과 인류를 향한 구속사'를 이해하고 믿으며, 예수 그리스도를 나의 구주로 고백하며 그분을 닮아 가기 위한 끊임없는 노력을 기울일 때에 하나님께서 기뻐하시리라 믿습니다.

저는 이번 이스라엘의 여정에 참여하며 큰 복을 받았다고 확신합니다. 왜냐하면 상기한 내용이 저의 부족한 소견이기에 어떤 신학적 오류가 있을지도 모르겠으나 '하나님께서는 분명히 살아 계시고, 인류의 구속사를 주관하고 계시며, 나를 위해 그리스도 예수아를 보내 주셨고, 부족한 제가 그분을 믿는 은혜를 베푸시어 구원받게 되었고, 구원받은 은혜를 늘 생각하며 그리스도 예수아의 다시 오심을 위한 삶을 살아야 한다(이는 진리임을 확신합니다)' 는 아주 기본적인 사실을 다시 한 번 깨닫게 해주셨기 때문입니다.

저는 군인입니다. 조종사가 되고픈 마음을 가지고 입대를 결심하였습니다. 좌절을 맛보았고, 갈피를 잡지 못하고 방황하였습니다. 그리스도를 주라 고백하면서도 두 주인을 섬겨 왔습니다. 전역을 앞두고 불안했습니다. 저를 무익한 종이라고 고백할 수밖에 없었습니다. 무엇 하나 '제대로' 할 줄 아는 것이 없으니 '뭘 해서 먹고사나' 의 문제에만 집중하며, 내 안의 문제에만 고립되어 있었습니다.

삶을 돌아보면 한심하기 그지없고, 늘 후회의 연속이었습니다.

하지만 공중의 나는 새와 들의 풀을 살피시는 하나님께서는 저를 기억하셨습니다. 기도할 힘도 나지 않는 상황 가운데에서 저를 위해 특별히 마음을 써주시며 기도해 주시는 분들을 붙여 주시고, 제가 '정신 차릴 수 있는' 기회를 주셨습니다.

이스라엘에 가보고 싶다는 마음을 주셨고, 어려운 심의 과정을 지혜롭게 이끄셨으며, '바로 그 땅' 을 밟게 하셨습니다!!

할렐루야!!

하나님의 타이밍은 정말 기가 막힙니다.

막막한 상황 가운데 가난한 마음을 주신 타이밍, 비전 트립 일정이 부대에서 훈련병이 들어오지 않는 기간과 정확히 일치한 타이밍, 후덕한 대대장님, 예수님을 믿는 심의위원회 위원들, 이스라엘을 다녀온 경험이 있었던 최종 결재권자 단장님까지 인사의 타이밍…….

하나님께선 반드시 기도를 들어주신다는 사실을 다시 한 번 깨닫게 되었습니다. 이번 비전 트립을 준비하면서 제가 내놓은 기도 제목은 "주님의 마음을 제게 주옵소서"였습니다.

그 땅을 향한 마음이든, 영세교회를 위한 마음이든, 팀원들을 위한 마음이든, 나 자신을 위한 마음이든, 어떤 마음이든 좋으니 주님의 마음을 알게 해달라는 것이었습니다.

그런데 그 기도를 들어주신 것입니다.

저는 평소 감정 표현이 서툴고 눈물이 별로 없어 참 뻣뻣한 사람입니다. 슬픈 영화를 봐도 슬픈 건 알겠는데 눈물은 나오지 않는 사람입니다. 펑펑 울어 보는 게 소원이고 기도 제목인 사람입니다.

그런 제가 이스라엘에서 세 번을 울었습니다. 주님의 마음을 보여 주셨기 때문입니다.

첫 번째는 안식일 텔아비브 욥바 교회에서 예배를 드릴 때였습니다. 예배 가운데 이 땅을 하나님께서 특별히 사랑하신다는 것이 온몸으로 느껴져 왔습니다. 절로 자연스레 회개가 나왔습니다. 무익한 종이 그런 곳에서 예배를 드릴 수 있게 되었다는 것이 너무나도 감격이 되어 찬양을 드리는 내내 꺼이꺼이 울었습니다.

두 번째는 예수님께서 부활하신 후 베드로를 비롯한 제자들과 재회하여 음식을 나누어 드셨던 곳을 기념하여 지어진 교회 앞에 서였습니다. 현지 가이드 역할을 감당해 주셨던 류공석 목사님께서 이러저러한 말씀을 나누어 주시는 가운데, 예수님께서 십자가에 못 박히시고 세 번을 부인한 후 다시 일터로 돌아갔던 베드로의 마음이 어떠했을지 궁금했습니다.

후회였을까요? 좌절이었는지도 모르겠습니다. 누구나 삶을 살아감에 있어 참으로 힘들고 어려운 일들이 많은데, 베드로에게 있어서 예수님의 죽음은 엄청난 좌절이었을 것입니다.

저는 삶을 돌아보게 되었고, 나의 좌절과 후회에 대한 기억에 가슴이 저며 왔습니다.

그리고 이어 담임목사님 내외분을 축복하고 기도하는 시간을 가졌습니다. 우리의 무리 지은 원 안으로 걸음을 옮기시는 담임목사님의 발걸음이, 어깨가, 마음이…… 뭐라고 표현해야 할지요? 많이 지쳐 있음이 느껴졌습니다. 눈물이 흘렀습니다.

'축복하고 위로하라'는 주님의 말씀이 들려왔습니다. 잠잠히 눈물을 훔치며 내외분을 위해 기도하는 그 시간은 모두에게 축복과 위로의 시간이었습니다.

세 번째는 갈릴리 호수에서 선상 예배를 드릴 때였습니다.
배를 뒤엎을 듯 풍랑이 거세었고, 모든 것을 날려 버릴 듯 바람 또한 매서웠습니다. 떡과 잔을 나누었습니다. 함께 찬양을 했습니다. 함께 찬양을 들었습니다. 눈앞에 펼쳐진 호수의 위엄 찬 경관과 함께 묵상에 잠겼습니다.

예수님은 주무시고 제자들은 두려워했으며, 예수님은 걸으셨고 베드로는 믿음이 작아 풍덩 빠져 버린 바로 그곳이었습니다.

주님은 강하고 위대하시며, 내가 비록 미천하고 무익하고 연약할지라도 내 인생을 책임져 주실 신실한 분이시라는 사실에 주르륵 눈물이 떨어지며 감격하게 되었습니다.

이러저러한 이스라엘에서의 경험과 그 안에서의 넘치는 순간순간의 감격들이 아직도 제 마음속에서 꿈틀꿈틀거리고 있습니다.

저를 통해 이스라엘에 대한 이야기를 듣게 된 한 친구는 제 눈에서 이스라엘이 나올 것 같다고도 합니다.

너무 좋았습니다. 너무 행복했습니다. 너무 기뻤습니다. 너무나……황홀했습니다.

고민이 생겼습니다.

'이렇게 좋았는데, 그럼……이스라엘로 가야 하나?'

글쎄요. 아직 그런 확신은 없습니다. 그리고 계속 묻고 있습니다.

'제가 이스라엘을 위해 무엇을 할 수 있을까요?'

그러면 주님께서 제게 이러한 마음을 주십니다.

> "사람이 친구를 위하여 자기 목숨을 버리면 이보다 더 큰 사랑이 없나니"(요 15:13).

예수님께서 제자들에게 하셨던 말씀이지요. 제가 품은 마음과 맥락은 다소 다르지만 큰 틀에서 대동소이하다고 생각합니다.

　이스라엘이라는 국가는 현재 친구가 없습니다. 시쳇말로 왕따입니다. 중동의 아랍 국가들이 미워하고, 세계의 평화를 사랑한다는 많은 사람들이 이스라엘의 절대 양보하지 않는 편협한 모습을 비판합니다. 세계 초강대국인 미국조차도 손을 들어주는 데 시들합니다. 하나님께서 선택하신 백성의 나라가 사탄의 고약한 계략 때문에 고립되어 가고 있으며, 친구가 없습니다.

　저는 그 땅과 친구가 되는 일부터 시작하겠습니다. 아주 좋은 친구이지만 주위의 몰이해로 인해 핍박받는 왕따 친구를 한 명 사귀겠다는 마음을 품겠습니다.

　그 땅 백성들의 믿음이 회복되어야 주님이 다시 오시는 놀라운 이 땅의 끝이 찾아오겠지요. 그것의 시작을 위해 친구가 되겠다는 것입니다.

　친구를 이해하기 위해 친구의 가정 환경과 취미, 특기, 선호 등을 알아가는 것이 중요하듯이 이스라엘의 언어, 역사와 문화를 이해하기 위해 노력해 나가겠습니다. 주님께서 주시는 지혜로 한 걸음 한 걸음 그 땅의 회복에 동참하겠습니다.

　우리 영세교회 교우님들도 이 마음을 함께 나누어 가져가시면 어떨까요?

✡ 8. 약속의 땅 비전 트립

서리집사 김환옥

벤구리온 국제공항에 착륙한 시각은 밤 10시 17분, 숙소에 도착하니 0시 7분이 되었습니다.

이른 아침 옥상에서 바라본 이스라엘의 예루살렘은 구릿빛 건축물로 이상하리만큼 신기하게도 친근한 감이 느껴졌습니다. 약속의 땅 회복을 위해 중보 기도 한다 하였으나, 하나님께서는 나 자신을 먼저 회복시키셨으며, 자비로우심과 은혜의 강물이 넘치는 사랑을 깨닫게 하셨습니다.

중보 기도집에서의 철야! 밤을 꼬박 새운 철야는 하지 못했습니다. 마음은 원이로되 육신은 따라주지 못했습니다.

휴게실에서의 단잠 후 기도회에 다시 임한 나는 4시부터 6시까지 열방 중 엔 케렘 문 아시아를 위한 인도, 한국, 중국, 일본 등을 위한 기도회 때 그 찬란한 이스라엘의 여명을 바라보며 온몸에 전율을 느꼈습니다. 너무도 오묘하신 창조의 섭리에 감사와 감격이 새로운 힘으로 나를 일으켜 세웠습니다.

감람산에서 바라본 황금 돔은 요르단이 제공한 황금을 가지고 도금한 것으로, 이슬람의 3대 성지 중 하나입니다.

통곡의 벽으로 가는 도중 유대인들의 성년식 장면을 목격하였습니다. 랍비와 함께 양각나팔을 불며 찬양하고 소고 치며 덩실덩실 흥겹게 춤을 추는 광경에 나도 모르게 잠시 춤을 추었습니다.

비아 돌로로사(십자가의 길)

1처: 예수께서 심판받은 안토니아 요새
2처: 채찍질당하고 가시관 쓰신 안토니아 요새
3처: 예수께서 처음 넘어지신 곳
4처: 어머니 마리아를 만난 곳
5처: 구레네 시몬이 예수님 대신 십자가 진 곳
6처: 베로니카 여인이 예수님의 얼굴을 닦아 드린 곳
7처: 예수께서 두 번째 넘어지신 곳
8처: 울고 있는 여인들에게 예수께서 말씀하신 곳(눅 23:28)
9처: 예수께서 세 번째 넘어지신 곳
10처: 예수님의 옷을 벗긴 곳
11처: 예수님을 십자가에 못 박은 곳
12처: 십자가에 달리셔서 돌아가신 곳
13처: 예수님을 십자가에서 내려 염한 곳
14처: 예수님의 무덤

아무 흠도 죄도 없으신 주님! 어린 양 되어 끝내는 십자가의 길을 묵묵히 담당하신 주님!

인류의 사악하고 무지함으로 십자가에 주님을 못 박으며 외치던 그 외침이 나의 외침이 아니었는지요……하염없이 감사와 속죄의 눈물이 흘렀습니다.

영영 죽을 수밖에 없는 저를 주님의 자녀로 택하시고, 비아 돌로로사의 모든 것들을 눈으로 보고 귀로 듣고 손으로 만지며 순례하게 하심에 무한 감사합니다.

마사다 '요새'는 유대 광야의 산들과 고립된 높이 400여m의 천혜 절벽 요새입니다.

유대인 역사학자 요세푸스가 기록한 《유대 전쟁사》를 통하여 마사다가 헤롯 왕의 요새인 동시에, 유대인들이 로마에 항거했던 '유대 전쟁 최후의 비극의 격전지'였음이 알려지게 되었습니다.

마지막 960명의 '열심당원'이 마사다를 점령하며 저장된 물과 식량, 무기를 이용, 로마에 대항하였습니다. 로마군은 10군단을 이끌고 공격하였으나 무수한 공격의 시도가 실패로 돌아가자 요새 꼭대기의 견고한 성벽을 파괴하기 위해 공성퇴를 끌고 올라갈 수 있는 거대한 경사로를 6개월에 걸쳐서 축조하였습니다.

유대인들의 격렬한 방해에도 불구하고 공성퇴가 성벽을 무너뜨리게 되었고, 다음 날 아침이면 로마군이 성벽이 파괴된 곳으로 진격해 올 그날 밤에 유대인들의 지도자 엘리에제르 벤 야이르는 모두를 모아 놓고 "내일 아침 로마군에 잡혀서 온갖 수모를 겪느니, 차라리 오늘 밤에 우리가 스스로 자유스럽게 영광의 죽음을 선택합시다"라고 했습니다.

이 말에 감동한 가장들이 사랑하는 아내와 아이들을 칼로 찔러 죽인 후, 남자들이 한자리에 모여 열 명을 추첨하여 그 열 명이 나머지 남자들을 죽였고, 남은 열 명이 한 명을 추첨하여 아홉 명을 죽인 후 그도 최후로 자결하였습니다.

3년 동안의 한 맺힌 포위 작전에 대한 영광의 대가를 바랐던 로마 군인들은 960구의 시체 앞에서 망연자실하였다고 합니다.

이 비극의 전설은 오늘날까지 승화되어 마사다는 현재 이스라엘군 장병들의 선서식장으로 활용되고, 학생들은 이곳을 소풍 장소로

빼놓지 않는다고 합니다.

그야말로 풀 한 포기 살지 못하는 황무하고 척박한 땅 마사다여, 그들의 숨결이 느껴지는구나!

'죄는 용서하되 잊지는 말자'는 그들의 전쟁기념관에서의 교훈은 나에게 새로운 도전이 되었습니다.

유대인들은 인류 역사상 가장 큰 고난을 겪은 민족이라 합니다.

제2차 세계대전 당시 독일의 히틀러에 의해 600만 명이 학살을 당하는 등 끊임없이 죽임을 당했습니다. 그것도 아이러니하게 기독교에 의해서라 합니다. 어린아이들의 울부짖는 소리가 아직도 내 귓가에 맴돕니다.

공의로우신 하나님은 반드시 그들을 안아 주시리라 믿습니다.

갈릴리 호수의 선상 성찬식은 또 다른 의미를 부여해 주었습니다.

아둘람 동굴 속에서는 처참하게 무너져 버린 왕권과 생명을 보존하기 위한 다윗의 모습을 그려 보았습니다.

그곳에 환난당한 모든 자와 빚진 자와 마음이 원통한 자가 다 그에게로 모였는데, 400명 가량이었다고 하였습니다. 사방이 막혀 버린 피할 곳 없는 상황에서 여호와만을 바라보며 의지하였을 것입니다.

믿음으로 살아가는 인생이 진실로 가치 있고 보람된 삶이라 믿습니다.

변화란 문고리가 안에 있는 것과 같습니다.

밖에서 제아무리 열려 해도 안에서 열어 주지 않으면 열리지 않는 문과 같은 것입니다.

우리는 과거 40여 년 동안 세계 최고의 경제 성장과 민주화를 동시에 이룩하였습니다.

특징은 가진 것 별로 없는 어려운 상황을 극복하고 세계적 성과를 이루었다는 점입니다. 자신에게 주어진 일을 필생의 사명으로 알고 그것의 성취를 위해서 불철주야 뛰었다는 것을 의미합니다. '하면 된다' 라는 신념으로 이루었습니다.

이제는 열린 귀와 마음으로, 진심 어린 애정과 사랑으로 세대와 세대가 서로를 포용하고 품으며 말씀 안에서 하나가 되어야 하지 않을까요? 주어진 자신의 위치와 자리에서 신바람 나게 즐겁게 밀알 신앙으로 살아가야 하리라 봅니다.

말씀에 대한 예민함으로 새롭게 임하며 무조건 열심히 하는 것이 아닌, 바로 알고 바르게 꾸준히 열심히 하는 것 말입니다.

행동이 바뀌면 생각도 바뀜을 다시금 실감하게 되었습니다. 기본에 충실하며 변화와 도전에 반응하며 수용해야겠습니다.

약속의 땅 비전 트립 청년들의 열정과 에너지가 넘치는 모습을 바라보면서 영세의 앞날을 바라보았습니다.

우리의 삶과 이스라엘을 지키시는 이는 졸지도 아니하시고 주무시지도 아니하십니다. 하나님께서는 지금 이 순간에도 구속의 역사에서 택한 백성을 일으켜 세우고 계십니다.

하나님은 영세교회로 하여금 놀라운 비밀을 깨달아 마지막 시대의 최고의 비전에 참여하게 하신다는 담임목사님의 말씀을 되새겨 봅니다.

약속의 땅 비전 트립 대원들과 영세교회 온 성도가 한마음으로 교통함에 감사를 드리며, 새로운 용기를 주신 하나님께 찬송과 영광을 올려드립니다.

주님, 감사합니다.

✡ 9. 이스라엘에 마음을 두고 왔다

담임목사 사모 한동연

그간 나는 이스라엘에 대해서 잘 아는 사람으로 스스로 평가해 왔습니다. 창세기부터 기록된 이스라엘의 역사와 그 민족을 향한 하나님의 역사하심······성경만 열면 이스라엘은 친근히 다가왔고, 성경이 우리와 늘 함께 있는 동안 이스라엘 또한 늘 함께 있었습니다.

그러나 이스라엘에 대해서 너무도 무지했음을 알았으니······바로 금번 약속의 땅 비전 트립에 참여해서야 깨달았습니다.

목사님이 '이스라엘의 회복'을 선포하신 이후로 기도하지 않을 수 없었고, 이 사역은 내게 큰 짐으로 다가왔습니다.

그러나 새벽 예배 후 기도하는 가운데 성령님께서 깨우침을 주셨습니다.

"이 일은 내가 기뻐하는 일이다."

그대로 나는 무너졌고, 이 사역에 동참하는 우리 교회를 축복했습니다.

생각보다 빠르게 이스라엘로의 비전 트립이 확정되고, 목사님과 함께 비전 트립의 사역에 참여하기로 하였습니다.

첫 번째로 대원들이 모여 찬양과 기도의 훈련을 하는 날, 하나님은 육체적으로 가장 연약한 이들을 모으셨습니다!

안금순 권사님은 고관절 수술로 다리가 많이 불편하시고, 김현옥 권사님은 허리가 안 좋아서 병원 치료를 받으시고, 김환옥 집사님은 수술 후 약해진 체력이었고, 이길자 목사님은 전체 일정을 기획 진행하느라 체력이 많이 소진되어 있고, 나 또한 더운 지방에서 심장에 무리가 왔던 경험이 있고 당시에 너무 바쁜 개인의 일들로 지쳐 있던 상황이었습니다.

여자들은 한결같이 약한 체력들을 갖고 있었습니다. 그래도 그 땅으로의 열정만큼은 누구보다도 강렬하여 정말 열심히 연습하고 자신에게 맡겨진 포지션을 충실하게 준비했습니다.

이렇게 적은 무리이지만 영세교회를 대표하는 약속의 땅 선두주자로서의 자부심을 가지고 이스라엘로 향했습니다.

사역의 초반은 기도였습니다.

24시간 중보 기도의 집에는 헌신된 자매들과 청년이 섬기고 있었는데, 이들은 매일 찬양과 기도와 말씀으로 예루살렘과 세계를 위하여 기도하고 있었습니다.

특별히 자매들이 하프엔볼이라는 찬양 기법으로 부르는 찬양은 찬양 도중에 저절로 기도에 들어가게 했으며, 이들과 함께한 철야 기도 또한 엄청난 은혜와 기도의 폭을 넓혀 주었습니다. 이렇게 기도로 먼저 준비하고 은혜 받은 것이 후에 전도 찬양하는 데 큰 힘이 되었던 것 같습니다.

여기서 안식을 준비하는 카발라 샤밧(개신교 형태로 바꿈)에 참석하였는데, 이 또한 신선한 충격이었습니다. 안식일 전에 유대인 가정이 안식을 준비하며 떡과 잔을 나누고 말씀을 읽고 만찬을 나누는 경건한 카발라 샤밧.

비록 예수님을 믿지 않지만 하나님을 경외하는 유대인들의 생활을 접하면서 나는 토요일에 얼마나 주일을 위한 준비를 하고 있나 스스로 돌아보게 되었습니다.

낮에는 뜨거운 날씨로 거리 찬양이나 전도를 할 수 없기에 성지의 중요한 곳들을 다녔습니다.

성지에서 필요한 말씀들을 나누고 함께 기도하였던 기억들을 모아보니 바로 심령 부흥회였습니다.

헤로디온에서 바라본 유대 사막. 저 끝이 여리고이고, 또 이쪽 끝에는 예루살렘으로 가는 길이 한눈에 다 보였습니다.

마귀가 예수님을 시험했다는 시험 산이 여리고 쪽에 우뚝 서 있었습니다. 그리고 시편 23편의 배경을 설명해 주시는 류공석 목사님의 말씀에 결국 울어 버렸습니다.

시리아와 헐몬 산이 멀리 보이는 골란 고원 역시 잊을 수가 없습니다.

역시 높은 곳에 서야 다 보이는 것처럼, 그동안 편협되고 자기 주관적인 내가 가졌던 얄팍한 시야가 얼마나 부끄러운 것인지 깨달았습니다.

텔아비브 두깃 아웃리치 센터.

유대인 목사님이 리더로서 이스라엘에 있는 유대인들을 대상으로 전도하는 곳입니다.

텔아비브는 국제 도시라 예루살렘보다는 상대적으로 자유롭습니다. 간판에 버젓이 'MESSIANIC OUTREACH CENTRE' 라고 쓰여 있습니다. 박교선 형제가 두깃의 로고를 보며 목사님의 한문 '忠' 자 같다고 하였습니다. 정말 그 로고가 돛단배 모양인데 꼭 한문 '忠' 의 모양 같았습니다. 우리 교회의 로고가 항해하는 배 모양인데, 일치감에 너무 반가웠습니다.

수요일 저녁 공연과 함께 전도를 했는데 종원이는 랩 공연을 하고, 우리는 전도를 나갔습니다. 거기서 황보현 형제가 얼마나 사람들을 잘 모시고 오는지……우리도 흐뭇하고 아비 목사님도 엄지손가락을 치켜세웠습니다.

세 번의 거리 찬양이 있었습니다.

첫 번째는 텔아비브 욥바 교회 청년들과 함께 안식일에 공원에 나가 찬양을 하고 안금순 권사님이 가져온 핸드폰 고리를 나누어 주며 전도하였습니다.

두 번째는 티베리아에서 갈릴리 호수를 등지고 거리 찬양을 하였는데, 우리만의 거리 찬양인지라 약간 긴장하였고 소리도 작지 않을까 염려되었는데, 엄청난 반응과 호응이 있었습니다.

세 번째는 두깃의 멤버들과 함께 거리 찬양과 전도를 하였는데, 역시 하나님께서 우리의 찬양에 힘을 실어 주셨습니다.

청년들은 예루살렘에서도 하고 싶다고 하였지만 결국은 다음을 기약할 수밖에 없었습니다…….

유대인들에게 복음을 전하는 것은 결코 쉬운 일이 아닙니다.

예수라면 무조건 싫어하는 극심한 알레르기 반응을 일으키는 그들에게 '예수가 메시야'라고 '당신들이 기다리는 메시야'라고 전하기는 정말 쉽지 않은 일입니다.

야드바셈(홀로코스트 기념관)에서 수없이 죽어간 유대인들, 유대인이기에 이유 불문하고 죽어간 그들을 생각하며 무수히 외쳤습니다.

"Why Jewish? Why Jewish? - 왜 유대인입니까?"

가스실에서 죽어간 유대인들이 예수님을 못 박았기 때문에 받는 벌이라고 생각하면 오산입니다. 그들이 예수님을 거부함으로 복음이 이방인들에게 전파되는 하나님의 오묘한 계획하심을, 대속적 민족 되게 하심을, 우리의 좁은 머리를 가지고 어떻게 이해할 수 있겠습니까?

복음은 유대인에게서부터 나온 것임을, 주를 위한 첫 번째 순교자도 유대인임을 그동안 간과하고 있었습니다.

우리는 가정에 순교자가 있으면 후손이 복을 받는다고 하지 않던가요. 그런데 복음의 뿌리가 유대인이고, 순교의 뿌리도 유대인임을 일부러 모른 척하고 있었던 것은 아닌지요······.

잘 안다고 생각해 왔던 이스라엘에 대한 생각이 그대로 무너져 버리고, 나 자신이 얼마나 이스라엘을 모르고 있었는지를 깨달았습니다.

우리 자녀들이 엄청나게 속을 썩이면 부모의 마음이 미어지고 기도하게 되듯 하나님의 마음은 이스라엘에 있었습니다. 이것을 알게 되자 이스라엘에 대해 살짝 질투심이 생기기도 했습니다.

"하나님이 원 가지들도 아끼지 아니하셨은즉 너도 아끼지 아니하시리라……원 가지인 이 사람들이야 얼마나 더 자기 감람나무에 접붙이심을 받으랴."

로마서 11장 21, 24절에 나오는 말씀입니다.

하나님은 결코 이스라엘을 버리신 것이 아니라 그들이 회복되기를 원하시는 것입니다.

난 이 이스라엘 땅에 마음을 두고 왔습니다. 그리고 이제 내 기도 제목의 일순위가 되었습니다. 하나님 아버지의 마음이니까.

10. 영세교회 약속의 땅 비전 트립에 동참하며

텔아비브 욥바 교회 교육목사 강신일

"사람이 마음으로 자기의 길을 계획할지라도 그 걸음을 인도하시는 분은 여호와시니라"(잠 16:9).

어려서 부모님이 서원하셨다는 그 말씀에도 불순종하던 제가 다시금 목회자로 소명을 받게 된 말씀이 잠언 16장 9절 말씀이었습니다.

좀 더 좋은 곳으로 취직하기 위해서 떠났던 캐나다 어학 연수에서 인격적으로 주님을 만나게 되었고, 나를 향한 하나님의 마음을 깨닫게 되었습니다. 시간이 지날수록 이 말씀이 제 인생에 있어서 소중한 말씀이 되었습니다. 부족한 자가 신학을 하면서 처음으로 사역했던 곳이 바로 영세교회 초등부 교육전도사였습니다.

2000년부터 2001년 8월까지 1년 반 남짓 보냈던 시간이었지만, 참 많은 사랑과 은혜를 받았던 시간들이었습니다.

지금도 돌아보면 모든 것이 하나님의 섭리와 인도하심 가운데 있다는 것을 살아가면서 더 많이 경험하게 되는 것 같습니다.

특별히 이번 영세교회 이스라엘 비전 트립 방문을 통해, 존경하는 목사님과 사모님 그리고 영세교회 교우님들을 뵐 수 있어서 너무 감사했습니다. 하루하루 시간을 보내면서 하나하나 세심하게 인도하시는 하나님의 섭리와 손길을 느낄 수 있어서 너무 감사했습니다.

처음 시작할 때는 어떻게 시작해야 할지, 모든 일정들이 순조롭게 잘 진행될지, 10대에서부터 70대까지 각 연령에 한 분씩 보내셨다는 말씀에 한편으로는 걱정이 되기도 했습니다.

하지만 정말 모든 분들이 각자의 자리에서 주어진 역할들을 감당하시는데, 정말 하나의 팀처럼 하나의 가족처럼 서로를 인정하며 각자 주어진 일들을 너무나 잘 감당해 내는 것을 보며, '아, 이것이 하나님의 계획이었구나' 하는 것을 느낄 수 있었습니다.

언제나 시작은 미약하고 작은 것 같습니다.

주춧돌을 놓아야 하고 헌신과 희생과 봉사가 따라야 하는 것이 하나님의 일이라 생각합니다. 한 알의 밀알이 되어 누군가가 죽지 않으면 열매가 맺어질 수 없는 것같이 이스라엘 선교도 그러하리라 생각합니다.

이스라엘 선교는 마지막 때에 하나님께서 영세교회를 향해 주신 비전이라 생각합니다. 저도 이제 이스라엘에서 3년 남짓 유학하면서, 그리고 텔아비브 욥바 교회에서는 교육목사로 지내고 있지만, 때로는 정말 살기 쉽지 않은 나라임을 느끼게 됩니다.

최근에는 물가가 너무 많이 올라 생활이 쉽지 않음을 느끼게 됩니다. 잠깐 비전 트립을 하고 돌아가는 것과 실제로 학업과 선교로 살아가는 것은 또 다른 일임을 살면서 느끼게 됩니다.

그렇기 때문에 체계적인 이스라엘 선교에 대한 전략들이 필요하리라 생각합니다. 그럼에도 불구하고 이번 이스라엘 비전 트립을 통해 하나님께서 이스라엘에서 일하고 계심을 저도 목도할 수 있어서 감사했습니다.

중보 기도 사역자들을 통해 이스라엘의 회복을 위해 기도하게 하시고, 메시아닉 주들의 부흥을 통해 이들이 말씀을 전하게 하시고, 접붙임 받은 가지인 우리가 이들을 중보하며 도울 수 있는 길들을 보여 주심에 감사했습니다.

무엇보다 이제부터가 중요하리라 생각합니다.

조금씩 이스라엘의 회복과 선교에 눈을 뜨고 있는 이 시점에 영세교회가 하나님 나라 확장에 선봉이 되어 귀한 사역을 감당하기를 바라는 마음이 간절합니다.

"깊도다 하나님의 지혜와 지식의 풍성함이여, 그의 판단은 헤아리지 못할 것이며 그의 길은 찾지 못할 것이로다 누가 주의 마음을 알았느냐 누가 그의 모사가 되었느냐 누가 주께 먼저 드려서 갚으심을 받겠느냐 이는 만물이 주에게서 나오고 주로 말미암고 주에게로 돌아감이라 그에게 영광이 세세에 있을지어다 아멘"(롬 11:33-36).

이스라엘을 향한 하나님의 마음을 품고 헤아리는 영세교회가 되었으면 좋겠습니다.

아직도 여전히 이스라엘 민족을 품으시고 안으시고 사랑하시는 그 하나님의 마음을 우리도 깨닫고 함께 이스라엘의 회복과 선교에 마음을 나누는 영세교회가 되기를 진심으로 축복합니다.

다시 한 번 함께 텔아비브에서, 갈릴리에서 찬양하며 하나님께 영광을 돌렸던 그때의 시간들을 떠올리며 감사드립니다. 함께했던 모든 분들에게 감사하다는 말씀을 드리고 싶습니다.

다음에 꼭 다시 이스라엘에서 뵙기를 원하며······.

✡ 11. "키 아타 아비누"

서리집사 정영림(비전 트립 참여자 차종원의 모)

"키 아타 아비누", 주는 우리 아버지시라.

이 글을 써 내려가기 전에 먼저 은혜와 감동을 주신 하나님께 감사드립니다.

이스라엘 강해 때부터 새롭게 깨닫게 된 것이 '빚진 자의 마음'이며, 또 이스라엘을 잘못 알고 있었고 오해했던 부분에 대해 회개하게 되었습니다.

그때부터 부어 주시는 마음은 귀한 이스라엘은 주님이 택하사 귀한 하나님의 선민 삼으신 백성이란 것과, 귀한 그 백성들로 인하여 죄인일 수밖에 없는 제가 값없이 은혜로 받은 구원이 얼마나 감사하고, 또한 빚진 자의 마음이란 것이 다시금 더불어 함께 구원을 이루어 가는 그 은혜가 머리가 아닌 가슴에 울려서, 빚진 자로서 너무나 감사하여 그들을 위하여 기도할 수 있는 길이 열리기 시작했습니다.

그런데 성령님은 그 길이 회개로 시작되도록 인도하셨습니다.

기도를 하면 할수록 깨닫게 되는 것은 이기적인 사랑을 하고 있는 나 자신이었고, 기도를 하면 할수록 깨닫게 되는 것은 무지한 죄 속에서 하나님의 자녀로서의 영적 권위와 지위를 상실한 나 자신이었습니다. 기도를 하면 할수록 깨닫게 되는 것은 좁은 틀에 매인 바 되고 묶인 바 되어 있는 나 자신이었습니다.

기도를 하면 할수록 깨닫게 되는 것은 신앙생활의 첫 마음과 첫 사랑을 잃어가는 나 자신이었습니다.

기도를 하면 할수록 깨닫게 되는 것은 하나님과의 친밀한 관계를 중요하게 여겼으나 어느새 기복신앙으로 접어들려고 하는 나 자신이었습니다.

이스라엘을 위한 기도를 드릴 때 성령님은 나를 만지시고 회개하게 하시며, 지금도 계속적으로 깨닫게 하시며, 더 마음과 마음으로 일으켜 세워 주고 계신다는 것입니다.

"나는 심었고 아볼로는 물을 주었으되 오직 하나님께서 자라나게 하셨나니"(고전 3:6).

이스라엘을 위하여 기도할 때, 그리고 그 이스라엘에 대한 비전을 안고 가시는 목사님을 위하여 기도할 때, 우리 교회를 위하여 기도할 때 주신 말씀입니다.

아 ~ 이토록 크신 은혜를 하나님은 이스라엘을 위한 기도를 드릴 때 함께 일으켜 세우고 계시는 것입니다.
정말 부끄럽고 죄 많은 이 죄인이……. 이스라엘을 위한 기도를 마음을 열고 그 마음과 마음으로 연결하여 제게 회개로 물을 붓고 또 돌이키시고 깨닫게 하심으로 예수 그리스도의 이름으로 심고 심을 때 그것을 자라게 하시는 분은 오직 하나님이시라는 것입니다.

성령님은 지금 제게 그 회개를 통하여 내 영적 정원을 가꾸도록 하십니다. 그리고 그 정원에 '사랑'을 가르쳐 주십니다.
더불어 사랑할 수 있는 사랑, 말없이 참고 견디고 인내할 수 있는 사랑, 묵묵히 사랑하며 드러나지 않게 선을 베풀 수 있는 사랑으로 인도하십니다.

동일하게 역사하시는 하나님을 이 순간에도 찬양드리며, 이번에 종원이가 이스라엘을 다녀오면서 그곳에서 사랑을 받고 또 그 사랑을 통하여 '행복'함과 따뜻함을 안고 왔다고 말했습니다.

나 또한 하나님께서 깨닫게 해주시는 것이 사랑이었는데……, 너무나 멋있는 하나님께 감사드리고, 앞으로도 역사하실 하나님을 기대하고 기대합니다.

"사랑으로 심고 사랑으로 물을 주고, 그것이 사랑하는 마음과 마음이 하나 되어 드려지는 기도구나……."

그것이 열린 마음의 기도임을 깨닫게 하십니다.

'사랑의 기도'로 나에게 들려지는 말은 '키 아타 아비누', 주는 우리 아버지시라, 이 말이 내게 빚진 자의 마음으로 기도할 수 있는 기도의 사랑의 열쇠가 되었습니다.

주는 우리 아버지시라. 그렇습니다. 우리 아버지……나의 아버지요, 이스라엘의 아버지요, 우리의 아버지이십니다.

함께 협력하여 선을 이루게 하시는 아버지……기도의 지경을 넓혀 주시고 작은 믿음이나마 믿음의 지경도 넓히시고 나를 뛰어넘고 우리라는 관점의 변화로 더 높게, 더 깊게 넓혀 주시는, 이스라엘의 구원 사역에, 그 무엇보다 이스라엘의 선교 사역에, 하나님이 원하시는 일에 동참할 수 있도록 은혜를 베풀어 주고 계십니다.

"네 성 안에는 평강이 있고 네 궁중에는 형통함이 있을지어다"(시 122:7).

이스라엘 강해 때 이 말씀을 하시면서 초심을 잃지 말고 감동을 전해 줄 수 있는 사람이 되라고 하신 담임목사님 말씀이 아직도 마음에 울립니다.

"이스라엘을 위하여 기도하세요, 기도하세요!!!"라고 주먹을 쥐고 뜨겁게 설교하며 말씀하시던 목사님의 모습과 말씀이 지금도 눈앞에 선합니다.

우리 교회의 로고를 생각하며 함께 상속자가 되고 함께 지체가 되고 함께 약속에 참여하는 자가 되어, 더불어 함께 생동하는 영세 교회에게 주시는 기적의 항로로 이스라엘을 위하여 오늘도 내일도 기도로 인도하시며 역사하시는 하나님을 기대하며 찬양합니다.

복음 앞에서, 복음으로 말미암아, 복음에 의하여 그의 능력으로 역사하시는 하나님의 은혜의 선물을 따라 하나님의 일꾼으로 동역하는 우리 교회에게 주신 비전과, 또 나에게 중보자의 기도의 사명을 감당할 수 있도록 열어 주시는 은혜의 빚진 자의 마음도, 함께 더불어 사랑할 수 있는 귀하고도 귀한 아름다운 사역임에 감사드립니다.

또 강력한 기름 부음의 역사와 예수 그리스도의 이름으로 그 땅 위에 구원이 임하고 치유와 회복이 임하기를, 그곳에서 목회하시는 목사님과 선교사님 그리고 그분들의 가정 위에 늘 주님의 은혜와 평강이 임하기를 축복하고 축복하며 믿음으로 사랑으로 기도합니다.

아직도 신기할 정도입니다.
그곳에 가 보지도 못하고 만나지도 못했던 이스라엘 사람들을 위하여 사랑의 마음을 품고 기도할 수 있다는 것은, 그 기도조차도 내가 한 것이 아니고 성령님이 하신 일이며, 통로로 사용해 주셔서 너무나 감사하고 이는 오직 하나님의 은혜입니다.

그 은혜로 난 예수님 때문에 행복하다는 고백을 드리게 됩니다.

우리 모두 함께 기도하고 함께 행복을 누리며 그 행복을 나누었으면 좋겠습니다.

감사하고 감사한 귀하신 주님을 사랑하며 '키 아타 아비누!'

✡ 12. 'Dugit Messianic Outreach Centre, Seoul, Korea'

서리집사 현재민

Shalom~ Jerusalem~

예루살렘의 평안을 묻습니다.

그동안 영세교회를 통하여 발견하게 하신 이스라엘의 회복과 유대 민족의 구원에 대하여 저희는 하나님의 마음을 알았고, 또한 그 길에 동참하기를 바라며, 새로운 사역에 대한 기쁨과 기대에 가슴이 벅차오릅니다.

이번 주 찬양 예배를 통해 '아비 미즈라히' 목사님을 모시고 '약속의 땅 비전 트립 보고 예배'를 드리게 됨을 감사드립니다.

모든 일들이 사전에 계획된 것처럼 이렇게 일사천리로 진행되는 것을 보면서 '아~ 모든 것을 하나님이 하시는구나~' '하나님께서 우리의 움직임을 참 많이 기다리셨구나~' 하는 하나님의 마음이 느껴져서 오히려 많이 죄송스럽기까지 합니다.

이렇게 하나님의 뜻이 간절한데 우리는 왜 그렇게 몰랐을까요. 지금의 흐름 또한 어떤 거대한 힘에 자연스럽게 이끌려 가는 것 같습니다.

이제는 발견의 기쁨과 기대에 머물러 있을 때가 아니라 새로운 시작을 준비해야 할 때라고 봅니다. 그동안 하나님께서 우리 교회에 대하여 어떤 역할을 기대하실까 하는 기도와 묵상을 많이 해보았습니다.

우리 교회는 물질이 많은 부자 교회도 아니고, 활동할 젊은 인력들이 많은 것도 아닙니다. 그저 우리 교회가 갖는 최고의 가치는 오염되지 않은 성도들의 심성이 아닐까 생각됩니다.

많은 교역자들께서 오고 가시면서, 또는 다른 교회의 소식들을 들어 보면서 물질도 사람도 특별한 것은 없지만, 참 바르고 깨끗한 마음들을 잘 지키고 있다고 느껴집니다.

깨끗한 심령으로 기도할 때 이스라엘 사역에 대한 우리 교회의 사역이 하나님의 뜻에 합당하게 발전해 나갈 것임을 믿으며, 다음과 같은 실천 사항을 제안드립니다.

① '두깃 아웃리치 센터, 서울'을 운영했으면 합니다.

우리 교회에 오고 가는 누구라도 쉽게 접근할 수 있는 '작은 이스라엘'을 만들었으면 하는 뜻입니다.

모든 것을 다 주신 하나님께, 그렇게 사랑하시는 눈동자 이스라엘을 위해 우리 교회의 한켠을 내어드렸으면 합니다.

'English-zone'처럼 그곳에서는 영어로만 말하고 생각하기처럼 '서울에 있는 두깃 아웃리치 센터'로 '이스라엘을 위한 작은 방'을 마련했으면 합니다. 현재 교육관 앞의 왼쪽 사랑채 한켠이라도 장소는 조금 작지만, 이미 깨끗이 수리도 다 되어 있고, 지금은 주일날 몇몇 성도들의 담소 장소로만 이용되고 있으니, 용도에 따라 조금 정리만 하면 부족한 대로 할 만하다고 생각됩니다.

② 이스라엘을 향한 사랑 나누기

아이들을 공부시킬 때나 외국어 공부 등을 할 때 연상력 기법이라는 것이 있습니다. 그림을 통해 단어가 떠오르게 하듯, 우리는 흔히 십자가, 목걸이, 핸드폰 걸이, 액세서리, 기념품, 지도 등을 통해 예수님의 사랑을 만져 보고 가지고 싶어 합니다.

현재 이스라엘 텔아비브의 두깃 아웃리치 센터의 운영 방식을 활용하여 이스라엘을 소개하고, 이스라엘에 관한 다양한 정보를 알려 주고, 현지에서의 어려운 실정을 파악하고, 이스라엘과 관련된 자료들, 기념품들을 우선 모아서 전시도 하고, 간증도 나누고, 현재 2개월에 한 번씩 운영되는 '이스라엘을 위한 기도 모임'에 참석했을 때 이스라엘과 주변국과의 현재 정치적 상황 등에 대해 알게 되어서 도움이 많이 되었습니다. 비전 트립 때나 뉴스를 통하여 본 이스라엘 소요 사태의 배경 등을 먼저 우리 교회 성도들부터 잘 알아야 기도도 제대로 될 것으로 봅니다.

③ **자투리 기도 운동**

저는 이스라엘 사역에 눈뜬 교회들이 제일 먼저 해야 할 일이 기도일 텐데, 어떻게 기도하고 우리는 무엇을 어떻게 시작하게 될까 하는 기도와 묵상을 많이 했습니다.

개인별 기도는 별도로 하겠지만, 교회를 오고 가는 가운데 남녀노소 누구나 오며 가며, 들며 날며 센터에 들러서 잠깐씩 자투리 기도라도 모으고 담아서, '이스라엘을 향한 사랑'을 회복하고, 그렇게 이스라엘에 관한 진정한 마음을 회복해서 점점 '기도의 양'을 늘려 가기를 바랍니다.

어느 누구 몇 사람의 몫이 아니라 성도들 모두의 생활이 되고 습관이 되어야 할 것이라 봅니다.

④ **왜 두깃 아웃리치 센터인가?**

현지에서 운영하고 있는 센터 운영 방식이 유대인들에게 참 자연스럽고 편안하게 다가갈 것 같고, 평소 전도 활동을 진행하면서 불신자들과의 접점이 참 필요하다는 걸 많이 느꼈습니다.

우리는 멀리 있습니다만, 현장에서 사역하시는 메시아닉 공동체와 함께하면서 정보도 공유하고, 현장감을 잃지 않았으면 좋겠습니다.

잘하려고 망설이기만 하다가 용두사미가 되는 일도 많고, 작게 시작해서 크게 확장되어 가는 것이 더욱 보람될 것 같습니다.

선교를 하든 무슨 일을 하든 물질이 많이 필요합니다만, 물질만 있다고 선교를 할 수 있는 것은 더더욱 아닐 것이고, 운영 계획이나 방식 등은 무엇을 할 것인가를 먼저 결정한 뒤 하나씩 하나씩 해결해 나가면 될 것 같습니다.

마음속의 여우가 헤집고 다니며 예쁜 정원을 헤치기 전에 수동적 실천에서 능동적 실천으로 움직여 가기를 기대합니다.

또한 이스라엘에서의 인연에 이어, 우리 교회의 방문을 통해 새로운 관계로의 발전을 도모하는 서로에게 큰 힘이 되고, 아비 미즈라히 목사님께도 큰 선물이 되고 힘이 될 것 같습니다.

우리 교회 안에 있는 '작은 이스라엘', 생각만 해도 감동입니다. 형제가 연합함같이 교회 안의 연합과 교회 밖의 연합을 통하여 하나님의 사랑과 그리스도의 역사에 동참하는 영세교회가 될 것을 기대하면서, 모든 감사와 영광을 하나님께 올립니다!

사랑하고 축복합니다. 감사합니다.

Love in Jesus! God bless you!

✡ 13. "충렬아, 네가 나를 사랑하느냐?"

담임목사 김충렬

이번에 이스라엘 땅에서 펼쳐졌던 약속의 땅 비전 트립을 통해 공동체적으로 받은 축복이 지난번 나의 칼럼과 참여했던 성도들이 홈피에 올린 글을 통해 나타난 대로 풍성했습니다.
또한 성도들 각자와 나 자신 개인적으로 받은 축복이 풍성한데, 그 가운데 네 가지만 나누어 보고자 합니다.

첫째, 주님으로부터 받은 생생한 위로입니다.
성지를 보는 중 수제자 베드로가 부활하신 예수님을 만나 세 번이나 "네가 나를 사랑하느냐"의 질문을 받았던 갈릴리 바닷가의 수위권 교회당 앞에서였습니다.
설명을 마친 류공석 목사가 "담임목사님 내외분, 앞으로 나오세요" 하고는 교인들에게 이야기했습니다.
"제가 목회하다가 힘들면 여기에 와서 기도하면 주님의 위로를 받고 힘을 얻고 돌아갑니다. 그래서 제가 제일 좋아하는 곳입니다" 하더니 교인들에게 기도를 요청했습니다.
"우리 목사님, 사모님, 목회하며 내조하며 그간 얼마나 상처가 많겠습니까? 위해서 지금 다 기도해 드립시다."
그 순간 나와 집사람은 물론, 교우들의 눈에서 눈물이 흘러내리며 주님께 부르짖어 기도하였습니다.
기도가 끝난 후에는 류 목사가 "목사님, 사모님을 안아 드리세요" 함으로 서로 눈물로 가볍게 포옹하면서 피차 주님의 위로를 경험하였습니다.

그 시간 나는 실패한 베드로를 찾아오셨던 주님을 만나는 경험을 하였습니다.

둘째, 내가 받은 이스라엘의 회복 비전이 주님께서 우리 교회에 주신 비전이 확실하다는 깨달음을 갖게 되었습니다.

예수님께서는 공생애의 종반기에 세 제자와 함께 높은 산(헬몬 산으로 추정)에 오르시어 영광 중에 변화하시는 중, 하나님 아버지로부터 '네가 가는 십자가의 길이 맞다'는 육성을 들으시고 확신을 가지고 하산하셔서 십자가의 길로 매진하셨습니다.

나는 미천한 종이지만 헬몬 산 기슭에서 "네가 보고 있는 이스라엘의 회복 비전은 내가 준 비전이다"라는 음성을 듣게 되었습니다.

셋째, 그간 한쪽 귀에 이상이 있어 청력이 많이 떨어져 매우 피곤했었는데, 돌아온 후 병원으로 가라는 주님의 지시에 따라 가서 문제를 발견하고 깨끗하게 치료받아 청력을 다시 회복했습니다.

넷째, 분에 넘치는 존경을 받게 되었습니다.

어느 젊은 성도가 딸 셋 다음에 아들을 낳았다는 교역자의 보고를 듣고 축하 문자를 보냈더니 이런 답글이 왔습니다.

"목사님, 감사합니다. 주님이 주신 축복의 아기를 목사님 같은 목회자로 키우고 싶어요. 기도해 주세요."

물론 나의 부족함을 알면서도 한없는 위로가 되었습니다.

사랑하는 영세 가족 여러분, 마지막으로 축복합니다.
'헤베누 샬롬 알레켐.'
우리가 당신에게 평화를 가져왔습니다.
할렐루야! 아멘!

참고도서

참고 도서
(* 표시는 주된 참고 도서)

Belk, Henderson. *One of Three Jews*. 《세 유대인 가운데 한 사람》 서울:총신대학교출판부, 2000.

*Booker, Richard. *Cross Became a Sword?* 《어찌하여 십자가가 칼이 되었는가?》 김우현. 서울:버드나무, 2010.

Brown, Michael. *Our Hands Are Stained With Blood*. 《유대 민족의 비극적 역사와 교회》 김영우 역. 서울:종합선교 한사랑, 2009.

*Damkani, Jacob. *Why Me*. 유진상 역. 서울:이스트윈드, 2009.

*Doron, Reuven. *One New Man*. 《한 새 사람》 서울:이스트윈드, 2001.

Finto, Don. *Your People Shall Be People*. 《당신의 백성이 나의 백성이 되고》 유지연 옮김. 서울:횃셔북스 · 지식과 지혜, 2010.

*Goll, James. *Praying For Israel's Destiny*. 《이스라엘의 소명을 위해 기도하라》 권지영 역. 서울 쉐키나, 2009.

Grubb, Norman P. *Rees Howells Intercessor*. 《성령의 사람 리즈 하웰즈의 중보 기도》 윤종석 옮김. 서울:두란노, 2011.

Heidler, Robert D. *The Messianic Church Arising*. 《메시아닉 교회, 언약의 뿌리를 찾아서》 진현우 역. 서울:WIL KOREA, 2008.

Hess, Tom. *Pray for the Peace of JERUSALEM*. 《예루살렘의 평화를 위해 기도하라》 서울:이스라엘 사역 출판, 2009.

*Intrate, Keith. *The King Is Coming Back To Jerusalem*. 《그날이 속히 오리라》 서울:두란노, 2010.

Jones, Martyn Lyody. *Romans. An Exposition of Charpter 9: God's Sovereign Purpose*. 《로마서 9장: 하나님의 절대 주권의 목적》 서문강 역. 서울:기독교문서선교회, 2000.

_____. *Romans. An Exposition of Charpter 10: Saving Faith*. 《로마서 10장: 이신칭의》 서문강 역. 서울:기독교문서선교회, 2000.

_____. *Romans. An Exposition of Charpter 11: To God's Glory*. 《로마서 11장: 하나님의 영광을 위해》 서문강 역. 서울:기독교문서선교회, 2000.

Joyner, Rick. *Shadows of Things to Come*. 《교회사에 감춰진 예언》 이혜림 역. 서울: 예수전도단, 2011.

Larsson, Goran. *Jews: Your Majesty*. 《기독교와 유대교와의 대화》 배현주 역. 서울: 도서출판연합선교회, 2009.

*Lightle, Steve. *EXODUS Ⅱ*. 《제2의 출애굽》 모퉁이돌선교회 이스라엘선교부 옮김. 서울:한 · 이성경연구소, 1999.

Pierce, Chuck., Sytsema, R. W. *The Future War of Church*. 《교회의 미래 전쟁》 메리앤 이 옮김. 서울: 쉐키나, 2008.

*Prince, Derek. *Promised Land*. 《약속의 땅》 한동대 오르 역. 서울: 이스트윈드, 2003.

*곽선희. 《믿음에서 진실에로》(로마서 강해 하) 서울: 도서출판 양서각, 1985.

*김종철. 《회복》(영화에 못다 한 감동 실화) 서울:이스라엘사역출판,

2010.

박준서. 《이스라엘아! 여호와의 날을 준비하라》 서울: 대한기독교서회, 2001.

*송만석. 《지금은 예루살렘 시대》 서울: 두란노, 2009.

*_____. 《왜 이스라엘을 축복해야 하는가?》 KIBI Bible Study 교재. 서울: 한·이성경연구소, 2010.

오화평. 《이스라엘, 고난과 회복》 서울: 베드로서원, 2009.

이길자. 《바울에게 있어서 유대인의 구속사적 위치에 대한 연구》 장로회신학대학교 신학대학원(M.Div.) 학위 논문집, 1996.

이용덕. 《예수님, 정말 다시 오십니까?》 서울: 예루살렘, 2010.

이종윤. 《로마서 Ⅲ》(제9장-11장) 서울: 필그림출판사, 1997.

장성길. 《이스라엘의 구원과 회복의 드라마》 서울:이레서원, 2009.

조병수. 《그 말씀》(로마서 9장-11장 주해와 적용, 2000년 7월호) 서울:두란노, 2000.

지용훈. 《나는 뉴욕의 거리 전도자》 서울: 규장, 2010.

피기영. 《기도의 깃발》 서울:은혜출판사, 2009.

*하용조. 《왜 이스라엘을 위해 기도해야 하나》 서울:KIBI, 2009.

한국성서학연구소. 《예루살렘으로부터 땅 끝까지》(사도행전). 청장년을 위한 성경 교재 시리즈 9. 인도자용, 2002.

✡ 내 백성을 돌아가게 하라

"보라 나는 그들을 북쪽 땅에서 인도하며 땅 끝에서부터 모으리라 그들 중에는 맹인과 다리 저는 사람과 잉태한 여인과 해산하는 여인이 함께 있으며 큰 무리를 이루어 이곳으로 돌아오리라 그들이 울며 돌아오리니 나의 인도함을 받고 간구할 때에 내가 그들을 넘어지지 아니하고 물 있는 계곡의 곧은 길로 가게 하리라 나는 이스라엘의 아버지요 에브라임은 나의 장자니라 이방들이여 너희는 여호와의 말씀을 듣고 먼 섬에 전파하여 이르기를 이스라엘을 흩으신 자가 그를 모으시고 목자가 그 양 떼에게 행함같이 그를 지키시리로다 여호와께서 야곱을 구원하시되 그들보다 강한 자의 손에서 속량하셨으니 그들이 와서 시온의 높은 곳에서 찬송하며 여호와의 복 곧 곡식과 새 포도주와 기름과 어린 양의 떼와 소의 떼를 얻고 크게 기뻐하리라 그 심령은 물 댄 동산 같겠고 다시는 근심이 없으리로다 할지어다"(렘 31:8-12).

✡ 온 이스라엘이 구원을 받으리라

"형제들아 너희가 스스로 지혜 있다 하면서 이 신비를 너희가 모르기를 내가 원하지 아니하노니 이 신비는 이방인의 충만한 수가 들어오기까지 이스라엘의 더러는 우둔하게 된 것이라 그리하여 온 이스라엘이 구원을 받으리라"(롬 11:25-26상).

✡ 하나님이 계신 증거

저 유대인들!

페르시아의 프레드릭 대제에게는
독실한 기독교 신앙으로 사는 시종 하나가 있었다.
깨끗한 마음과 다함이 없는 충성을 다하는 그 시종에게
마음에 들지 않는 것이 딱 한 가지 있었다.
그것은 그가 매사에
'하나님의 뜻, 하나님의 섭리' 하는 것이었다.
그래서 어느 날,
"너는 모든 일에 하나님의 뜻, 하나님의 섭리 하는데
도대체 하나님이 있다는 증거가 무엇이냐?" 하고 물었다.
이에 그 시종은 이렇게 대답했다고 한다.
"폐하여, 그것은 저 유대인들입니다."

(통 248) **시온의 영광이 빛나는 아침 550**

T. Hastings(1784-1872)

여호와의 영광이 네 위에 임하였음이니라
(사 60:1)

WESLEY: 11.10.11.10.
L. Mason(1792-1872)

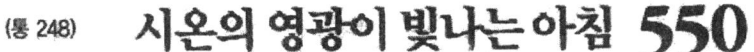

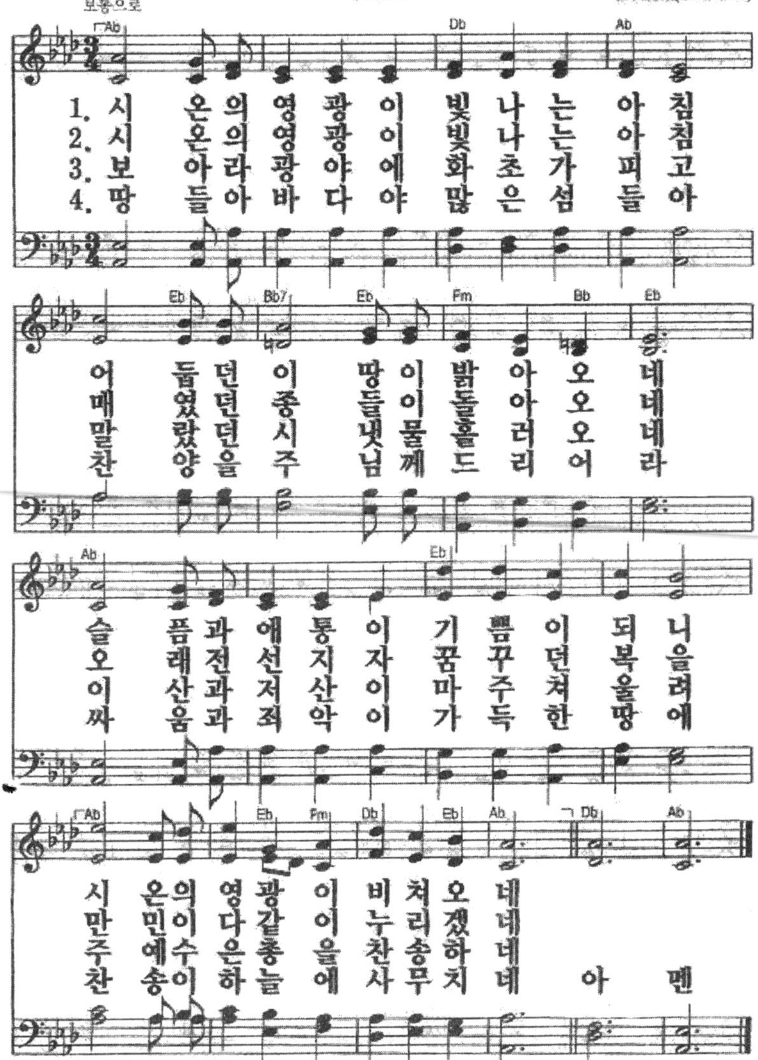

쉬운 기타코드(Capo=1st): A♭ → G D♭ → C E♭ → D B♭7 → A7 Fm → Em

Hail to the brightness of Zion's glad morning

새해(송구영신)

```
판 권
소 유
```

이스라엘의 회복 강해
매였던 종들이 돌아오네

2012년 1월 20일 인쇄
2012년 1월 25일 발행

지은이 | 김충렬
발행인 | 이형규
발행처 | 쿰란출판사

주소 | 서울특별시 종로구 이화동 184-3
TEL | 02-745-1007, 745-1301~2, 747-1212, 743-1300
영업부 | 02-747-1004, FAX / 02-745-8490
본사평생전화번호 | 0502-756-1004
홈페이지 | http://www.qumran.co.kr
E-mail | qumran@hitel.net
　　　　　 qumran@paran.com
한글인터넷주소 | 쿰란, 쿰란출판사

등록 | 제1-670호(1988.2.27)

책임교열 | 김향숙 · 박은아

값 13,000원

ISBN 978-89-6562-256-7 93230

* 이 출판물은 저작권법에 의해 보호를 받는 저작물이므로 무단 복제할 수 없습니다.
　잘못된 책은 교환해 드립니다.

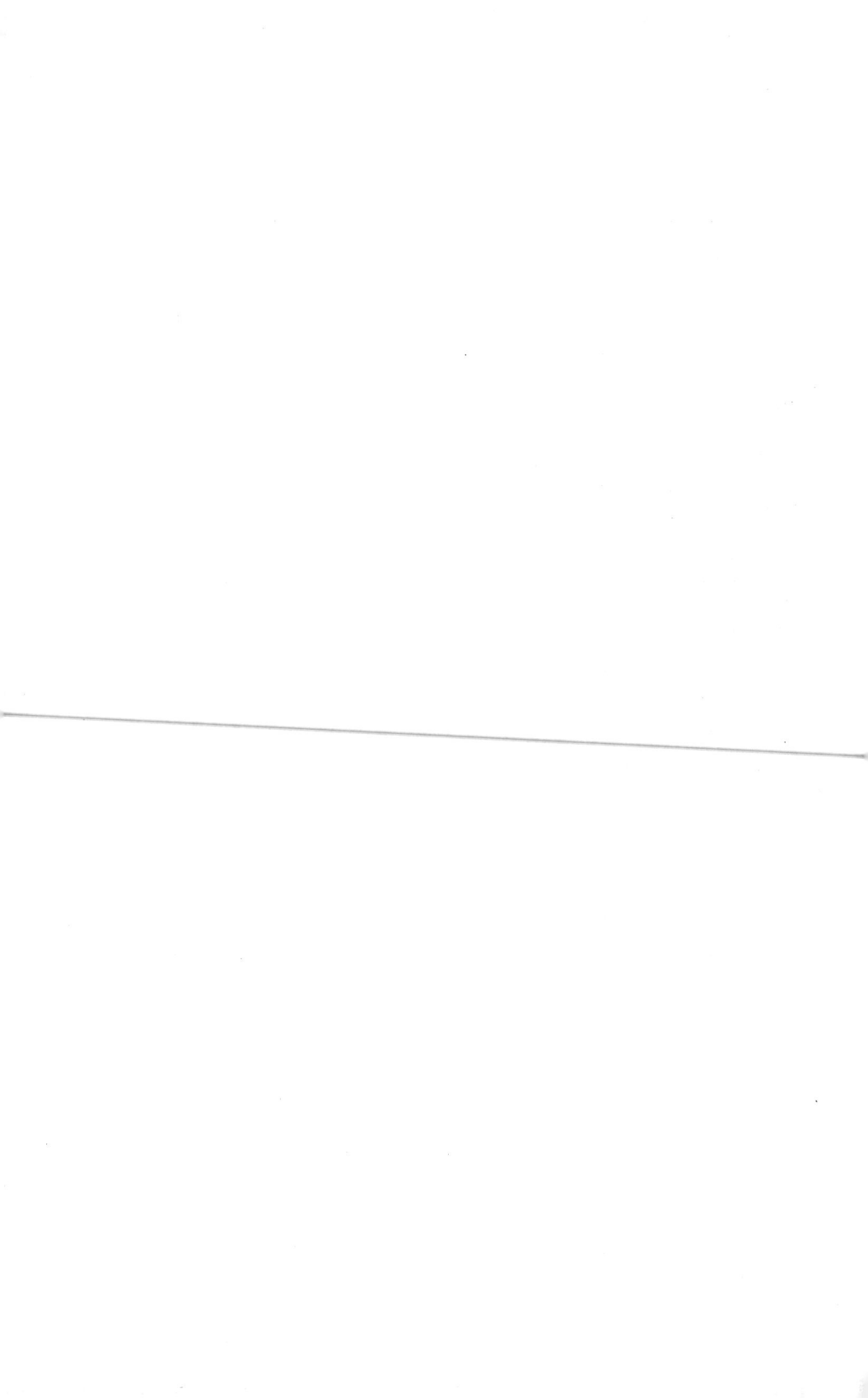